全国高等学校劳动与社会保障专业新编系列教材

福利经济学

主　编　王桂胜
副主编　马寿海

中国劳动社会保障出版社

图书在版编目(CIP)数据

福利经济学/王桂胜主编. —北京：中国劳动社会保障出版社，2006
全国高等学校劳动与社会保障专业新编系列教材
ISBN 978-7-5045-4545-9

Ⅰ. 福… Ⅱ. 王… Ⅲ. 福利经济学-高等学校-教材 Ⅳ. F061.4

中国版本图书馆 CIP 数据核字(2006)第 094685 号

中国劳动社会保障出版社出版发行
(北京市惠新东街 1 号 邮政编码：100029)
出 版 人：张梦欣

*

北京金明盛印刷有限公司印刷装订 新华书店经销
787 毫米×960 毫米 16 开本 13.25 印张 245 千字
2007 年 3 月第 1 版 2018 年 1 月第 14 次印刷
定价：20.00 元

读者服务部电话：(010) 64929211/64921644/84626437
营销部电话：(010) 64961894
出版社网址：http://www.class.com.cn

全国高等学校劳动与社会保障专业新编系列教材编委会

内容简介

福利经济学是经济学科体系中的一个重要组成部分，它是以研究社会经济资源的配置效率和国民收入分配的公平等问题为主题，以社会福利最大化为宗旨，对各种社会经济现象和经济活动展开规范分析的经济学分支。在传统教学中，福利经济学是包含在微观经济学课程教学中，作为实证经济学的补充。近年来，由于诸如社会保障、社会工作等社会应用型专业的开设，作为这些专业的理论基础的福利经济学得到了广泛的重视和推广。本书正是应教学之需提出选题并结合福利经济学发展的现状展开写作，尽量做到紧密联系社会经济发展实际。

本书主要介绍了福利经济学的基本概念、发展历史和研究方法，帕累托原理、帕累托最优和完全竞争市场一般均衡分析，补偿原理，经济剩余分析，市场失灵分析，收入分配的公平与效率分析，公共物品分析，社会选择理论以及人口发展与社会福利的关系等内容。

本书共分九章进行论述。第一章为福利经济学概述；第二章至第八章分别介绍了经典福利经济学的主要理论组成部分和近期发展；第九章介绍了人口发展对社会福利发展的影响及相互关系。本书内容基本上涵盖了福利经济学的主要理论和发展，属于中级水平。

本书既可作为各类大专院校相关专业，如经济学、社会保障、社会工作等专业教材或教学参考书，也可供其他相关人员参考使用。

序

自标志着中国劳动体制改革发轫的1986年劳动合同制度全面推行，至今中国劳动力市场建设已经走过了近二十年的历程。这期间，我国的劳动力配置制度、劳动关系体系、劳动者的激励模式等诸多方面发生了历史性的变革，与计划经济体制相匹配的单位制度、身份制度、粮食关系制度等逐步瓦解消融，规范劳动力市场秩序的制度体系逐渐建立。在劳动力市场建设进程中，市场主体自主选择权的加强和激励模式变革（带来的配置效率和劳动力市场效率的增加）为整体改革的推进提供了有力的人力和物质支撑。

同时，我们也发现，与其他产品和要素市场相比，劳动力市场化进程相对滞后。中央经济工作会议提出着力推进经济体制改革，建立健全全面协调可持续发展的制度保障，对劳动力市场的一体化建设和建立逐步改变城乡二元结构的机制提出了新的要求。在市场化进程中，劳动者在获取择业自主权的同时，也承受着市场所必然带来的风险和压力，从而经历了环境上、经济上、心理上多方面的变化历程。劳动力市场的一体化、规范化和市场化还有很长的路要走。更好地配置人力资源，对劳动者有效地激励，并使劳动者适应市场，我们需要以劳动学科体系为理论基础的各方面的队伍做大量的工作。

针对劳动者的工作体现在三个大方面，或者说，劳动学科体系的实践层面可以分化为三大系列的任务：企业通过吸纳、激励、使用劳动者，促进自身的发展；政府和社会促进劳动者在适当的规则中开展市场性平等竞争，规范企业行为，并通过各种直接和间接的方式来调节劳动者的适应性；政府对劳动力市场上的弱势群体加以保障，并帮助劳动者抵御风险。这就如同组织一场运动会，不但要有科学可行的游戏规则和公正的裁判，还要有对运动员足够的激励，以及有扶助受伤者、调解纠纷的人员和制度。

对我国现阶段的国情而言，这三方面的工作具有尤为重要的意义。随着全球经济一体化进程的加快和知识经济时代的到来，人力资源已逐渐超越物质资源、金融资源而成为核心资源，特别是在中国加入世贸组织后，人才争夺日趋激烈，这使得我国的人力资源开发与管理面临着越来越严峻的挑战。人力资源管理专业的建设和发展将在未来相当长的一段时间内对企业和社会发展发挥重要的作用；而在我国经济转轨的过程中要求社会保障在降低劳动力市场风险，保护弱势群体等方面发挥更加积极的作用；同时，劳动力市场上还要有专业的政府和非政府组织来帮助个人、家庭、群体和社会发挥潜能，调整关系或预防因人与人或人与环境所引起的各种社会问题，社会工作者成为社会进步的助推剂和劳动力市场顺利运行的润滑剂。

然而，这三个方面目前都面临着人员数量不足、总体水平不高的问题，制约着我国劳动力市场的建设。因而，为了我国市场经济体制的完善和各市场化进程的和谐发展，需要人数众多的高素质的专业人才队伍充实到各项工作中去。我们以劳动学科体系为中心的适用于经济管理类大学本科（部分教材也适用于研究生）教学的三个系列劳动与社会保障系列、人力资源管理系列、社会工作系列的教材就是在这样的背景下产生的，经过一年多的酝酿、筹备和策划，终于能够呈现于广大读者面前。

希望这三套系列教材能为我国大学劳动与社会保障、人力资源管理、社会工作等专业以及相关专业方向的发展，能为上述专业领域工作人员专业素质的提高，能为我国劳动科学的发展，尽绵薄之力。真诚欢迎各界人士提出宝贵意见。

文　魁

前　言

随着我国经济体制改革的不断深入，旧体制下的社会保障和社会福利事业存在的种种弊端不断凸显出来，由此产生的社会保障体制改革实践大力推动了社会保障和社会福利的理论基础研究。福利经济学的教学和研究也是在我国蓬勃发展的经济改革环境中不断引进、发展和壮大的。福利经济学理论，最早是作为经济学理论中的一个部分，又被称为规范经济学，与其他经济学理论相互联系、相互印证。随着社会经济的不断发展以及经济全球化的趋势，福利经济学的研究领域不断拓宽，涉及到社会学、政治学、人类学等诸多课题，更加关心全人类发展的终极目标和最大福祉。当今福利经济学已成为人文社会科学体系中极为重要的分支之一，与其他社会科学分支既相互融合又相互影响，对人类社会的发展和福利的改善具有重要的指导和影响作用。

具体而言，福利经济学的研究领域涉及资源配置和收入分配两大主题、公平与效率两大标准、私人部门和公共部门两大部门以及发展和稳定两大目标等相关内容。可以说，福利经济学的研究内容涵盖了社会、经济、政治等领域的一系列重要和基本的问题，比如资源配置选择、经济效率、社会公平、政党政治选举和社会保障及社会福利政策等问题。由此可见，福利经济学是一门综合性的社会科学，是关心人类自身发展和切身利益的实践科学，也是我们不得不深入学习和研究的学科之一。

本书也正是秉承以上所述宗旨和结合本人数年来的福利经济学的教学实践的产物。根据教学和研究的需要，本书选取了福利经济学主要的经典理论及其最新发展以及福利经济学的实际应用等主题，展开分析和论述。本书基本上是在新古典经济学理论框架基础上展开分析的，具体内容包括福利经济学基本概念、福利经济学内容框架体系和研究方法、资源配置原理、社会福利标准与补偿原理、经济剩余度量方法与应用、市场失灵理论、公共物品分析、收入分配的公平与效率问题、社会选择理论以及人口与应用福利经济学等。本书选材力求篇幅适当，重点突出和点面结合，不求面面俱到以及大量堆砌理论素材和政策条例，这也是本书的特色之一。特色之二是，在每章的经典理论分析介绍之后，均附有案例分析说明，以巩固对理论的理解和应用。特色之三是，本书既可以作为本科生和研究生的教学参考书，也可为政府相关部门管理人员或经济工作者提供理论参考。

本书在确定写作大纲时，得到了首都经济贸易大学劳动经济学院院长杨河清教授的直接指导和建议，并在随后的写作过程中也得到了他的诸多帮助和监督指导，在此特别表示感谢。另外，也感谢首都经济贸易大学劳动经济学院对本书出版的支持，感谢中国劳动和社会保障出版社牛雅娜、刘志宏编辑的督促指导。

本书由王桂胜主编，马寿海副主编。参加本书编写的人员有：王桂胜负责主笔第一章、第二章、第三章、第四章；第五章、第六章、第七章、第八章分别由我院硕士研究生舒扬、秦鹃、杨月洁和孙莹等负责主笔初稿，由王桂胜负责修改、补充并加以完善；第九章由劳动经济学院教师马寿海主笔并参与修改。

本书虽经长期酝酿，且由多人合作，但疏漏之处在所难免。况且由于本书作者水平所限，不足之处，敬请读者不吝指教。

王桂胜

wanggsh@cueb. edu. cn

2006. 6

目 录

第一章 福利经济学概述……………………（1）

第一节 福利经济学的概念和特征……………（2）

第二节 福利经济学的产生与发展……………（4）

第三节 福利经济学的主要内容及其应用……（6）

第四节 福利经济学的研究方法………………（9）

本章小结……………………………………（11）

关键概念……………………………………（12）

复习思考题…………………………………（12）

第二章 帕累托原理和资源配置效率………（13）

第一节 帕累托原理…………………………（14）

第二节 帕累托最优条件与资源配置效率……（16）

第三节 福利经济学基本定理………………（24）

第四节 帕累托最优与产权分析……………（26）

第五节　次优原理与第三优原理……………… (28)
本章小结……………………………………… (33)
关键概念……………………………………… (34)
复习思考题…………………………………… (34)
应用案例……………………………………… (35)

第三章　补偿原理及其应用…………………… (37)

第一节　补偿原理的含义…………………… (38)
第二节　补偿原理的主要内容……………… (39)
第三节　补偿原理的应用…………………… (45)
本章小结……………………………………… (47)
关键概念……………………………………… (48)
复习思考题…………………………………… (48)
应用案例……………………………………… (48)

第四章　经济剩余分析………………………… (51)

第一节　经济剩余的含义…………………… (52)
第二节　经济剩余的计算方法……………… (54)
第三节　经济剩余的应用…………………… (58)
本章小结……………………………………… (60)
关键概念……………………………………… (61)
复习思考题…………………………………… (61)
应用案例……………………………………… (62)

第五章　市场失灵的福利效应………………… (63)

第一节　市场失灵的含义与表现…………… (64)
第二节　市场失灵的福利效果……………… (70)
第三节　市场失灵的应对措施……………… (74)
本章小结……………………………………… (85)
关键概念……………………………………… (85)

复习思考题…………………………………………（85）
应用案例……………………………………………（86）

第六章　公共物品与社会福利………………………（89）

第一节　公共物品的含义和类型………………（90）
第二节　公共物品的需求和福利效应…………（96）
第三节　公共物品供给的均衡分析……………（101）
第四节　公共物品的生产决策——成本—收益分析法…………………………………………（112）
本章小结……………………………………………（117）
关键概念……………………………………………（118）
复习思考题…………………………………………（118）
应用案例……………………………………………（119）

第七章　收入分配的平等与效率……………………（121）

第一节　平等与效率的基本含义………………（122）
第二节　平等与效率的替代关系学说…………（129）
第三节　平等与效率原则在收入分配中的应用…………………………………………………（137）
本章小结……………………………………………（145）
关键概念……………………………………………（146）
复习思考题…………………………………………（146）

第八章　社会选择理论………………………………（147）

第一节　社会选择理论的起源与形成…………（148）
第二节　阿罗不可能性定理及其应用…………（152）
第三节　公共选择与社会选择…………………（159）
第四节　公共选择理论的实践意义……………（168）
本章小结……………………………………………（171）
关键概念……………………………………………（172）

复习思考题……………………………………………… (172)
应用案例………………………………………………… (172)

第九章　人口发展与应用经济福利………………………… (175)

第一节　经济福利指标的确定…………………………… (176)
第二节　人口增长与经济福利水平……………………… (184)
第三节　对我国经济福利水平的分析与评价
……………………………………………………… (188)
本章小结………………………………………………… (195)
关键概念………………………………………………… (196)
复习思考题……………………………………………… (196)
应用案例………………………………………………… (196)

参考文献……………………………………………………… (198)

第一章

福利经济学概述

学习目标

通过本章的学习，了解福利经济学的一些基本概念、福利经济学的发展历程和福利经济学的内容框架体系。在此基础上，进一步深入理解福利经济学研究和发展的应用意义，以及研究和分析福利经济学的方法论问题。要求掌握福利经济学的基本概念、福利经济学的发展历史、福利经济学的应用状况。

第一节 福利经济学的概念和特征

一、福利经济学的基本概念

福利经济学（welfare economics）是在20世纪初逐步发展起来的一门理论和应用经济科学，它以研究社会经济发展与社会福利改善的关系为宗旨，研究范围十分广泛，涉及到经济学、社会学、伦理学以及政治学等学科。因此，可以说福利经济学是众多学科交叉和多方面学术观点汇聚的一门社会科学。

关于福利经济学的含义，不同的学者有不同的观点。著名经济学家黄有光曾说："福利经济学是这样一门学科，它力图有系统地阐述一些命题。依据这些命题，我们可以判断某一经济状况下的社会福利高于还是低于另一经济状况下的社会福利。"① 美国经济学家哈维·罗森说："福利经济学是研究不同经济状态下的社会合意性的经济理论。"② 福利经济学创始人庇古认为，福利经济学是研究增进世界的或某一国家的经济福利的主要影响。英国经济学家李特尔认为，最好是把福利经济学看成是研究经济体系的一种形态比另一种形态是好还是坏，以及一种形态是否应该转变为另一种形态的问题。美国著名经济学家萨缪尔森给福利经济学下的定义是：福利经济学是一门关于组织经济活动的最佳途径、收入的最佳分配以及最佳的税收制度的学科。

可见，福利经济学是关于稀缺性资源使用效果的评价及判断的学问，是从福利的角度对经济体系的运行进行社会评估的经济学，借以判断一种经济体系的运行是增加还是减少了福利。由于福利经济学以是否改善社会福利为标准来决定资源配置使用的效率，在此，也需要介绍一下效用、福利、社会福利等概念的含义。

效用（utility）是指个人需求得到满足的主观感受，或者说物品和服务能够满足个人需求的程度。所以，效用这个概念既具有客观性，又具有主观性。客观性是指被消费的物品及服务所具有的根本属性；主观性是指人们的心理感受。同样一件物品，由于人们的主观感受程度不同，结果效用大小也不等，在这个意义上，效用通常又称为个人偏好。甚至同一件物品，其在消费过程中，边际效

---

① 黄有光．福利经济学．周建明等译．北京：中国友谊出版公司，1991

② 哈维·罗森．财政学．马欣仁，陈茜译．北京：中国财政经济出版社，1992

用（marginal utility）也是不同的。根据不同学派的观点，效用可以分为两类：一类是基数效用（cardinal utility），是指可以用基数即实数来度量的效用概念；另一类是序数效用（ordinal utility），是指不能用基数度量而只能排序的效用概念。

与效用相对应的另一个概念是福利（welfare），是指个人生活的幸福满意程度，也指幸福美满的生活。效用通常是与福利等价的，但是在某些情况下，却不可相互替代。一般来说，在以下几种情况下，福利与个人效用是偏离的：

1. 一个人的偏好并不是由他自己的福利决定的，往往会受到其他人福利状况的影响。如消费示范和攀比现象，如甲和乙是一对邻居，甲买了一辆轿车，乙本来不想买车，但受甲的影响也买了车。

2. 利他主义风范也使得个人偏好背离个人的福利。如助人为乐者偏好改善他人的福利，而对自己的福利不甚关心。

3. 偏好和福利的背离也可能是由于无知或不完善的估计导致的。如固守不利的传统习惯和习俗。

4. 个人可能有不理智的选择，如抽烟和酗酒。

社会福利（social welfare）是指所有社会成员个人福利的汇总或集合。社会福利概念根据不同的效用观点也有不同的理解。按照基数效用论，社会福利应该是所有社会成员福利的总和；按照序数效用论，社会福利应该是以所有社会成员福利为自变量的函数，是所有社会成员的共同福利。后者又可分为帕累托型社会福利和罗尔斯型社会福利。在社会福利中，可以用货币来度量的那部分社会福利，又称为经济福利；反之，不可以用货币度量的社会福利称为一般福利，如友谊、正义等产生的精神愉悦、心理满足等。福利经济学中的研究对象主要是经济福利。

二、福利经济学的特征

福利经济学又称为规范经济学（normative economics），是经济学中研究规范问题较多的分支学科。实际上，福利经济学既具有规范性（normative），又具有实证性（positive）。从其研究社会经济变动对社会福利的影响来看，是属于实证性分析；从其对社会经济政策展开规范分析并作出最佳选择来看，属于规范性分析。因此，福利经济学的研究内容具有双重性特征。

第二节 福利经济学的产生与发展

福利经济学在经济学发展史上是诞生较晚的一门学科。古典经济学主要关心的是社会经济活动中的生产、交换以及分配和消费问题，也就是物质财富的增长问题。但是随着社会经济的不断发展，分配不公问题、贫富分化问题日益凸显，于是就产生了一些思想理论来分析解决此类问题。最早有空想社会主义的论述，此后又产生了功利主义思想、改良社会主义思想等等。

一、福利经济学的产生

福利经济学是在多种思想学派和学说的基础上逐步发展形成的。包括功利主义代表人物边沁和约翰·穆勒、提倡社会改革的福利经济学先驱霍布森、新古典学派的庇古、瑞士洛桑学派的帕累托以及其他学者的思想和学说等。功利主义思想是福利经济学的哲学基础，提倡自由放任的经济原则，认为个人追求自己的利益最大化，整个社会要实现绝大多数人的最大福利。

19 世纪 70 年代，西方经济学界发生了边际主义革命，提出了边际效用价值理论，为边际分析方法打下了理论基础。此后，西方经济学的重点转向利用边际原理分析资源配置效率问题，即消费者的效用最大化和生产者的利润最大化问题，而收入分配的合理化问题则受到冷落。边际主义革命促进了资本主义的进一步发展，同时物质财富的分配差距越来越大，阶级矛盾日益尖锐。早在 19 世纪前半期一部分社会有识之士对资产阶级的行为提出了深刻的批评和揭露，如三大空想社会主义者圣西门、傅立叶和欧文，他们的思想和学说无疑对当时资本主义社会思想意识的发展产生了重大影响。一部分社会改良主义者，为缓和阶级矛盾，促进资本主义制度良性发展，提出了一系列福利措施来安抚工人阶级，化解矛盾，这种改良主义思潮，以英国费边社会主义为代表，形成于 20 世纪 20 年代，随后不断发展，在第二次世界大战结束后成为福利国家的理论基石。

福利经济学的萌芽是 20 世纪初瑞士洛桑学派的重要代表人物意大利经济学家帕累托提出的福利经济理论，但未受重视。直到 1920 年，庇古出版了《福利经济学》这本书，标志着福利经济学的诞生。庇古第一次建立了福利经济学理论体系，对福利概念及其政策应用做了系统论述，在经济学发展史上具有划时代意义，因此被誉为福利经济学之父。

二、福利经济学的发展

尽管庇古开创了福利经济学理论体系，但早在20多年前，帕累托就提出了相关福利理论；而第二次世界大战以来的福利经济理论研究是沿着帕累托理论体系发展的，被称为新福利经济学，庇古的理论体系则被称为旧福利经济学，与其实际提出时间顺序正好相反。

庇古的福利经济学理论是建立在基数效用假设和人际效用可以比较的前提条件下的，这个观点受到了他的学生琼·罗宾逊及其他经济学家的批评。琼·罗宾逊认为，个人福利是不可计量的，更无法进行比较。卡尔多、希克斯以及勒纳从帕累托理论出发对庇古福利理论也提出了批判。旧福利经济学的主要理论表现在两个方面：一是社会总福利的大小不仅取决于国民收入的总量大小，而且受到国民收入分配结构的影响，趋于平均的国民收入分配方式会引导社会福利最大化；二是提出了社会资源配置的效率原则，即边际私人收益和边际社会收益、边际私人成本和边际社会成本这两组指标的合理运用问题，为资源合理有效配置提供了指导原则，这实际上是提出了经济中外部性问题的解决方式。

新福利经济学建立在序数效用假说和无差异曲线分析的基础上，以避免涉及福利计量的手段和效用的人际比较问题。帕累托关于资源配置效率提出了“帕累托改进”和“帕累托最优”两个概念，这也是新福利经济学为社会经济政策的取舍提出的一个判断标准。当然，帕累托提出的标准较为简单，只适合部分社会变革情况，对于一些更为复杂的社会经济变动，帕累托标准不再适用了。于是在20世纪三四十年代，又提出了一系列其他福利判断标准。如卡尔多—希克斯标准、西托夫斯基标准和李特尔标准等。这些福利判断标准又称为补偿原理。

在20世纪40年代，伯格森和萨缪尔森分别提出了社会福利函数理论。他们认为，社会福利的改善不仅与资源配置效率有关，而且也受到收入分配的影响。而在任一收入分配状况下都可以实现资源的最佳配置。因此，要提高整体社会福利水平，仅仅关注资源配置效率是不够的，还需要考虑适当的收入分配状况。社会福利函数理论强调社会福利是个人福利的函数，要使社会福利最大化，就要使个人福利最大化；而个人福利最大化就要实现个人选择的充分自由，也就是主张经济自由主义。

第二次世界大战以后，在欧洲建立福利国家制度的影响下，福利经济学的研究也得到了进一步的发展。奥肯提出了“漏桶”原理，对平等与效率之间的关系进行深入的分析。罗尔斯提出了原始状态下的平等优先定理。伊斯特林等根据相对收入学说和有关福利含义的讨论提出了相对福利学说。阿罗论证了将个人偏好次序整合为社会偏好次序的不可能性定理，这个不可能性定理促使了社会选择理论的产生和发展。

20 世纪 70 年代，阿玛蒂亚·森揭示了导致阿罗不可能性定理的原因，即阿罗不可能性定理只适用于投票式集体选择规则，该规则无法揭示出有关人际间效用比较的信息，而阿罗定义的社会福利函数实际上排除了其他类型的集体选择规则，因而产生了不可能性结果。阿玛蒂亚·森进一步指出，新福利经济学采取的序数效用分析法存在致命的不足，即缺乏充分的有效信息进行社会排序；而基数效用可以提供充分有效信息进行人际间效用比较，从而获得一定的社会排序。由此提出了新古典效用主义的社会福利函数，福利经济学开始向效用主义回归。

20 世纪 80 年代以来，福利经济学又得到了广泛的关注和重视。80 年代中期，阿玛蒂亚·森（1985，1992）将社会个体潜能的实现作为福利评判的主要内容，认为对资源的占有状况必然影响个人潜能的实现。这种强调生活质量和发展权益的理论又称为后福利主义（post welfarism）发展理论。后福利主义的发展观认为，每一个社会个体或群体均享有发展权益，包括社会、经济和政治等方面的权益。不仅要注重当前已经实现的各种权益，更要注重社会个体或群体可能实现的各种潜在的权益。随着全球经济一体化的不断加深，关于人类贫困和发展的问题的认识也不断深入，对社会福利的理解也在不断拓宽和深化，新观念和新理论将会层出不穷。

第三节 福利经济学的主要内容及其应用

一、福利经济学的主要内容

相对于实证经济学主要研究实际经济运行原理而言，福利经济学主要讨论分析资源如何合理配置以及收入分配状况如何及其对社会福利的影响。因此可以说，实证经济学是从个体效率出发（尽管宏观经济学研究总量经济问题，但其最终目的是服务于个体效率的提高或与个体效率的改善有密切关系），而福利经济学是从总体效率或总体福利出发，其目标是提出实现社会福利最大化的政策方案或改革措施。鉴于福利经济学的学科性质和研究宗旨，福利经济学的主要内容包括以下几个部分：

（一）资源配置效率研究

如上所述，福利经济学的研究对象之一是如何合理配置经济和社会资源及其判断标准问题。而福利经济学关于资源配置效率研究的内容，主要包含在新福利经济学的理论体系中。具体来说，从最早诞生的帕累托原理，到卡尔多补偿、希克斯补偿和次优原理以及第三优原理等，对资源配置效率标准和条件进行了深入全面的分析和阐述。这些论述不仅丰富了福利经济学的理论体系，也为经济学大厦的建设添砖加瓦，为人类社会的良性发展指明了方向。可以说，福利经济学关于资源配置效率问题的研究是在不断前进的。20 世纪 50 年代后关于产权理论的分析，为经济体制效率的比较分析提供了重要理论工具；公共选择理论关于政府行为的经济研究，为政府效率分析打下了理论基础。所有这些发展，为丰富福利经济学理论体系提供了不竭的源泉。

（二）收入分配理论研究

收入分配的重要性最早出现在旧福利经济学的理论阐述中。庇古曾经写道，社会总福利的大小，不仅取决于国民收入总量的多少，'而且也取决于国民收入在不同社会成员之间的分配。庇古认为，由于货币的边际效用递减，只有实行收入平均分配才能最大化社会福利。关于收入分配的形式和结果，不同学者有不同的论述，功利主义者认为平均分配最好；市场主义者认为市场机制分配效率最佳；资本主义者认为，财富应该向富人手中集聚，才能发挥更大的效益；而罗尔斯主义者认为，收入应该向更有利于改善穷人福利的方向分配。因此，关于收入分配的理论争议是相当激烈的。理论争议的背后，反映了不同社会阶层、利益集团的利益冲突。总之，收入分配的研究，不仅关系到经济的发展，而且关系到社会的和谐。

（三）社会福利度量和影响研究

社会福利度量是福利经济学的一项十分重要而且不可缺少的内容。对社会福利度量及其影响因素的分析研究是构成福利经济学体系的中心支柱，是福利经济学发展壮大的基础。也就是说，社会福利的度量和影响因素研究是福利经济学的根本组成部分。如何对社会福利进行度量？社会福利度量的方式有几种？具体是什么？社会福利度量的影响因素有哪些？诸如此类的问题是福利经济学的主题。社会福利度量方式的发展和完善，可以反映社会福利发展的状况，以及人类社会发展的文明程度。当前较为成熟的社会福利度量方式有马歇尔经济剩余法、希克斯补偿剩余法、各类贫困指数法、人类发展指数法以及其他较为高级的社会福利度量方法，这些在后续章节里我们将详细论述。

（四）公共选择理论研究

公共选择理论是在 20 世纪 50 年代后逐步发展和应用的一门经济学科。它实际上是运用经济学方法来分析和研究社会选择问题以及政府运行的效率原理等等。因此，它是一门交叉科学，是社会学、政治学和经济学混合研究的产物。公共选择理论发展的特殊背景和理论特色，为福利经济学的进一步发展开拓了一片新天地。公共选择理论从个体选择与集体选择的关系出发分析社会总福利最大化的可达性；运用经济学原理分析政府决策方式和程序，探讨政府决策的成本和效益以及最佳政府运行规模等问题。总之，公共选择理论不仅是应用经济学的一个重要分支，也是理论福利经济学的重要组成部分。

福利经济学内容体系是广泛而松散的，既包括宏观经济现象研究，又包含微观经济活动研究；既对实证经济活动展开“价值判断”分析，又涉及到社会福利自身的价值衡量问题或福利度量问题；既是经济理论，又是政治学、社会学等学科的重要理论成分。从学科体系来看，可以通过一个框图来反映福利经济学和其他学科之间的关系，参见图1—1。

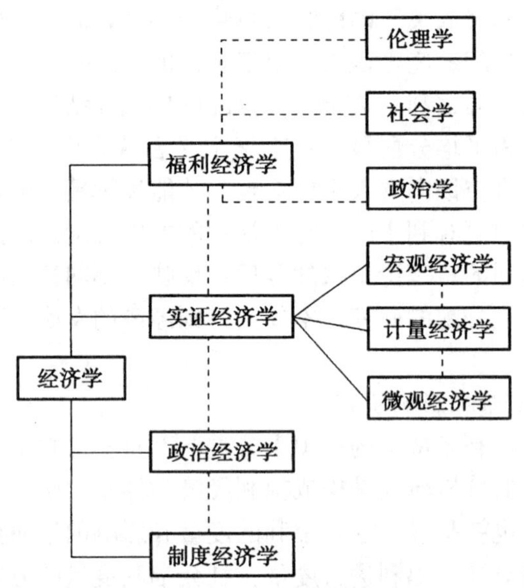

图1—1　福利经济学与其他相关学科之间的关系

注：图中实线表示包含关系，虚线表示有交叉关系或影响关系。

二、福利经济学的应用及其影响

福利经济学作为经济学的一个重要分支，不仅为经济理论的发展作出了重要贡献，而且也为经济政策的制定和经济发展的质量提供了重要评判标准，在经济和社会发展实践中具有不可替代的作用。福利经济学在经济学理论发展及经济和社会发展实践中的指导作用主要表现在以下几方面：

第一，福利经济学理论是社会、经济政策方案选择的指导标准。从福利经济学发展历史来看，福利经济学的每一项理论都与社会发展实际密切相关。例如，旧福利经济学关注收入平等和社会总福利的改善，因此提出收入均等化措施；新福利经济学代表帕累托提出资源配置最优原理，为经济政策方案的选择提供了准则等等。可以说，福利经济学是关注民生、关注整体资源优化的经济科学，它与经济、社会发展实际息息相关、相互影响。

第二，福利经济学的发展标志着人类社会文明的进步以及社会发展的程度。第二次世界大战结束不久，作为福利经济学理论的一项重要实践——福利国家主义出现了，在欧洲一些资本主义发达国家逐步盛行。关注全体公民的福利不仅是人类自身的完善，也是社会的进步。可以说，福利国家制度的实践是一项社会制度的革命。尽管在 20 世纪 80 年代，福利国家制度遇到挫折，但是它对福利经济学发展无疑起到推动作用。

第三，福利经济学理论弥补了实证经济学的不足，并且推动了经济学理论的发展。例如实证经济学所研究的市场决策问题，企业根据利润最大化决定产量；消费者根据效用最大化决定购买量。要实现市场均衡，必须满足一些前提假设。但在实践中，假设条件很难实现，出现市场失灵。有关这些问题的分析恰恰是福利经济学的研究对象。

第四，福利经济学研究也推动了其他学科的发展。例如，社会学、政治学等学科的某些理论直接产生于福利经济学的研究或受福利经济学理论的影响。

总之，福利经济学的发展不仅对社会、经济的发展产生了直接而深远的影响，同时，也对其他经济学分支如产权理论、制度经济学的发展起到了推动作用。

第四节 福利经济学的研究方法

福利经济学作为经济学的一个重要组成部分，在研究方法上不仅具有经济学研究的一般特征和规律，而且还具有其自身的研究规律和特殊性。在此，我们对福利经济学研究方法的特点总结概述如下：

一、抽象演绎法

抽象演绎法是经济学研究的一般方法。所谓抽象演绎法，是指运用概念定义，在相关公理假设等条件下，对经济学现象和规律进行分析、描述和说明的方法。抽象演绎法是经济学研究的基本方法，例如经济概念的阐述和经济理论的说明等等。在福利经济学研究中，我们也经常利用到抽象演绎法，如对各种福利经济学名词的定义，对福利经济学理论的分析论证。由于该方法运用的普遍性，我们对该方法并不陌生，在此就不赘述了。

二、历史分析法

历史分析法是在社会科学研究中经常可见的一种研究方法。该方法强调从历史的角度来分析问题，从历史的描述和分析中找到问题的答案，因此定名为历史分析法。该方法最为著名的运用体现在制度经济学的分析研究中。通过对经济史的分析研究，制度经济学家发现了制度这一因素在经济和社会发展变迁中的关键作用，由此也带来了制度经济学的创新。其实，历史分析法早在德国新、旧历史学派的研究中就已开始运用了。福利经济学研究，无疑也离不开历史分析法。通过对福利经济学发展历程的分析以及社会福利政策制度演变的了解，可以加深对福利经济理论规律的理解和发现新的规律，从而推动福利经济学的进一步发展。

三、比较分析法

比较分析法也是较常使用的一种社会科学研究方法。通过对不同对象在不同标准下的比较分析，可以了解同一事物的不同侧面。实际上在自然科学研究中经常采用的对照试验法，与比较法近似。在福利经济学研究中，比较分析法也是十分重要的研究方法。例如，在社会福利政策研究中，经常要对不同国家的社会福利体制进行比较分析，才能全面认识社会福利体制与一个国家国情特点的关系。在税收的福利效应分析中，只有对不同税种的福利效应进行比较分析，才能确定哪一税种更有利于社会福利的改善等等。

四、图表数据法

图表数据法就是指运用图示、数据表以及有关数字对社会福利、经济现象等进行分析说明的方法。该方法具有直观、清晰和说服力确凿等优点，是福利经济学研究的一个不可替代的重要方法。由于福利经济学理论较为抽象，通过图表数据的论证和说明，理论要点更为直观，便于理解。通过图表的分析，还可以达到文字数据和公式所不能达到的效果，更具有某种生动或动态的效果。该方法在本书中将有大量运用。如经济剩余的图示法、社会福利效应的变动说明等等。

五、博弈分析法

博弈理论（game theory）是经济学等社会科学中的一种重要分析方法。该理论主要分析经济活动中行为主体之间的相互影响关系。福利经济学以研究资源配置效率和收入分配为中心，必然涉及到所有社会成员之间的利益关系。也就是说，福利经济学研究各种社会和经济决策及其决策结果，而这些决策结果是所有社会成员之间相互博弈的结果。因此，博弈理论为福利经济学研究提供了有力的分析工具。

六、系统科学分析法

系统科学是控制论、信息论和系统论的统称，是现代自然科学、社会科学和思维科学等发展综合的结果，也是现代科学研究的一般方法论。系统科学主张将事物和研究对象看成一个整体，研究其要素、结构和功能的相互关系，通过信息的传递和反馈实现系统之间的联系并促进系统的最优化。福利经济学研究社会资源的最优配置和收入的合理分配以实现社会福利的最优化。因此，福利经济学研究必然涉及社会资源系统的优化配置问题、社会国民收入系统的合理化问题以及社会福利系统的最优化问题，通过信息论和控制论原理对这些系统实现整合和最优控制，以实现社会和谐发展的目标。

以上只是介绍了福利经济学研究中经常运用的几种基本方法，通过这些方法的运用，福利经济学理论得到了全面深入的发展；并且也促使福利经济学发展更加符合社会发展实际，更能有效地指导社会发展、改革的实践。当然，在福利经济学不断创新发展中，也必然有一些特殊的研究方法会更有力地推动福利经济学理论的创新和突破。

【本章小结】

1. 福利经济学的主要研究对象是资源配置效率问题和收入分配合理化问题、社会福利度量方法及社会福利最大化等关系社会整体资源配置效率问题。福利经济学的研究成果不仅填补了经济学理论研究的空缺，也为实证经济学研究提供了理论指导。

2. 福利经济学的发展是符合社会发展需要的结果。当代社会最突出的主题是关心人类自身的发展和人类整体福利的改进，因此，福利经济学理论研究为当代社会福利改善提供了理论指导。

3. 福利经济学研究内容是十分广泛的，研究手段也是很多的。因此，全面深入研究福利经济学，必须是建立在多学科交叉的基础上，学会运用多种研究方法才能更好地理解和运用福利经济学，并推动福利经济学的发展。

4. 福利经济学研究离不开其他社会科学的发展。由于福利经济学从经济学原理出发，以资源充分合理使用和人类全面均衡发展为研究主题，必然与社会学、政治学、人类学等人文社会科学密切相关、相互影响，因此，交叉研究是福利经济学研究的一大特色。

【关键概念】

福利经济学　　福利　　社会福利　　实证经济学　　历史分析法

后福利主义　　资源配置效率　　社会福利度量

【复习思考题】

1. 什么是福利经济学？如何理解其与实证经济学的关系？

2. 简述福利经济学的发展历史。

3. 什么是福利和社会福利？如何理解个人福利和社会福利？

4. 什么是旧福利经济学？其理论要点有哪些？

5. 旧福利经济学观点为什么会受到批评？

6. 新福利经济学的理论假设有哪些？

7. 福利经济学在当代社会的发展主要有哪些表现？福利经济学的研究意义是什么？

第二章

帕累托原理和资源配置效率

学习目标

通过本章的学习，了解以下主要内容：帕累托原理的概念及其主要内容；帕累托最优的条件及其分析；帕累托最优状态与一般均衡的关系；帕累托最优在制度经济学中的应用；次优原理的含义及主要内容；次优原理与第三优原理的运用等等。本章内容丰富，覆盖面较广。应该重点掌握以下内容：帕累托改进与帕累托最优的基本含义；帕累托最优的基本条件；福利经济学第一定理、第二定理；次优原理、第三优原理及其应用。应该深入理解帕累托最优的条件分析、帕累托最优与一般均衡分析、次优原理的应用等。

第一节 帕累托原理

新福利经济学的创始人帕累托认为，福利经济学应该以经济效率为中心，研究在收入分配一定的情况下，如何合理有效地配置社会资源，使社会总产出最大化，社会总福利不断改善。帕累托提出了社会资源配置的价值判断标准，这个标准是建立在序数效用理论基础上，并且强调效率、忽视公平，对社会经济活动采取一般均衡分析的方法，取得了一系列重要理论成果。帕累托原理包括两个部分，一是帕累托改进，属于动态社会资源配置判断标准；二是帕累托最优原理，属于静态社会资源配置标准。

一、帕累托改进

帕累托改进（PI）是指这样一种状态，即一项社会变革使得一部分人的社会福利增加的同时，并不减少其他社会成员的福利。如果一项社会政策变革使得所有社会成员的福利都有所改善，则该项改革是最理想的，是可取的。如果一项社会政策变动，在增加一部分社会成员福利的同时，给另一部分社会成员的福利造成不利的影响，则该项改革是否可取，就很难确定了。现实中，很多政策变革属于这一情形。例如，为了加速某县城的经济发展，必须要扩建一条通往邻近一座发达城市的公路，而修建公路就需要占用附近农用土地，使农民失去收入来源。如果要修路，就会侵害农民利益；如果不修路，势必影响该县城的经济发展，因此，是否修路成为一个两难选择。在经济生活中，类似的导致相冲突结果的经济和社会决策难以计数。

在社会经济变革中，也有很多属于帕累托改进的范例。例如，2005 年我国修改个人所得税法，提高当时实行的个人所得税起征点。这对于工资低于原起征点的人没有影响，但可以改善工资高于原起征点的工薪阶层的收入状况（这一部分人是我国个人所得税的纳税主体）。类似的例子还有很多，如取消农业税可以提高农民收入而不影响城市社会成员的收入等等。可见，属于帕累托改进式的社会政策变革较受欢迎，易于推行；而同时给一部分成员带来利益，给另一部分成员带来不利的社会变革就会受阻，不易推行。对于后一种情况的社会变革，又要分两种类型来讨论：一是社会政策变革有利于福利水平较高者（一般指富有者）而不利于福利水平较低者（一般指贫困者）；二是社会政策变革有利于福利水平较低者而不利于福利水平较高者。支持第一种类型的社会变革的主张称为效率式改进或富有者改进（EI），支持后一种类型的社会变革的主张称为罗尔斯改进（RI）。这两种改进分别反映了关于社会政策变动的两种价值观，也代表了社会政策变动的两种取向，可以说，为现行社会政策变动提供了参考指南。

二、帕累托最优

帕累托最优（PO）是指资源配置达到这样一种社会经济状态，即不论实行何种社会经济政策变动，在使一部分人的福利水平上升的同时，必然使另一部分人的福利水平下降。换句话说，此时达到了最优状态，不需要作任何政策变动；否则就会偏离资源配置最佳状态。

帕累托最优状态是资源配置的理想状态，现实中要达到这一状态需要满足一系列条件（将在下一节中讨论）。而要同时满足这些条件，绝非易事。因此，帕累托最优可以作为一个判断社会经济资源配置状态的标准，而不一定是指现实中的资源配置状态。

帕累托最优状态在实践中的应用主要表现在生产、交换等领域。在生产领域，帕累托最优状态是指，在一定技术水平和资源禀赋下无论如何改变投入要素组合，要使一种产品产量增加，就必然使另一种产品产量下降。这就是达到了生产可能性边界状态，一般用生产可能性曲线（PPC）表示，如图 2—1 所示。

在图 2—1 中，X 轴代表一定的资源和技术条件下所生产的 X 产品的数量，Y 轴代表一定的资源和技术条件下所生产的 Y 产品的数量，由图可见，A 点没有达到帕累托最优状态，而 B 点处于帕累托最优状态。在交换领域（不考虑生产方面），帕累托最优是指，在现有消费方式和商品总量下，无论如何改变交换比例，在增加一部分社会成员福利的同时，必然使另一部分社会成员的福利水平下降。这种状态一般用效用可能性曲线（UPC）或曲面表示。在图 2—2 中，假设只有两个社会成员 1 和 2，1 和 2 的最佳效用组合即效用可能性曲线上的任一点。

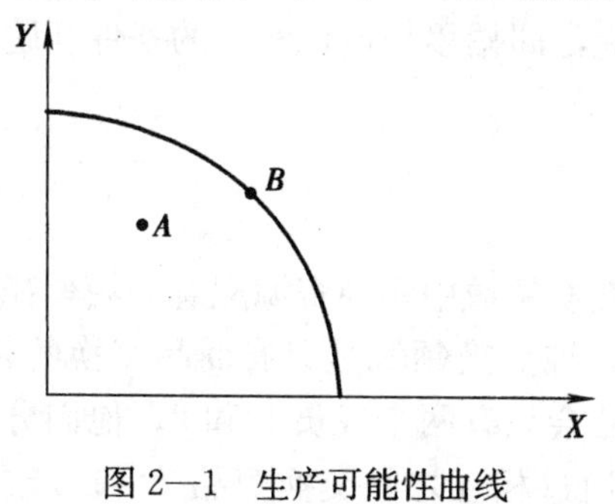

图 2—1　生产可能性曲线

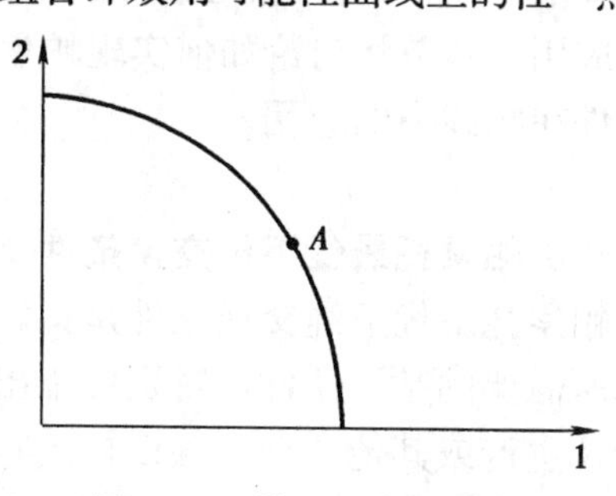

图 2—2　效用可能性曲线

在图 2—2 中，A 点表示达到了效用组合的帕累托最佳状态。如果要结合生产效率来看，也就是既要达到生产资源配置的最佳化，又要实现商品组合的最优化，那就要达到双重帕累托最优，也就是实现社会福利最大化状态。生产和交换的联合帕累托最优组合点轨迹称为总效用可能性曲线（GUPC），它是无数效用可能性曲线的包络线，如图 2—3 所示 UU' 曲线。

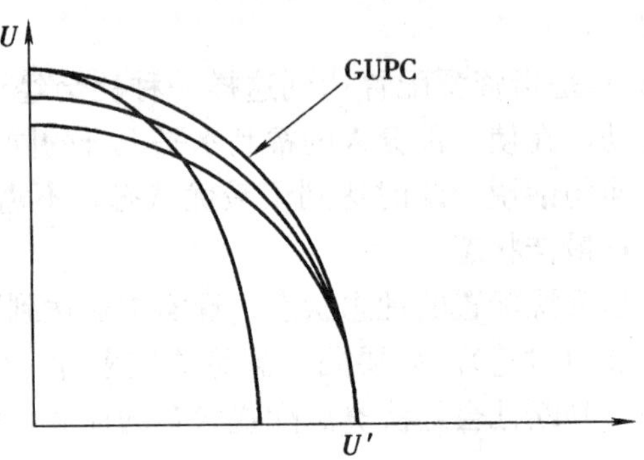

图 2—3　总效用可能性曲线

这里特别要指出的是，资源配置的帕累托最优状态要与莱本斯坦的 X 效率理论区别开来。后者指资源在配置之后，如何合理使用以实现资源的最大效益问题。而帕累托最优讨论的是如何合理配置资源以实现资源的最大效益问题。所以，前者关心的是资源配置效率，后者关心的是资源管理和使用效率。

第二节　帕累托最优条件与资源配置效率

在上一节中，已经详细介绍了帕累托最优的基本概念及其在生产和交换等领域的应用。本节将讨论如何实现帕累托最优，即帕累托最优实现的条件问题以及该条件在实践中的应用。

一、帕累托最优下纯交换条件

帕累托最优下纯交换条件是指，在纯交换领域中实现资源配置的帕累托最优状态所需要的基本条件。特别要指出的是，纯交换领域是只有商品交换的领域，不涉及生产或其他活动。假设初始状态下社会只有两个成员 1 和 2，他们分别拥有一定数量的商品 A 和 B。如果 1 和 2 想通过相互之间交换商品 A 和 B 改善他们的福利水平，以实现每个人的福利最大化，那么如何才能达到帕累托最优状态呢？

一般来说，个人福利是通过个人的效用水平来衡量的。要使 1 和 2 同时实现福利最大化，也就是使 1 和 2 的效用同时最大化。因此，1 和 2 通过重新配置 A 和 B 的拥有量来分别最大化自己的效用。这可用埃奇沃斯框图加以说明，如图 2—4 所示。

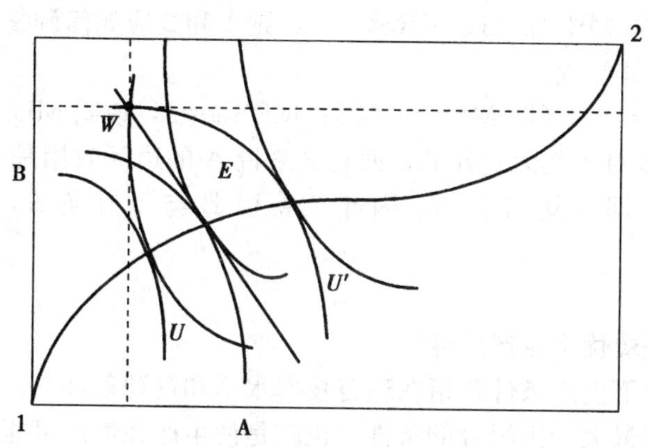

图 2—4　1 和 2 的联合无差异曲线图

在图 2—4 中，U 代表 2 的无差异曲线，U' 代表 1 的无差异曲线，横轴代表商品 A 的总量，纵轴代表商品 B 的总量。两条无差异曲线相切于点 E，过 E 点的切线同时过初始点 W。从 W 到 E 点代表了交换过程，E 点正好是帕累托最优均衡交换点。过 E 点的曲线是契约曲线，契约曲线上每一点代表了帕累托最优均衡点。上图中的切线为无差异曲线 U、U' 的共同切线，因而也就意味着 1 和 2 在 E 点的切线斜率相同，即 1 和 2 的边际效用替代率 MRS 相同。因此，纯交换领域下的帕累托最优条件为：

$$MRS^1 = MRS^2$$

上述等式中的 MRS^1 和 MRS^2 可以表示 A 替代 B 或者 B 替代 A 的边际效用替代率，但对 1 和 2 来说必须是同向的。

由于 $MRS^1_{AB} = MU^1_A / MU^1_B$，$MRS^2_{AB} = MU^2_A / MU^2_B$，在 $MRS^1 = MRS^2$ 的条件下，所以：

$$MU^1_A / MU^1_B = MU^2_A / MU^2_B$$

图 2—4 中过 W 点的两条粗线，即分别是 1 和 2 的无差异曲线也代表了交换过程，它们与契约曲线的交点所决定的契约曲线上的一段曲线段通常称为交换的核。核中每一点相对于初始点来说，都是帕累托改进，且都达到了帕累托最优。

一般而言，在自由交换的条件下，交换的核代表了与某一初始点相对应的所有可能的交换的最终结果（除非有欺诈和强迫），也就是说，交换的结果不可能在核之外。交换的契约曲线如果用效用表示就是效用可能性曲线（UPC）。

在图 2—4 中，E 点处于交换的核中，并且与 W 点在同一条切线上。E 点代表竞争均衡点，是在自由交换和完全竞争条件下的一般均衡交换结果。在 E 点上，帕累托最优与完全竞争下一般均衡是等价的。

例题 1 如果 $MRS_{AB}^{1}=1$、$MRS_{AB}^{2}=2$，则 1 和 2 应如何调整 A、B 的拥有量才能实现资源最佳配置？

解： $MRS_{AB}^{1}=1$，说明 $MU_{A}^{1}=MU_{B}^{1}$；$MRS_{AB}^{2}=2$，说明 $MU_{A}^{2}=2MU_{B}^{2}$；也就是说此时 A 与 B 对 1 是无差异的，而对 2 来说 A 的边际效用是 B 的两倍，因而 A 的价值更大，即 2 更需要 A，因此 2 将以 B 与 1 交换 A，直至 $MRS_{AB}^{1}=MRS_{AB}^{2}$为止。

二、帕累托最优下生产条件

帕累托最优下生产条件是指在现有技术水平和资源条件下，通过调整投入要素组合能够实现最大产出组合的条件。也就是使生产在生产可能性边界上进行所必须满足的条件。在交换领域我们采取无差异曲线（即等效用曲线）分析帕累托最优条件，在生产领域就需要采取等产量线加以分析。分析方法雷同，采取埃奇沃斯框图来分析。假设采取两种生产要素 X、Y 生产两种产品 A、B，其联合等产量曲线图如图 2—5 所示。

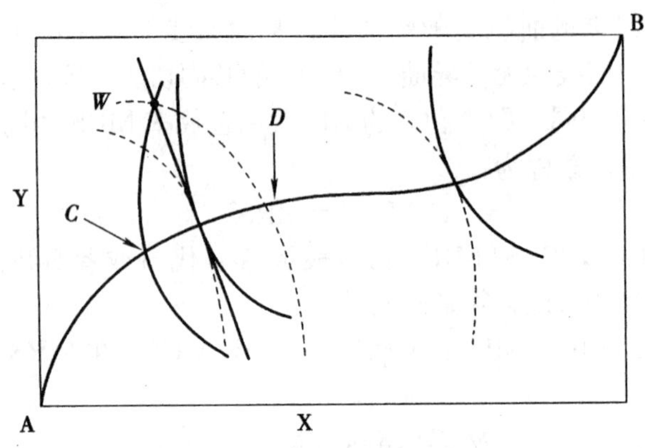

图 2—5 联合等产量曲线图

在图 2—5 中，虚线表示 B 的等产量线，实线表示 A 的等产量线。中间较粗的长曲线为契约曲线，代表各种生产要素原始组合经过调整之后的帕累托最优产出的组合集合。而经过初始点 W 的两条等产量线交契约曲线于 C、D 两点之间的部分即为由初始点所决定的 A、B 两种产品的最佳产出组合的集合，也称为生产的核。契约曲线上的点均满足以下条件：

$$RTS^{A}=RTS^{B}$$

RTS^{A}、RTS^{B} 代表产品 A、B 的边际要素技术替代率。根据边际要素技术替代率的定义，有

$$RTS_{XY}^{A}=MP_{X}^{A}/MP_{Y}^{A}，RTS_{XY}^{B}=MP_{X}^{B}/MP_{Y}^{B}$$

故有

$$MP_{X}^{A}/MP_{Y}^{A}=MP_{X}^{B}/MP_{Y}^{B}$$

在生产的核中，与初始点在同一条切线上的点，称为生产的竞争均衡点，与交换的竞争均衡点一样，它也代表了生产的完全竞争一般均衡与帕累托最优的重合。

在确定的资源数量和不变的技术水平下，生产契约曲线与一条生产可能性曲线是一一对应的。

三、帕累托最优下综合条件

帕累托最优下综合条件是指，在现有技术水平和资源条件下和一定的交换方式下，通过生产要素的组合以最大效率的生产实现消费者最大福利的产品组合的必需条件。这个条件实际上是帕累托最优生产条件和交换条件的综合。不仅要求生产在帕累托最优状态下进行，而且要求交换也要实现帕累托最优。因此，帕累托最优的综合条件表现为生产契约曲线和交换契约曲线的“合并”。也可以说，帕累托最优的综合条件结果表现为总效用可能性曲线（在上一节已介绍过）。

我们知道，在既定的资源水平和技术水平下，存在一条生产契约曲线，也就是生产可能性曲线。在生产可能性曲线上每一点，均有一条交换契约曲线与之对应。结果可见图 2—6。

在图 2—6 中，C 点是生产可能性曲线上一点，与 C 点有一条交换契约曲线相对应。交换契约曲线上必有一点 D，过 D 点的无差异曲线的切线的斜率与过 C 点的切线的斜率相等。我们知道，过 D 点的切线斜率是 MRS_{AB}，而过 C 点的切线的斜率是 MRT_{AB}，称为产品 A 与 B 的边际转换率。因此，帕累托最优的综合条件可以表述如下：

$$MRS_{AB}=MRT_{AB}$$

这里需要说明的是，$MRT_{AB}=\dfrac{MC_{A}}{MC_{B}}=-\dfrac{\Delta B}{\Delta A}$

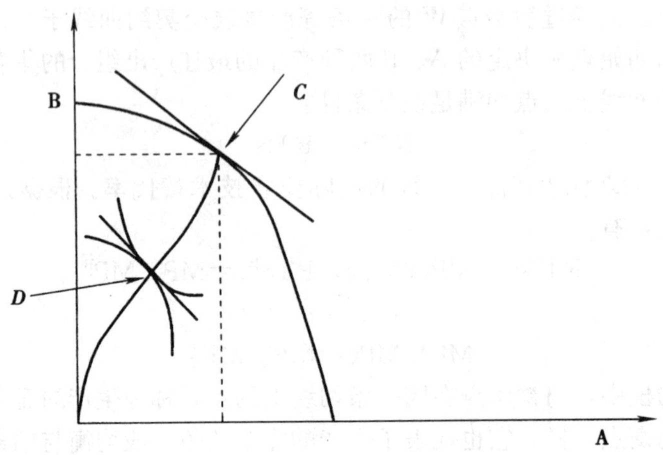

图 2—6　生产可能性曲线与交换契约曲线的结合

MRT_{AB}表示 A 和 B 的边际转换率，即增加一单位的 A 需减少 B 的数量。由于 B 与 A 的变化量是反向的，所以分数前要加上一个负号。同时 MRT_{AB}又等于 A 与 B 的边际成本之比，因为 ΔB 可看成增加一单位的 A 所减少的 B 的量，也就是增加 A 的边际成本；反之，ΔA 可看成增加一单位的 B 所丧失的 A 的量，也就是 B 的边际成本。以上无论是 MC_A 还是 MC_B，均是从机会成本的角度来理解。

D 点所对应的效用组合即为总效用可能曲线上的一点。可见，总效用可能曲线上的每一点，必须满足边际效用替代率等于边际转换率这一条件；而效用可能性曲线上每一点需要满足交换双方的边际效用替代率相等这一条件。为什么有此差异呢？因为总效用可能曲线结合了生产最优化的因素，而不仅仅考虑交换的帕累托最优问题。

例题 2　如果 $MRS_{AB}=1$，$MRT_{AB}=2$，帕累托最优条件能否满足，如何调整使得资源得到最佳配置？

解：因为 $MRS_{AB}=1$，$MRT_{AB}=2$；

所以 $MRS_{AB}\neq MRT_{AB}$，故帕累托联合最优条件得不到满足。

由于 $MRS_{AB}=1$，所以消费者对 A、B 产品来说，边际效用相同；而 $MRT_{AB}=2$，表示 A 与 B 产品的边际转换率为 2，即减少一单位 A 的生产可增加 2 单位的 B 的生产，因此可将原来用于生产 A 的资源转用于生产更多的 B 产品，这样就会使得 MRT_{AB}下降，一直到 $MRT_{AB}=1$ 为止。当然，还可以通过交换，改变 MRS_{AB}的大小以等于边际转换率。

四、完全竞争市场一般均衡与帕累托最优

完全竞争市场是一种市场结构类型，主要特点是市场主体极多，因此不论是买方还是卖方均不能控制和影响市场价格；市场信息是完全的，对称的；无市场交易费用，生产要素可自由流动。由于这些特点在现实中很难满足，真正的完全竞争市场是不存在的。现实中至多存在某些市场特征近似于完全竞争市场，可以按照完全竞争市场的规律来进行分析。

根据完全竞争市场的特点及规律，我们可以总结如下：

（1）价格固定不变，P＝MC＝AC＝AR＝MR；

（2）低价高产出，消费者获得最大满足；

（3）生产者以最低成本生产，资源得到充分使用，不存在超额利润。

可见，完全竞争市场是最有效的市场结构，其供求曲线如图 2—7 所示。

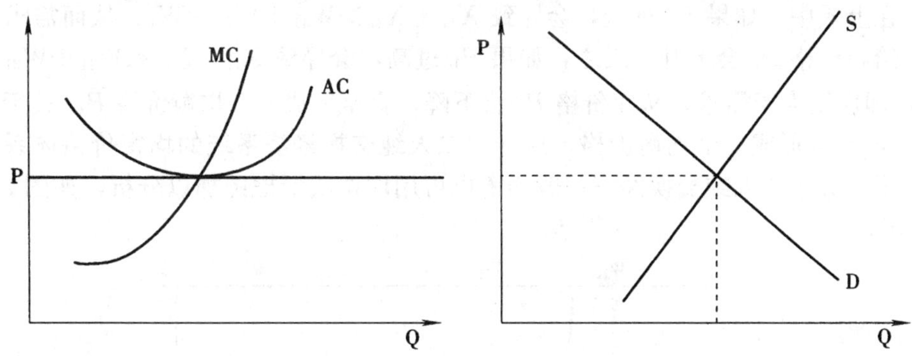

图 2—7　完全竞争市场和企业供求规律图

完全竞争市场存在两种均衡，一种是单个产品或市场的均衡，称为局部均衡；另一种是一般均衡，指所有产品或所有市场同时达到的均衡。一般均衡是将产品市场和生产要素市场联合起来考察，要寻找一组价格体系，使得所有产品和生产要素的供求平衡。根据瓦尔拉斯一般均衡理论，存在一组均衡价格，使得所有市场能够同时达到供求均衡。

下面简单分析一下一般均衡状态的形成。首先，假设现实经济是只有交换没有生产的经济，即纯交换经济。该经济系统中只有两种产品和两个消费者，他们只有实物财富即该两种产品，而无货币财富。可假设第 i 个消费者拥有财富即拥有的两种产品的初始量为 W_{ij}（i、j=1，2…n，下同），均衡消费量为 X_{ij}，则整个经济系统拥有的两种产品量分别为：$W_1=W_{11}+W_{21}$，$W_2=W_{12}+W_{22}$。两种产品的价格分别为 P_1、P_2，现在 1 和 2 两个消费者进行交换，单个消费者的均

衡应该满足以下条件：

$$\begin{cases} \max U_1\ (X_{11},\ X_{12}) \\ P_1X_{11}+P_2X_{12}=P_1W_{11}+P_2W_{12} \end{cases}$$

由此均衡条件可决定消费者 1 的两种产品需求量 X_{11}、X_{12}，这就是消费者 1 的均衡结果。同理也可得到消费者 2 的均衡结果 X_{21}、X_{22}。这些均衡结果只是消费者 1 和 2 的局部均衡结果，他们取决于两种产品的价格和各自拥有的初始财富量。其表达式如下：

$$X_{11}=X_{11}\ (P_1,\ P_2,\ P_1W_{11}+P_2W_{12})$$
$$X_{12}=X_{12}\ (P_1,\ P_2,\ P_1W_{11}+P_2W_{12})$$
$$X_{21}=X_{21}\ (P_1,\ P_2,\ P_1W_{21}+P_2W_{22})$$
$$X_{22}=X_{22}\ (P_1,\ P_2,\ P_1W_{21}+P_2W_{22})$$

在上式中，如果 P_1 过低，会导致 $X_{11}+X_{21}>W_{11}+W_{21}=W_1$，从而需求大于供给，价格 P_1 会上升；反之，如果 P_1 过高，会导致 $X_{11}+X_{21}<W_{11}+W_{21}=W_1$，即供给大于需求，从而价格 P_1 会下降，直至形成一个均衡价格 $\overline{P}$。关于价格 P_2，也会形成一个均衡价格。这样，二人纯交换经济系统的均衡价格体系就形成了。关于二人纯交换经济一般均衡也可用埃奇沃斯框图加以分析，如图 2—8 所示。

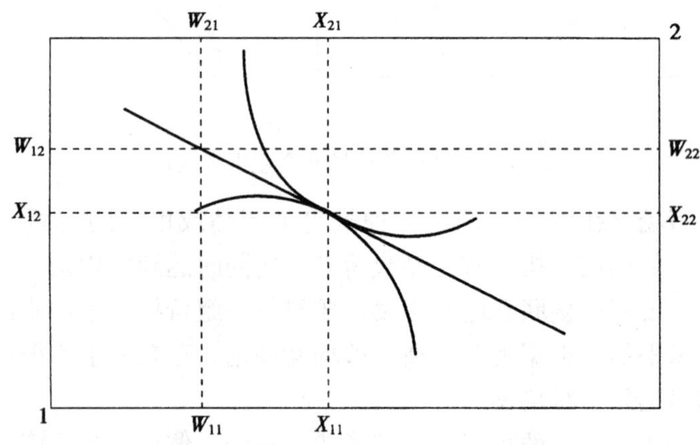

图 2—8　二人纯交换经济一般均衡图

在图 2—8 中，点 W (W_{21}，W_{22}) 也就是点 W (W_{11}，W_{12}) 作为消费者的初始财富拥有点，X (X_{21}，X_{22}) 也就是 X (X_{11}，X_{12}) 是竞争均衡点。过 W、X 两点的直线是预算线，1 和 2 的无差异曲线相切于预算线上的点 X。由于消费者 1 和 2 共有一条预算线，因此其竞争均衡点必然重合，也就是消费者 1 和 2 的无差异曲线的切点，因此消费者 1 和 2 的竞争均衡点既是一般均衡点，也是帕累托最优点。

由上述分析可知，一定时期内同一种产品的一般均衡价格 P 对任一消费者或生产者来说都是不变的，根据这个特点，结合边际效用定价、边际生产力定价和边际成本定价等原理可推知完全竞争市场一般均衡满足帕累托最优条件。

首先，交换条件是满足的。因为 $MRS_{AB}^{1}=\frac{MU_{A}^{1}}{MU_{B}^{1}}=\frac{P_{A}^{1}}{P_{B}^{1}}$，而 $MRS_{AB}^{2}=\frac{MU_{A}^{2}}{MU_{B}^{2}}=\frac{P_{A}^{2}}{P_{B}^{2}}$，又因为同一产品的价格对消费者 1 和 2 来说是不变的，因此 $MRS_{AB}^{1}=MRS_{AB}^{2}$。

其次，生产条件也是满足的。因为生产要素市场是完全竞争市场，生产要素价格对任一生产者来说不变，并且生产要素价格是按照边际生产率定价，因此，$RTS_{XY}^{A}=RTS_{XY}^{B}$，这是因为 $RTS_{XY}^{A}=RTS_{XY}^{B}=\frac{P_{X}}{P_{Y}}$。

最后，帕累托最优综合条件也是满足的。因为任意产品价格等于其边际成本，即 $P=MC$，而 $MRT_{AB}=\frac{MC_{A}}{MC_{B}}=\frac{P_{A}}{P_{B}}$，$MRS_{AB}=\frac{P_{A}}{P_{B}}$，所以 $MRT_{AB}=MRS_{AB}$。

综上所述，完全竞争市场一般均衡满足帕累托最优三个条件，因而完全竞争市场是符合帕累托最优标准的，可见完全竞争市场机制是最有效率的。

上述完全竞争市场可实现帕累托最优状态实际上论证了亚当·斯密“看不见的手”原理。以亚当·斯密为代表的古典自由主义思想认为市场机制最有效，政府无须干预市场。市场机制像“一只看不见的手”，能自动引导资源向最有效率的方向配置。“看不见的手”原理在规模较小、交易活动较简单的市场中是可行的；但在当今市场范围极为广泛、交易活动十分复杂、规模很大的市场中，由于各种因素导致市场机制很难有效发挥作用，所以政府干预市场是必要的。政府干预不等于市场机制无用，政府干预是建立在市场机制调节作用基础上的。在当今信息经济不断发展的促进下，如果经济全球化和国际一体化的趋势得到顺利发展，政府的垄断干预不断减弱，不排除完全竞争市场机制在全球范围内的建立可能，资源在国际范围内得到更加合理配置。从现实看，各国经济社会发展差距较大，要实现上述理想境界，要走的路还很长。

第三节 福利经济学基本定理

在上一节，我们已经分析了完全竞争市场一般均衡与帕累托最优之间的关系，即完全竞争市场一般均衡符合帕累托最优条件。本节将进一步分析帕累托最优与完全竞争市场一般均衡之间的关系，以揭示二者之间存在的内在规律。

一、福利经济学第一定理

福利经济学第一定理是指，完全竞争市场的一般均衡状态就是帕累托最优状态。该定理的合理性已经在上一节得到了详细的证明。也就是说，完全竞争市场一般均衡符合帕累托最优所需要的条件，因而完全竞争市场一般均衡就是帕累托最优状态。

完全竞争市场一般均衡状态是微观经济学里的一个重要研究对象，也是实证经济学的一个基本概念。而帕累托最优状态是福利经济学的一个重要概念和判断准则，通过福利经济学第一定理，对实证经济学里的基本研究对象加以规范分析，这从另一个角度论证了这一微观经济学原理的科学性和可行性。福利经济学第一定理的结果不仅说明了完全竞争市场经济的优越性，而且也反映了福利经济学理论的应用领域和方向。

根据福利经济学第一定理，自由竞争的市场经济体制是最有效的，因为资源配置可以通过价格信号进行灵活调节，并且市场决策由市场主体自主自发进行，具有时效性、目的性以及相关性等特征。所以，古典主义者和新古典主义者都推崇自由竞争市场体制，反对政府的干预以及计划经济体制。他们认为政府干预可以抵消市场的效率，难以实现帕累托最优状态。而计划经济体制由于缺乏灵活性和自发性，其资源配置是低效的、僵化的。

在 20 世纪初，市场社会主义理论开始出现，认为可以通过集中计划的方式来实现资源有效配置，并通过“试错机制”形成一个均衡价格体系。这个过程类似于市场竞争均衡过程，可以得到一个一般均衡价格体系。尽管前苏联数学家康托罗维奇和美国数学家库普曼利用线性规划法得到了一般均衡价格，但这并不意味着集中计划形式可以自动实现市场配置资源机制。即便在计算技术和信息技术不断发展的今天，市场的复杂性和多变性也只能在局部上或某一时段上被计划方式所模拟。

二、福利经济学第二定理

福利经济学第二定理是指，从任一个初始资源配置状态出发，通过市场竞争机制形成的均衡必然可以实现帕累托最优状态。也就是说，任意一个帕累托最优状态均可以通过市场竞争均衡实现。福利经济学第二定理可以通过图 2—9 加以说明。

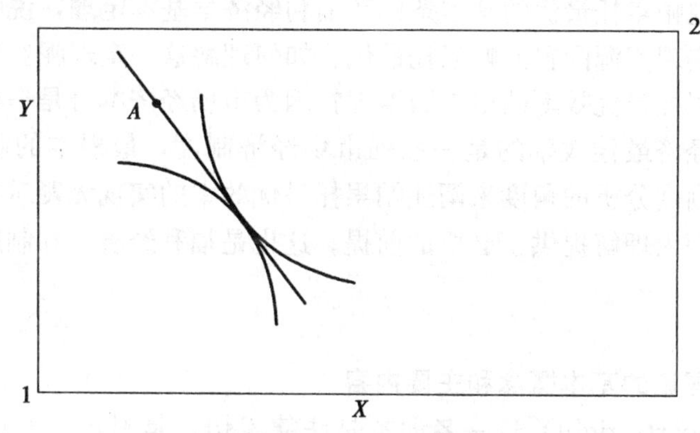

图 2—9 竞争性均衡形成帕累托最优状态

在图 2—9 中，A 点代表 1 与 2 的任意初始资源分配点，则必有过 A 点的直线同时与 1 和 2 的无差异曲线相切于同一点。这一点即为帕累托最优点，并且与初始点 A 在同一直线上，说明该点是 A 点经过竞争性交换形成的均衡点。这里特别要强调的是，初始点 A 不能在图 2—9 中矩形的边界上，也就是要求 1 和 2 初始分配的 X、Y 量均大于 0，不能有一方对某一种产品的持有量为 0；否则可能达不到帕累托最优状态。

通过对图 2—9 的分析，可以发现福利经济学第二定理隐含着这样一个命题，即收入分配与资源配置效率无关。从任意初始分配点均可以达到帕累托最优状态，而不是从某一特定的点出发。因此，新福利经济学派认为，资源配置效率问题可以与收入分配问题分开考虑，在关注资源配置效率状态时就无须考虑收入分配是否合理。新福利经济学的一系列观点正是建立在福利经济学第二定理的基础上。资源配置效率是否与收入分配无关？这个问题的答案在后面章节的分析中将会找到。

第四节 帕累托最优与产权分析

帕累托最优是社会福利的标准，反映了社会资源配置的效率状况。前面我们已经论述了实现帕累托最优的基本条件和福利经济学基本定理，说明了完全竞争市场经济可以实现资源配置的帕累托最优。如何理解这一定理呢？什么因素是影响资源配置帕累托最优效率的根本因素呢？因为市场经济本身是一种经济体制形式，决定市场经济最佳效率的是一系列市场经济制度，最根本的制度是产权制度。因此，从制度分析的角度来阐述帕累托最优效率的实现无疑对社会福利的改善和最优化的深入理解提供了必要的前提。这也是福利经济学和制度经济学的结合部之一。

一、产权理论的基本概念和主要内容

产权（property right）这一名词本是法律术语，是财产权利的简称。产权是指对财产等资源的排他性占有和使用及其他相关的权利，包括财产的使用权、所有权、收益权和处置权等。产权既可以指财产所有人的权利，也可以是指一种制度规定，即产权制度，也就是对财产如何界定权利的规定。张五常认为，在经济竞争中约束人与人之间的竞争规则就是产权制度，也就是界定人与人之间权利的制度。德姆塞茨认为，产权是一种社会性工具，它规定人们怎样受益和怎样受损以及人们之间的相互补偿问题。

产权的类别至少有三种形式，即国有产权、共有产权和私有产权等形式。私有产权指将上述权利界定给某一个特定的人，产权所有人对产权的行使不受任何限制。共有产权指在共同体内的每一成员都有权分享产权所包含的权利，它排除了国家和共同体外的成员对共同体内任何成员行使这些权利的干扰。国有产权是指财产权利由国家拥有，并且按照可接受的政治程序来决定谁可以使用或不可以使用这些权利。

二、产权理论和资源配置效率

产权理论经科斯提出以来，得到了大力发展，并出版了大量相关文献。这里主要介绍产权学派代表科斯、阿尔奇安、德姆塞茨、张五常等有关产权的主要

理论。

科斯的产权理论主要由科斯定理和科斯第二定理组成，主要是关于产权界定和交易费用对交易契约影响的理论。科斯定理主要内容是：只要交易费用为0，无论初始产权如何界定，都不影响最终的资源配置。科斯在《社会成本问题》这一篇论文中分析了产权界定对资源配置的影响。科斯得出结论认为，只要产权明确和无交易费用，外部性即可由市场交易解决，即外部性可内在化。因此，在产权明晰的基础上，只要交易费用为0，资源就可实现有效配置，达到帕累托最优状态。

科斯定理的零交易费用条件相当苛刻，与现实很难相符。这样就提出了科斯第二定理，即当交易费用不为0时，财产权的初始界定影响最终资源配置。由此可见，在交易费用为正时，初始产权安排就很重要，因为这影响到资源配置效率。

阿尔奇安的产权理论关心产权对人行为的影响，认为通过产权界定可以使成本或收益的外部性内在化，提高经济效率。另外，阿尔奇安特别重视产权要素的可分割性和可转让性，这一理论就是财产的所有权和使用权的分离问题，也就是我们通常所说的“两权分离”。这一学说也是现代股份制企业制度的理论基础。

德姆塞茨也强调产权与外部性的关系，并且深入分析了影响交易费用的主要因素，从而为产权格局演变的分析打下扎实的基础。他认为影响产权重组的主要因素有：产权配置、外部性、交易费用和规模经济。这几个因素的交互作用推动了现代股份制企业和股票市场的诞生。

张五常特别强调交易费用的高低与产权制度的关系。他认为私有产权交易费用最低，从而也是经济效率最高的产权制度。其理由主要有：（1）私产制度以界定资产的形式来约束竞争，具有其他方式所不可比拟的明确性；（2）私产制度更适合于自由交换，以采取费用最低的形式进行交换，可以节省交易费用；（3）私产制度更便于市场决策的形成；（4）私产制度更有利于信息的传播。他提出的分成租佃理论说明，只要产权界定为私有，不论以何种方式经营土地，都可实现土地资源的最优配置。

综上所述，产权理论对产权制度与资源配置的关系作出了深入分析，取得了极为丰富的成果。由于交易费用的存在，因而产权界定对资源配置效率就有影响；并且不同的产权界定方式也会影响资源的最终配置效果。私产制度由于其交易费用最低，因而是当今世界上应用最广泛的一种产权制度。不仅每一种产权制度都有交易费用问题，而且一种产权制度向另一种产权制度的转变也存在变迁成本问题。因此，制度选择对于资源配置效率是非常重要的。由此引申开来，收入分配方式也是一种制度，它与产权制度密不可分。产权制度是收入分配制度的基础，收入分配制度是产权制度的补充。故在交易费用不为零的现实经济中，收入分配制度对资源配置效率会产生一定影响，这与福利经济学第二定理的结论似乎相左，但实际上二者并行不悖。

第五节 次优原理与第三优原理

当帕累托最优所需要的条件不完全具备时，帕累托标准就会失灵，因而产生次优问题和第三优问题。本节主要分析次优原理及其应用和第三优原理及其应用。

一、次优原理及应用

次优原理是指，当现实经济状况不能全部满足帕累托最优条件时，根据现实条件确定资源最佳配置的过程。这个过程的结果就是次优条件，是在帕累托最优条件不能全部满足的情况下求解目标函数最大值的结果。次优原理指出，次优条件是在次优状况下能够实现资源最佳配置的基本条件，次优条件不是帕累托最优条件的近似。下面比较一下帕累托最优条件和次优条件。

我们已知，帕累托最优条件可以表述为 MRS＝MRT，即边际效用替代率等于边际转换率。用数学公式表示其来源如下：

$$\text{Max}\, W\,(X_1,\ X_2 \cdots X_n)$$

$$\text{s.t.}\, Q\,(X_1,\ X_2 \cdots X_n)=0$$

由此建立拉格朗日函数 L（X_1，$X_2 \cdots X_n$）如下：

$$L\,(X_1,\ X_2 \cdots X_n)=W\,(X_1,\ X_2 \cdots X_n)-\lambda Q\,(X_1,\ X_2 \cdots X_n)$$

求出上述拉格朗日函数的一阶条件为：

$$\frac{W_i}{W_j}=\frac{Q_i}{Q_j}\ (i,\ j=1,\ 2 \cdots n)$$

$$W_i=\frac{\partial W}{\partial x_i},\ Q_i=\frac{\partial Q}{\partial x_i}$$

上述一阶条件等价于 $\text{MRS}_{ij}=\text{MRT}_{ij}$

如果某一部门存在限制，使得最优条件得不到满足，则可表示如下：

$$\frac{W_i}{W_j}=k\,\frac{Q_i}{Q_j}\ (k\neq 1)$$

上述限制条件也是一个拉格朗日函数的约束条件，将此约束条件考虑进初始拉格朗日函数中，就可以得到在次优经济状态下的次优条件（本文中不再列出）。次优条件是十分复杂的，不仅包含单一变量的二阶偏导数，而且还包含混合二阶偏导数，反映了不同变量之间的交叉影响（一般有互补关系和替代关系两种）。由此可见，不仅受限制的部门次优条件不同于其最优条件，而且不受限制的部门的最优条件也不同于其次优条件。这一点可由图 2—10 得到说明。

在图 2—10 中，AB 线代表一种约束条件，PP' 代表生产可能性曲线。X、Y 代表两种产品。生产可能性曲线与无差异曲线相切于 D 点，AB 线与无差异曲线相切于 C 点，AB 线与生产可能性曲线相交于 E 点。D 点代表完全符合帕累托最优条件的点，因而在该点上的社会福利水平最高；E 点代表部分符合帕累托最优条件的点（因在 AB 线上），C 点在 AB 线上且不符合最优条件。比较 C、E 两点的社会福利水平，可见 C 点的社会福利水平高于 E 点。因此，符合次优条件的点的福利水平比部分符合最优条件的点的福利水平更高，这也正是次优原理的题中之意。

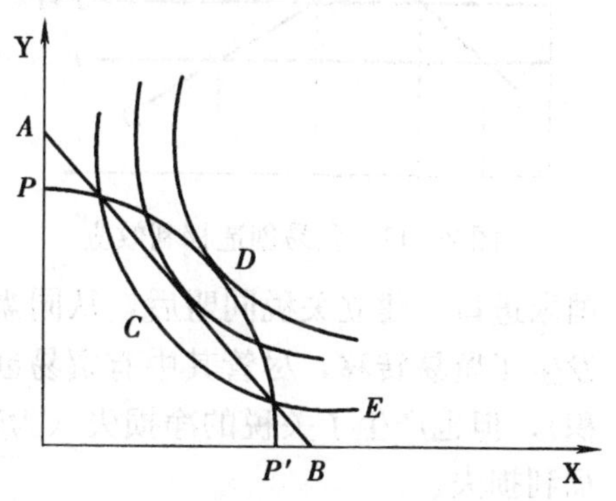

图 2—10　次优条件与最优条件的差异图

次优理论在国际贸易政策中应用较多，此处将举例加以说明。维纳证明，在贸易保护的社会里，减少贸易壁垒或与有贸易往来的国家建立关税同盟，这两项趋于自由贸易或满足部分帕累托最优条件的政策措施，并不必然会提高世界生产率。比如在关税同盟情形下，同盟内贸易创造的福利正效应可能小于同盟内国家与非成员国之间的贸易转移的福利负效应，这样经过抵消之后，净福利所得为负数。下面用图例加以说明。首先解释两个名词：贸易创造和贸易转移。贸易创造指国内生产的部分产品被同盟内其他国家低成本生产的进口产品所替代；贸易转移是指原先从生产成本较低的非成员国进口的产品转向从生产成本较高的成员国家进口。

贸易创造的情形如图 2—11 所示，贸易转移的情形如图 2—12 所示。

在图 2—11 中 P 代表自由贸易价格，$P+T$ 为征收关税之后的价格。实行关税同盟之后，将取消关税，结果将产生净福利所得为两条价格线与供求曲线相交形成的两个小三角形面积。

在图 2—12 中，P_1 代表自由贸易下较低生产成本国家产品的价格，P_2 代表自由贸易下较高生产成本国家产品的价格。在建立关税同盟前，从较低生产成本

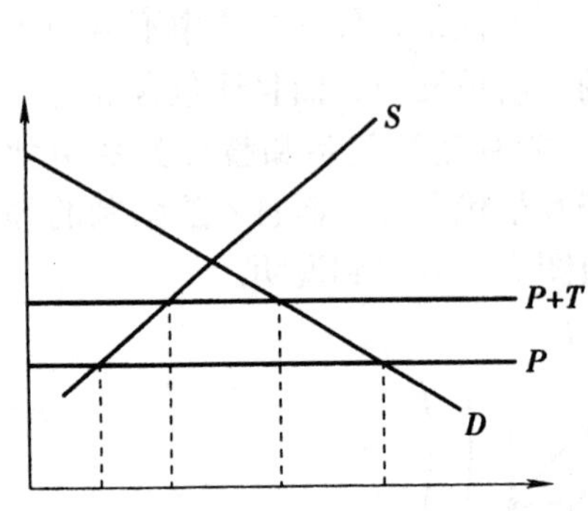

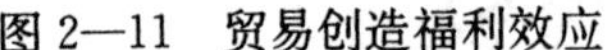

图 2—11　贸易创造福利效应

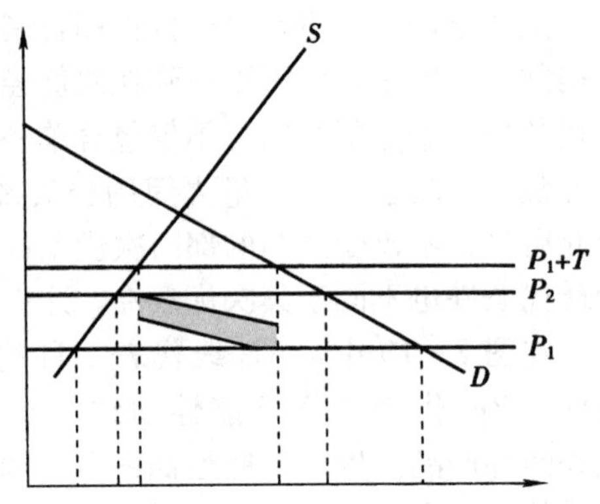

图 2—12　贸易转移福利效应

国家进口；建立关税同盟后，从同盟成员国进口相同产品（尽管生产成本较高），发生了贸易转移，尽管其中有贸易创造的福利效应（为 P_2 线上两个小三角形面积），但也产生了关税的净损失（为带阴影的矩形面积），两相比较，可能产生净福利损失。

可见，在制定相关国际贸易政策以至于其他经济政策时，必须从整体和全局考虑，不能因为满足了部分帕累托最优条件，就一定能改善社会福利。如果在信息充分的次优状态下，应根据次优条件行动。当然从另一方面来看，根据经济环境的需要制定有关经济政策也是可行的，并不一定造成对社会福利的损坏。

二、第三优原理及应用

第三优原理是在帕累托最优原理和次优原理发展的基础上提出的较为现实可行的决策原则。同时也是指在第三优型经济状态下应该采取的行动准则。

这里要说明一下第三优型经济的概念。前面我们分别讨论了最优型经济以及次优型经济状态的情况。所谓最优型经济，是指满足帕累托最优条件的经济状态；所谓次优型经济，是指满足次优条件的经济状态，也就是部分符合帕累托最优条件，同时信息成本和行政成本可忽略的经济状态。而第三优型经济是指在部分符合帕累托最优条件下，同时信息成本和行政成本不可忽略的经济状态。因此，第三优型经济状态是最接近于经济现实的经济状态。那么，在第三优型经济状态下如何决策、如何行动，这就是第三优原理的研究对象和主要内容了。

在第一优型经济状态下，应该采取帕累托最优准则行动；否则将会使社会福利受损。这种行动准则与社会福利效果之间的对应关系可以用图 2—13 的关系曲线（RC）表示如下：

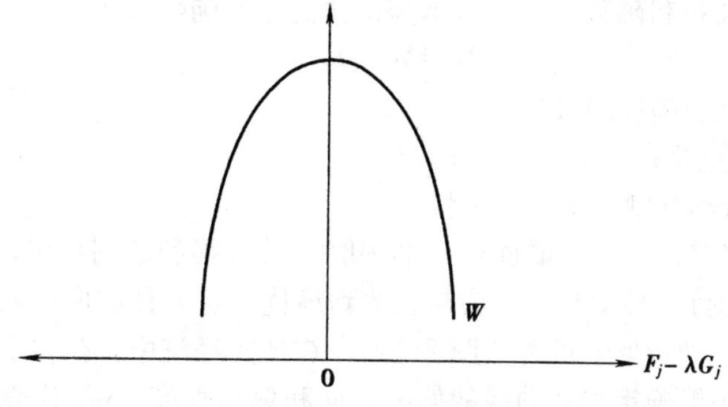

图 2—13　关系曲线图

在图 2—13 中，关系曲线 W 关于纵轴对称，在原点处社会福利函数值达到最大；偏离原点的位置越大，社会福利函数值下降越多，这表示偏离帕累托最优条件越远。

如果现实经济状态不能满足帕累托最优条件，就需要引进一些约束条件或限制。也就是在现实社会福利函数中某些变量不能满足最优条件，其余变量即使满足最优条件，按最优准则行动的结果不能保证实现社会福利函数的最大值。在这种次优型经济状态下，要实现社会福利函数最大值目标，需要按照次优准则行动；而次优准则规定的次优条件极为复杂，需要大量的经济社会信息。如果搜集这些信息的成本可忽略不计，则可按照次优准则行动；如果信息成本和其他成本较大，不可忽略，则需按照第三优准则行动。

在存在次优型约束的现实经济中，要根据信息分布的不同状况来决定行动准则。信息分布情况一般分为三种：

1. 信息贫乏，是指所拥有信息对以下两个方面不能作合理的概率判断：(1) 采取最优准则结果偏离实际社会福利函数最优值的方向和程度；(2) 关系曲线的形状和倾斜度（除了凹性外）。

2. 信息不足，是指所拥有信息虽能作上述两方面判断，但不够充分。

3. 信息充分，这一情形在次优原理中已有论述。

由于在现实经济中，信息成本和管理成本往往不可忽略，因此在存在次优约束情况下，现实经济状态应属于第三优型经济。在第三优型经济状态下，如果信息贫乏，应该采取最优准则行动；如果信息不足，应采取第三优准则行动；如果信息充分且成本可忽略，应采取次优准则行动。也就是说，在不同的信息分布情况下，应采取相适应的行动准则，才可实现社会福利函数最大值。

这样，社会福利函数的取值可由两种因素决定，即信息分布类型和行动准则。因此，社会福利函数又可以表示为这样的二元函数形式：

$$W=W(I,P)$$

式中 W——社会福利函数值；

I——信息量；

P——行动准则，即政策变量。

当I=信息贫乏，P=最优行动准则时，社会福利达到最优；当I=信息不足，P=第三优行动准则时，社会福利达到最优。这两种情形可以通过图示加以说明。对于第一种情形，可参考图 2—14。在现实经济中，存在次优约束，但由于信息贫乏，不能确定关系曲线的偏离方向和偏离程度。W_1 代表最优型经济的关系曲线，W_2、W_3 分别代表左偏和右偏向的第三优型经济关系曲线，由于信息贫乏，不知现实经济中关系曲线是左偏还是右偏及其发生概率，在此情况下，只要社会成员属于风险中立或风险回避型，采取最优行动准则是最佳的，即 W_2、W_3 与纵轴的交点到原点的距离比任一垂直线截 W_2、W_3 线所形成的两线段的平均值要大。

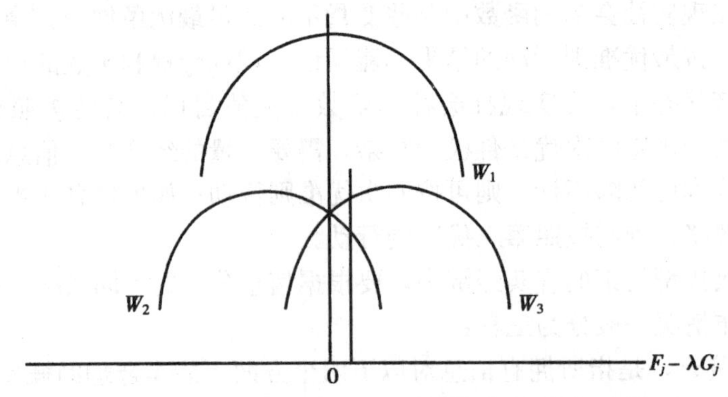

图 2—14 信息贫乏的第三优型经济

对于第二种情形，可参考图 2—15。假设根据有关信息，推知关系曲线发生了倾斜，即向左偏离最优条件时没有向右偏离时社会福利函数值下降得多。在这种情形下，采取最优准则行动的结果没有采取负向偏离时的最优准则结果好，由图 2—15 可以进行比较。因此，如果我们能确定关系曲线发生了负向偏离，当然采取负向偏离时的最优准则是最佳行动准则。综上所述，我们在选择行动准则时，必须要考虑关系曲线的偏离方向、倾斜度以及社会成员的风险态度等因素。这就是第三优准则的基本要求。

在现实经济世界中，第三优准则应用较多，因为次优型约束处处存在，而信息充分的情况很少见，往往通过努力可以获得一些相关信息，便于进行第三优决

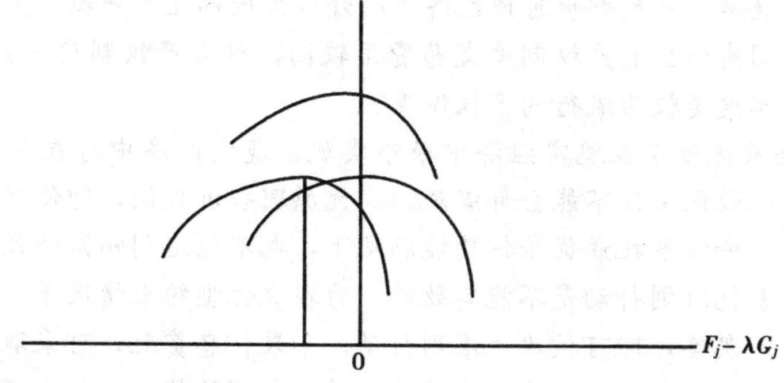

图 2—15　信息不足的第三优型经济

策。下面举例说明各类准则的应用。

例如，在市场经济中经常发生一些次优型扭曲，如垄断、外部性、税收以及政府干预等。假定某种商品 X 具有重大的负外部效应，则如果在最优型经济状态中，我们可以采取最优原则行动，即对 X 商品征收相应的庇古税（以庇古名义命名的税收是所得税性质的比例税），设为 M 元。但现实世界并非最优型经济状态，征收 M 元税收反而可能有害。如果存在与 X 商品有互补关系的 Y 商品有一定的正外部效应，则征收庇古税对社会福利最优化是不利的。如果我们对与 X 商品有关系的商品的特点有明确的信息，我们可以利用这些信息修正最优准则；如果我们对这些信息毫无了解，最好采取最优准则行动。如果我们准确地了解 Y 商品有正外部效应或负外部效应 N 元，那么我们就征收次优型税收（$M-N$）或（$M+N$）元。

【本章小结】

1. 本章主要研究资源配置的效率问题，这也是新福利经济学派的研究对象。关于资源配置效率标准有帕累托效率、卡尔多效率、希克斯效率等，本章主要研究帕累托效率，其他效率标准在下一章进行分析说明。帕累托效率标准有两个方面，即帕累托改进和帕累托最优。

2. 本章详细讨论了资源配置的帕累托最优的必要条件，即生产条件、交换条件和联合条件。这些条件的分析为判断社会资源的有效配置提供了前提条件。

3. 资源配置效率与一定的经济体制相关，本章论证了完全竞争市场的一般均衡是符合帕累托最优效率的。福利经济学第一定理和第二定理概述了完全竞争市场一般均衡和帕累托最优效率之间的关系。

4. 资源配置效率也与产权制度有关。不同的产权制度会导致不同的经济效率或资源配置效率。产权制度可使经济中的外部性内部化，产权制度还对交易费用产生影响。国有和公有产权制度交易费用较高，私有产权制度交易费用较低，因而私有产权制度是较为流行的产权制度。

5. 帕累托最优效率在现实经济中很难实现，现实经济中存在各种次优型约束，导致帕累托最优条件不能全部满足。次优原理告诉我们，即使只有一个次优型约束存在、其余帕累托最优条件均能满足下，也不能达到帕累托最优状态，也就是按帕累托最优准则行动是不能奏效的。存在次优型约束情况下，如果信息充分，交易费用可忽略，即可按次优准则行动；如果信息贫乏，可采取最优准则行动，可达到最好效果；如果具有一定的信息进行合理的推断，那么可执行第三优准则。

6. 本章内容属于新福利经济学的核心内容，它与古典经济学、一般均衡理论、新制度经济学、现代信息理论和决策理论均有内在联系。它不仅在理论上综合了上述分支学科的共同本质，而且在实践上也为我们如何设计经济政策提供了有效指南。

【关键概念】

帕累托改进　罗尔斯改进　帕累托最优　X效率　生产最优条件
交换最优条件　生产和交换联合最优条件　生产可能性曲线
效用可能性曲线　总效用可能性曲线　一般均衡　马歇尔局部均衡
产权　科斯定理　福利经济学第一定理　福利经济学第二定理
交易成本　次优　次优条件　信息成本　信息充分　信息不完全
最优原则　次优原则　第三优原则

【复习思考题】

1. 什么是帕累托最优状态？帕累托最优和帕累托改进有何区别？
2. 帕累托最优的实现条件有哪些？
3. 为什么完全竞争市场一般均衡实现了帕累托最优？
4. 福利经济学第一定理的主要内容是什么？
5. 福利经济学第二定理的主要结论是什么？试举例分析说明。
6. 资源配置效率和收入分配形式是否相关？为什么？
7. 产权的含义是什么？产权制度有几种形式？
8. 科斯定理是否与科斯第二定理相冲突？说明理由。
9. 为什么私有产权制度最有效？

10. 制度选择的主要思想是什么？

11. 次优理论的主要内容是什么？

12. 指出最优准则、次优准则和第三优准则的选择条件。

13. 试对累进所得税这一经济政策的效果采取第三优决策标准进行分析。

14. 如果MRS＝1，MRT＝2，如何调整才能保证整个社会经济系统福利最大化？

15. 试分别举例说明最优准则和第三优准则的决策条件差异。

【应用案例】

生产可能性边界估计

生产可能性边界从微观上来看，就是指企业的最大生产效率或最大可能产出。估计企业生产可能性边界的作用之一是，可以发现企业实际生产效率的发挥情况，便于进行横向和纵向比较，提高企业综合利用生产要素的能力。估计企业生产可能性边界有多种方法，如数据包络分析法、修正最小二乘法（COLS）、随机前沿面分析法等。

下面举一例加以分析说明。假设建立一个煤炭行业的企业边界生产函数，利用我国1985年63个年产煤量100万吨以上的统配煤矿的截面数据为样本，为了避免异方差，一般采取加权最小二乘法估计生产函数模型。利用1985年截面数据建立的企业C—D生产函数为（下列字母含义：Y为原煤产量，K为生产用固定资产原值和平均占用流动资金之和，L为生产性职工人数，E_3为钢材消耗量）：

$$\ln\hat{Y}=-4.3279+0.4074\ln K+0.2766\ln L+0.2885\ln E_3$$

以1982年数据为样本可以得到企业1982年的生产函数模型如下：

$$\ln\hat{Y}'=-4.2365+0.2700\ln K+0.5058\ln L+0.2189\ln E_3$$

对上述两模型再利用COLS法对常数项进行修正，可得到企业边界生产函数。

1985年的企业边界生产函数是：

$$\ln\hat{Y}'=-3.6477+0.4074\ln K+0.2766\ln L+0.2885\ln E_3$$

1982年的企业边界生产函数是：

$$\ln\hat{Y}''=-3.5725+0.2700\ln K+0.5058\ln L+0.2189\ln E_3$$

将具有最佳技术水平的企业的各项要素数据代入上述边界函数模型中，所得到的最佳产出应该为该企业的实际产出，故其技术效率为1。再计算其他企业的最佳产出，以及与其实际产出的比例即技术效率系数。计算结果表明，1982年的63个企业中，技术效率大于80%的有4个，介于60%和80%之间的有12个，介于40%和60%之间的有33个，小于40%的有14个。而且发现企业产量越低，技术效率也越低。说明企业产量不仅由其规模决定，而且也与企业技术效率有关。1985年数据的计算结果则表明，技术效率大于80%的有2个，介于60%和80%之间的有9个，介于40%和60%之间的有43个，小于40%的有9个，可见企业技术效率差别有所缩小。

（注：本案例所引材料主要来自李子奈编著《计量经济学——方法和应用》一书）

第三章

补偿原理及其应用

学习目标

通过本章的学习，可以了解在帕累托改进满足不了的情况下，如何判断一项社会政策变动是否可取的标准。在本章中，要求基本了解补偿原理的含义、内容及其应用。掌握补偿原理对社会经济政策变动的指导意义和实践意义。

第一节 补偿原理的含义

我们在上一章中论述的帕累托改进标准是指，某一项政策改革如果在提高一部分人的福利水平的同时，不改变其他人的福利水平，那么该项政策改革就是有效率的改革。可见，帕累托改进是社会福利改善的充分条件。但是在现实社会、经济改革中，往往一项政策变动在改善一部分人福利的同时会使另一部分人的境况变差，那么该项改革还是可取的吗？这就引出了补偿原理的问题。

最早提出补偿问题的是美国经济学家霍特林（Hotelling）。他在一篇讨论公共工程建设费用支付问题的论文中写道：对于建造桥梁、隧道和铁路等公共工程的费用支付，是采取征收直接税来支付还是采取征收通行费来支付，哪一种方式更可取呢？他分析道，如果采取收费和课税相结合的办法，则可以使每个人的境况都有所改善。如对桥梁、隧道和铁路的服务的收费率定为服务的边际成本，而另外通过征收所得税的方式补偿这些企业的固定费用支出，则全社会因收费率降低和这些服务的使用率提高所得到的收益，会大于因补偿这些企业的固定支出所征收的所得税额。也就是说社会净所得是大于0的，最终每个人的福利均有所改善。因此，这项费用支付机制的改革是有效率的，是可取的。

对于霍特林的分析，卡尔多（Kaldor）认为这个问题与福利经济学有密切关系，他提出了补偿试验办法来解决这个问题。如果进行某项政策变革，使一部分人受益、一部分人受损，假设受益者可以弥补受损者的损失并且有剩余，那么该项政策变革就是可取的。这种判断社会改革政策是否有效的方法称为补偿原理。这里要指出的是，补偿并非实际补偿，如果实际进行了某种方式的补偿，结果如上所述，则该项社会政策变革属于帕累托改进，自然是有效率的变革。所以，补偿原理中的补偿一般是虚拟补偿，包括卡尔多补偿、希克斯补偿和西托夫斯基补偿等形式。这些内容在下节具体展开分析。

第二节 补偿原理的主要内容

任何一项社会经济政策变革或公共项目实施，既产生一定的收益，也带来一定的成本。比如建造一座水坝，会增加当地的电力、水资源的供给，降低水费、电费；但同时也需要支付一笔建造成本以及可能破坏周边的环境生态资源的损失。因此，任何一项社会政策的变动都要进行成本—收益分析，然后再利用补偿原理来判断改革的可取性。补偿原理为社会经济改革是否可行提供了参照标准，是改革实施的可行性分析的理论依据。为此，本节将详细介绍补偿检验标准问题。

一、卡尔多补偿标准

1939 年，卡尔多针对帕累托改进标准不适用的情况提出了“客观检验方法”，即卡尔多补偿检验标准。卡尔多指出，任何一项经济政策的变革，往往导致价格体系的变动，会使一部分人得利，另一部分人受损。如果按照帕累托改进标准，就有可能取消一些实际能增进社会福利的经济政策，因此需要建立新的检验标准。这个标准就是：如果受益者能完全补偿受损者之后还有剩余，则整体社会福利有所改善。这个补偿明显是假设的，不是实际补偿。如果是实际补偿，那就属于帕累托改进，无须提出卡尔多补偿标准了。既然卡尔多补偿是虚拟补偿，如何能确定该标准是有效的呢？实际上我们把卡尔多标准又称为潜在帕累托改进标准。

所谓潜在帕累托改进，是指对于经济政策改革前的状态 A 和政策改革后的状态 B，不存在所有社会成员都一致地偏好 B，但相对于原始状态 A，均一致地偏好对状态 B 的一个重新分配，那么我们称 B 潜在帕累托优于 A。为什么属于潜在帕累托改进的改革就是可取的？支持者认为，补偿是否真正实施并不重要，因为这是一个收入分配问题。而根据我们前面所介绍的福利经济学第二定理，收入分配与资源配置效率无关，我们现在关心的是资源配置效率问题，也就是经济效率问题，因而卡尔多补偿标准无疑是成立的。下面我们就卡尔多补偿标准通过图形来深入分析。假设有两个社会成员，改革前状态为 X，改革后状态为 X′。改革的效果用效用可能性曲线反映，改革前的效用可能性曲线为 U，改革后效用可能性曲线为U'，则效用可能性曲线可以表示为两个社会成员的效用组合集，可用符号表示如下：

$$U=\{u_1(y_1),u_2(y_2): y_1+y_2=X_1+X_2\}$$
$$U'=\{u_1(y_1),u_2(y_2): y_1+y_2=X'_1+X'_2\}$$

针对两个社会成员的改革前后的不同效用组合变化情况，我们用效用可能性曲线图来进行比较分析，如图 3—1、图 3—2、图 3—3、图 3—4 所示。

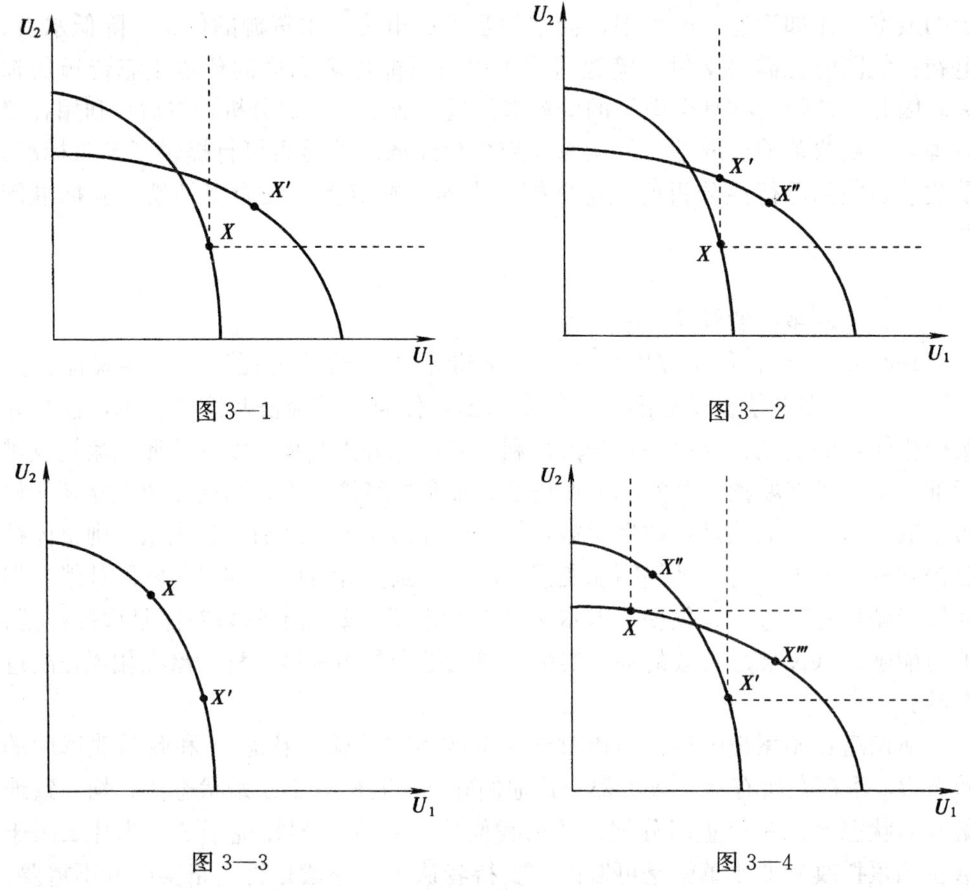

图 3—1　图 3—2　图 3—3　图 3—4

图 3—1 反映了帕累托改进的情形，即社会政策变动使得所有社会成员的福利均有所改善。图 3—2 反映了社会政策变动后，U_2 上升了，而 U_1 有所下降。即社会政策变革使得部分人受益、部分人受损，但 X'是 X 的潜在帕累托改进。即对 X'进行再分配后到 X''，而 X''是 X 的帕累托改进。按照卡尔多补偿标准，这项政策变革是可取的。图 3—3 所反映的社会政策变革结果是效用可能性曲线

没有发生变化，而社会成员的效用组合发生了变动。这种情形运用卡尔多补偿标准对 X 和 X' 无法比较、判断好坏。图 3—4 所反映的社会政策变革结果较为复杂。相对于 X 而言，X' 是它的潜在帕累托改进；相对于 X' 而言，X 又是它的潜在帕累托改进。因此依照卡尔多补偿标准，出现了改革可行、不改革也可行这样逻辑上不一致的矛盾。这个逻辑上矛盾的原因，我们在后面章节进行分析。

二、希克斯补偿标准

希克斯对卡尔多补偿标准十分支持，他认为一次生产改组使 A 的境况改善、B 的境况变差，如果 A 在补偿 B 的损失之后仍有改善，那么该生产改组就是有效率的。希克斯认为卡尔多补偿标准还不够完善，随后他又提出了自己的补偿检验标准，即希克斯补偿标准：如果受损者不能通过收入重组来补偿受益者以阻止改革发生，那么该项改革就是可取的。希克斯补偿标准是不是十分完善的补偿检验标准呢？下面通过图 3—5 加以分析。

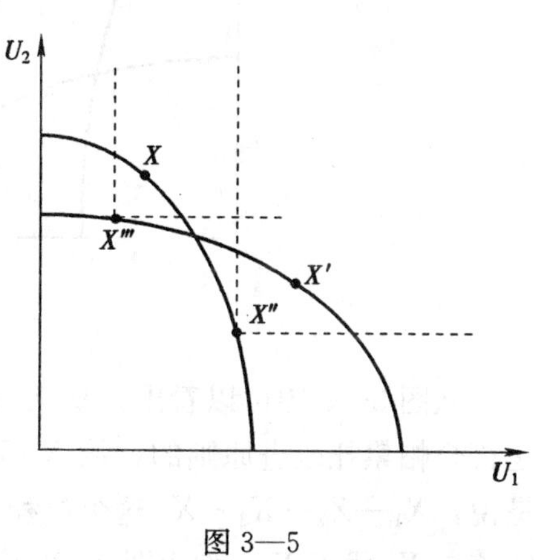

图 3—5

在图 3—5 中，从 X 到 X' 的变革，符合希克斯补偿标准，因为不可能对 X 进行收入重组，以达到帕累托改进。比如在图 3—5 中 X 点移动到 X'' 点，X'' 点不可能达到 X 点的右上方。反之，从图 3—5 也可看出，从 X' 点到 X 点的变革，也符合希克斯补偿标准，因为无论如何移动 X' 点，也达不到 X 点的右上方。这样，也出现了与卡尔多标准相同的逻辑不一致性矛盾。

三、西托夫斯基补偿标准

上述卡尔多补偿标准和希克斯补偿标准存在的逻辑矛盾是西托夫斯基首先发现并分析的。为了解决这两个标准存在的逻辑不一致性问题，西托夫斯基提出了双向检验标准，即对某项社会政策变革既进行卡尔多补偿标准检验（正向检验标准），又进行希克斯补偿标准检验（反向检验标准），又称为双重检验标准。那么西托夫斯基双重检验标准是不是一致性标准呢？下面用图示法进行分析。根据图 3—4、图 3—5 可知，符合西托夫斯基补偿标准的政策变革的两条效用可能性曲线不会相交。也就是说，变革之后的效用可能性曲线整个地落在变革之前的效用可能性曲线的上方。结果如图 3—6 所示。

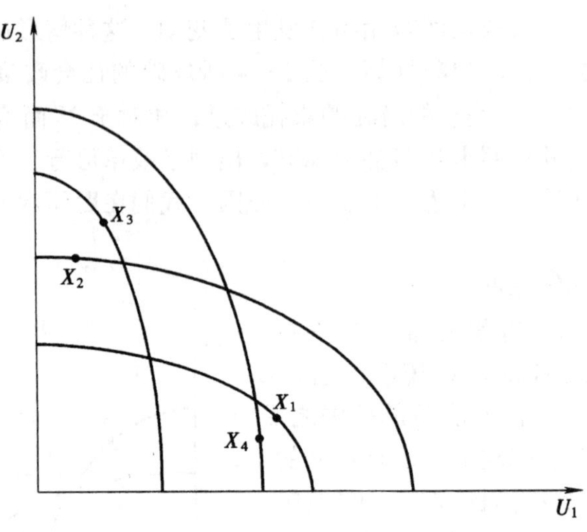

图 3—6

从图 3—6 中可以看出，从 X_1 到 X_2 是符合西托夫斯基标准的；从 X_2 到 X_3 是符合帕累托改进原则的；从 X_3 到 X_4 也是符合西托夫斯基补偿标准的。也就是说，X_1—X_2—X_3—X_4 这个过程下来，应该是社会福利逐步改善的过程，结果应该是 X_4 优于 X_1。但由图 3—6 可见，X_1 又是 X_4 的帕累托改进，形成了一个矛盾的结果。可见，两次连续使用西托夫斯基补偿检验标准，则标准就失效了。因此，西托夫斯基检验标准不具有动态一致性，其应用范围就有很大的局限性。

四、李特尔补偿标准

为什么上述卡尔多补偿标准、希克斯补偿标准以及西托夫斯基标准均会产生逻辑不一致性或动态不一致性呢？李特尔认为，上述检验标准有可能正确地检验社会改革的效率，也有可能导致不一致性的矛盾。究其原因，是因为缺乏关于收入分配的价值判断标准。如果在上述虚拟补偿检验的基础上，再进行实际补偿，也就是进行收入再分配，这些标准才可成为检验社会政策变革是否可取的充足标准。收入分配是一个伦理变量，由一定的价值观支配。尽管不同的社会有不同的伦理价值观，但在某一既定社会里，收入分配好坏是确定的。因此，收入分配标准不可忽视。李特尔提出的补偿检验标准是：（1）是否满足卡尔多补偿标准；（2）是否满足希克斯补偿标准；（3）收入分配是否更合理。

如果（1）和（2）中满足一条标准，同时（3）也能满足，则该项社会改革是可取的；如果均不能满足，则该改革不可取。李特尔标准实际上基于两个标准：（1）帕累托改进标准，即一项社会变革使一部分人的福利改善的同时不影响其他人的福利水平；（2）收入分配标准，如果其他条件不变，收入分配更合理，则社会福利有所改善。下面通过图 3—7 来分析李特尔标准的合理性。

在图 3—7 中，考虑由点 X 到点 X' 的变革。如果从点 X 到 X' 的变革意味着一个收入分配上的改进，则可以构造一个点 X''，该点帕累托劣于 X'，而 X'' 相对于 X 分配状况有所改善。由于点 X'' 与点 X' 的分配状况一致，因此，从点 X 到点 X' 的变革符合李特尔补偿标准。那么，反向变革是否也符合李特尔补偿标准呢？答案是否定的。因为从 X 到 X' 的变革有收入分配上的改进，那么从 X' 到 X 的变革就不可能还存在收入分配上的改善。也就是说，不存在点 X'''，使得该点比 X' 分配状况更好。按照假设，如果从点 X 到点 X' 的变革符合李特尔标准，则从社会福利水平来判断，就有如下结果：

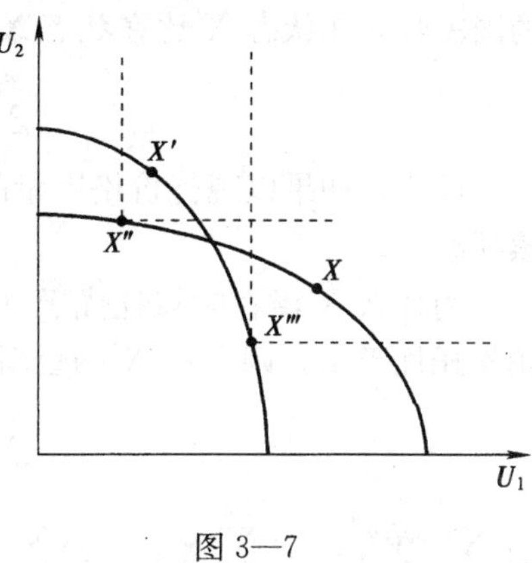

图 3—7

$$\text{SWF}(X') > \text{SWF}(X'') > \text{SWF}(X) > \text{SWF}(X''')$$

因此，反向变革不可能符合李特尔补偿标准。这样，李特尔补偿标准就解决了前述几项补偿标准所存在的逻辑不一致性和动态不一致的矛盾。李特尔标准实际上是将帕累托改进标准和分配标准结合起来运用的一个综合标准。前述几项补偿标准正是由于没有考虑到分配标准而产生各种矛盾。帕累托标准以及其他三项虚拟补偿标准均是效率标准，而收入分配标准属于公平标准。因此，李特尔标准实际上是效率和公平兼顾的标准，而不是只考虑效率或仅考虑公平的标准。

李特尔标准是否完美无缺呢？对这个问题的回答可以说是仁者见仁、智者见智。李特尔标准虽然克服了虚拟补偿标准的逻辑矛盾，但也引进了很难统一的价值判断问题，因而对这个标准的实用性有人提出了质疑。当然，我们要明确的是，没有放之四海而皆准的标准，任何补偿标准都具有相对性。

五、国民收入检验标准

以上所述补偿检验标准主要是就社会成员的效用大小来进行比较分析的。而由于效用计算的复杂性，采用以上补偿检验标准对社会政策变革进行客观评估难度很大。下面引进一种相对较容易进行的客观检验标准——国民收入检验标准。该检验标准主要基于这样一个原理：私人物品的当前价格在一定意义上反映这些物品对单个当事人的边际价值。

国民收入检验标准是指，若当前存在一个市场均衡（X，P），现在通过一项政策变革，会变动到状态 X'，如果 X'潜在帕累托优于 X，那么以现行价格度量的国民收入在状态 X'比在状态 X 更多。用数学符号可以表示如下：

$$\sum_{i=1}^{n} PX'_i > \sum_{i=1}^{n} PX_i$$

反之，如果以现行价格度量的国民收入下降，则该政策变革不可能是潜在帕累托改进。

为什么 X'潜在帕累托优于 X，就会得出上述的不等式呢？因为，若 X'潜在帕累托优于 X，则存在 X'的重新分配 X''是 X 的帕累托改进，因而有：

$$\sum_{i=1}^{n} PX''_i > \sum_{i=1}^{n} PX_i$$

而 $\sum_{i=1}^{n} PX''_i = P\sum_{i=1}^{n} X''_i = P\sum_{i=1}^{n} X'_i = \sum_{i=1}^{n} PX'_i$，因此上述不等式成立。

由上可见，以现行价格度量的国民收入下降，则该政策变革不可能是潜在帕累托改进；如果以现行价格度量的国民收入上升，则该政策变革一定是潜在帕累托改进吗？不一定，有可能是潜在帕累托改进，也有可能不是。下面通过图3—8来分析。

从图 3—8 中可见，如果国民收入上升，则政策变革可能是潜在帕累托改进也可能不是。如图中的点 X'是潜在帕累托改进，X''就不是潜在帕累托改进，因为过 X''点的无差异曲线低于过 X 点的无差异曲线。虽然从 X 点出发的政策变革，其结果有可能不是潜在帕累托改进，但如果是一个小小的变动，还很有可能是潜在帕累托改进，这由图 3—8 中点 X 到点 X''的连线上的点可以看出，越靠近点 X 的点越可能是点 X 的潜在帕累托改进。这一点也可以用数学原理来加以解释。

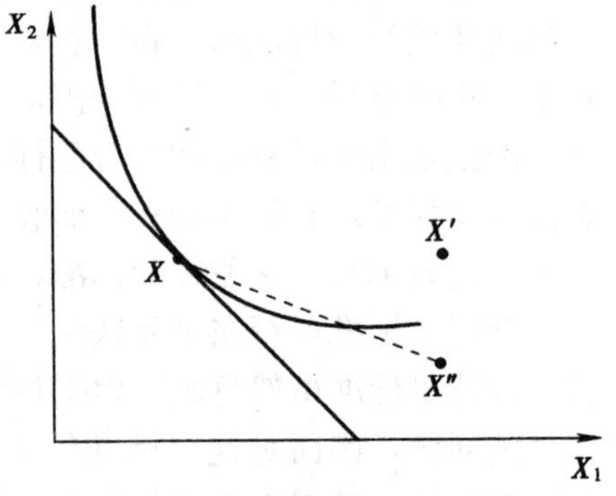

图 3—8　国民收入检验

就一阶近似来说，个人效用的变化与其收入的变化成比例。根据效用函数的一阶泰勒展开式：

$$u_i(X'_i) - u_i(X_i) \approx \frac{\partial u_i(X_i)}{\partial X_i}(X'_i - X_i)$$

其中$\frac{\partial u_i(X_i)}{\partial X_i}/P=\lambda_i>0$，$P$ 为均衡价格。因此有$\frac{\partial u_i(X_i)}{\partial X_i}=\lambda_i P$，将此式代入一阶泰勒展开式可得：

$$u_i(X'_i)-u_i(X_i)\approx\lambda_i P(X'_i-X_i)$$

可见，若该个人的消费商品集的变动价值为正时，则该变动是可取的；反之，若该消费商品集的变动价值为负，则该变动不被选取。如果 X'潜在帕累托优于 X，则必存在 X''是 X 的帕累托改进，且存在 $\sum_{i=1}^{n}PX'_i>\sum_{i=1}^{n}PX_i$ 。若令 $X=\sum_{i=1}^{n}PX_i$，$X'=\sum_{i=1}^{n}PX'_i$，再令：$X''_i=X_i+\frac{X'-X}{n}$，可知：

$$u_i(X''_i)-u_i(X_i)\approx\lambda_i P(X''_i-X_i)\approx\lambda_i P\left(\frac{X'-X}{n}\right)>0$$

故每个人相对于 X 都选择 X''。注意上述一阶近似泰勒展开式成立的前提条件是政策变动要足够小，当受政策影响社会成员人数很多时，这个条件是可以满足的。

第三节 补偿原理的应用

补偿原理通常应用于不同经济状态的比较，因此这对社会经济政策变革与否、具体选择哪一种改革方案是十分有用的工具。在实践中，经常进行经济状况比较的例子有：（1）完全竞争制的产业组织和非完全竞争制的产业组织之间；（2）自由贸易和非自由贸易之间；（3）生产技术变动前和变动后之间等等。所有这些变动都可以运用补偿原理进行分析判断。下面我们将举例说明补偿原理的运用。

一、商品税与所得税的比较

商品税是指针对商品或服务营业额按一定比例或数额征收的税收；所得税是指对企业等单位或个人所获得的净收入按一定比例征收的税收。因此，商品税一般会改变市场比价关系；而所得税只会影响消费者的收入水平，不影响市场比价。两种税收的影响区别可以用补偿原理来加以分析说明。

由于征收的商品税可以转嫁，因而导致商品的销售价格上升，如图 3—9 所示。其中 D 为需求曲线，S 为供给曲线，S'为征税之后的供给曲线，t 为税率。

在图 3—9 中，A 点代表征税前的均衡点，B 点代表征税后的均衡点。征税前的总收入为 $R_0=P_0Q_0$，征税后的总收入为 $R_1=P_1Q_1$。征收商品税之后，社会福利总损失为 $TSL=S_{P_1P_0BA}+S_{P_0P_2CA}$，其中政府税收为 $S_{P_1P_2CB}$，因此社会福利净损失为 S_{BAC}。从补偿原理角度来看，征收商品税的补偿收入为 TSL，而政府实际所得税收为 $S_{P_1P_2CB}$，这就意味着政府征收 $S_{P_1P_2CB}$ 商品税相当于征收 TSL 数额的所得税，故征收商品税的福利效果劣于所得税。

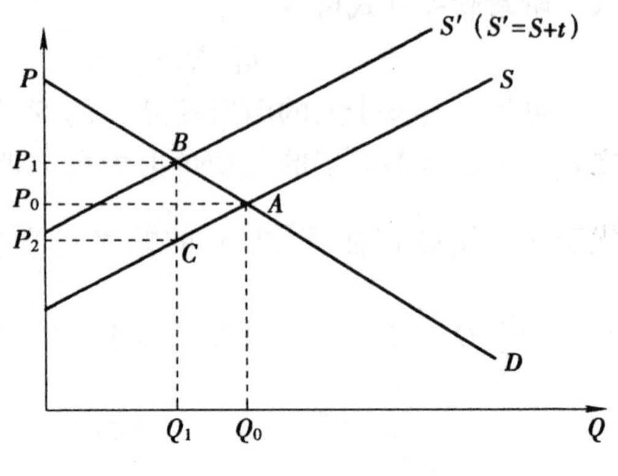

图 3—9　征收商品税的影响

二、公共品定价问题——水资源的合理利用

对于水资源较为稀缺的地区，如何合理使用公共用水是十分重要的。如我国首都北京市地处较为缺水的华北地区，如何合理使用水资源，关系到首都正常的发展和运转问题。我们这里主要关心作为公共品的自来水如何充分有效利用的问题。由于自来水是人们生活的必需品之一，同时也是公共品，很难使用完全的市场价格机制来调节管理。由于水资源稀缺，如果不对公共用水加以合理管制，任其浪费，结果必然会影响生态平衡。

对于作为公共品的自来水，虽然不能引用市场价格机制来管理，但可以采取适当的价格杠杆来调节。北京市近几年几次提高水价（包含污水处理费），正是为了缓解水资源的紧张程度。近几年来，我国若干缺水城市酝酿实施阶梯水价定价制度。这里我们利用补偿原理来分析阶梯水价制度的可行性。

以北京市为例，北京市自来水价格分为生活用水和公共用水两类价格。根据北京市发展和改革委员会 2004 年提交的《北京市调整水价并实行阶梯式水价初步方案》，自 2004 年 7 月 1 日起，居民综合水价从每立方米 2.9 元涨到 3.7 元。此次水价调整后，居民水价由每立方米 2.30 元调整为 2.80 元。居民污水处理费从每立方米 0.60 元调整为 0.90 元。新增的水资源费和污水处理费两项合计，居民每用 1 立方米水增加支出 0.8 元。同时，方案对洗车、洗浴等高耗水行业的水价调价幅度较高。其中，洗浴业由每立方米 10 元、30 元、60 元三档统一调整为 100 元；洗车业、生产纯净水企业由每立方米 20 元调整为 60 元。最高调价达 10

倍。此次水价调整主要涉及工业用水、生活用水和环境用水，占北京市总供水量的55%。没有涉及占全市用水量45%的农业用水。关于阶梯水价方案，由于条件不具备暂缓执行。等到自来水用水全部实行分户水表计量时，执行阶梯水价方案比较合理。这一点可由图3—10来分析。

图3—10表明，如果实行较低水价，则居民和企业用水会加大；如果提高水价，则居民和企业用水量会减少。但如果直接提高水价到某一较高水平，尽管可以明显缓解用水紧张，但使自来水用户的福利大大减少，超过自来水供应部门的直接收益和节约水资源的潜在收益。如果实行阶梯水价，可以使自来水用户的福利受损减轻，相对于直接提高水价会增加两个小三角形面积的消费者剩余量。因此，从补偿原则来看，阶梯水价更为有效，即能够在不使自来水用户福利受损较大情况下，使水资源得到有效节约。

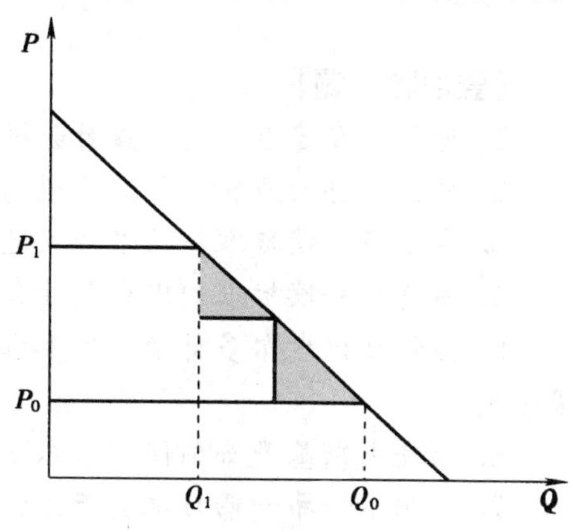

图3—10　自来水消费与价格关系

【本章小结】

1. 福利经济学中的补偿原理指，如果进行某项社会政策变革可能导致一部分社会成员受益、另一部分成员受损时，如果受益者能够在弥补受损者之后较变革前有所改善，那么称此社会变革是可取的。

2. 福利经济学中的补偿有实际补偿和虚拟补偿之分。实际补偿即为帕累托原理，虚拟补偿有卡尔多补偿、希克斯补偿、西托夫斯基补偿、李特尔补偿等。

3. 新福利经济学派认为补偿原理不涉及人与人之间的比较，是"价值无关论"。因此，他们提出的补偿标准主要是就资源配置效率而言的，不关心收入分配状况，结果补偿标准产生了逻辑不一致的矛盾。

4. 新福利经济学派提出的各种补偿标准均是建立在效用评价的基础上，而效用评价较为复杂，操作性差。比较实际可行的国民收入检验标准提供了一种替代评价方法，但需要变动满足一定的要求，即社会政策变动足够小这个前提条件。

5. 补偿原理重在应用。补偿原理可应用于各种社会经济政策改革的可行性分析、公共项目的建设资金安排以及不同国家、地区社会福利的比较和差距分析等。

【关键概念】

补偿原理　卡尔多补偿标准　希克斯补偿标准　西托夫斯基补偿标准　李特尔补偿标准　虚拟补偿　国民收入检验标准　潜在帕累托改进

【复习思考题】

1. 为什么在建造公共工程时会提出补偿问题？试举例加以说明。
2. 什么是补偿原理？补偿原理的意义是什么？
3. 卡尔多补偿标准与帕累托改进标准的区别是什么？
4. 希克斯补偿标准的内容是什么？如何使用该标准评价某一项目的可行性？
5. 为什么说卡尔多补偿标准和希克斯补偿标准是虚拟补偿标准？其评价效果如何？
6. 西托夫斯基是如何修正卡尔多补偿标准和希克斯补偿标准的不足的？
7. 运用卡—希—西标准会产生什么问题？产生这些问题的内在原因是什么？
8. 如何理解李特尔补偿标准？李特尔补偿标准是完善的标准吗？
9. 国民收入检验标准有何作用？国民收入检验标准有效发挥作用的条件是什么？
10. 国民收入检验标准与其他补偿标准有何区别和联系？
11. 试举例说明补偿检验原理在实践中的应用。

【应用案例】

桥梁建设资金筹集问题分析

某县城到一中心城市之间有一条河流，因此交通车辆要从县城到中心城市须绕道而行。为了提高交通效率，该地区政府决定在河流上架起一座公路桥梁。建造桥梁的资金有两种筹集方式，即政府投资和收费方式（征收过桥税）。估计每天过往该桥梁的汽车数为 Q，P 为过桥税，过桥的需求函数为 $P=100-Q/2$。如果过桥税仅用于支付建设费用，不计维护费用。则每天估计过桥税为：

$$R=P\times Q=Q\ (100-Q/2)$$

其最大值为当 $Q=100$ 时的 R 值，即

$$R=50\times100=5\ 000\ (元)$$

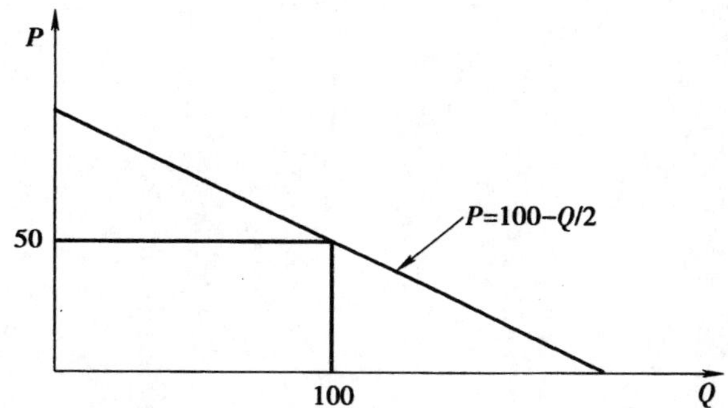

如果建设资金由政府投资，对交通车辆实行零收费，通过车辆会增加到200辆，消费者剩余会净增加：

$$\frac{1}{2}\times 50\times 100=2\ 500\text{（元）}$$

第四章

经济剩余分析

学习目标

通过本章的学习，可以了解个人福利的度量方式、度量指标和度量指标的应用。要求理解经济剩余的概念以及经济剩余的种类、经济剩余和社会福利的关系，掌握经济剩余的度量方法，熟练运用经济剩余分析经济政策变动的影响。

第一节 经济剩余的含义

经济剩余是经济学中较为常用的一个概念，它是由消费者剩余和生产者剩余这两个基本概念组成的。这些概念最早是由杜皮特发现的。1844 年，杜皮特在《公用事业效用测量》一书中，发现各种社会公共设施如道路、桥梁和运河等所提供服务的价值要超过人们购买此服务的价格，也就是说，人们愿意支付的价格要大于人们实际支付的价格。这个差额就是后来马歇尔提出来的“消费者剩余”。同样道理，如果已知这些公共设施的边际成本，那么提供这些公共设施所获得货币收入超过总边际成本的差额，就称为“生产者剩余”。杜皮特利用这两个概念分析了过桥税的提高对社会总福利的影响。这种对公共服务、社会福利以及租税的分析，对经济剩余概念的推广和发展以及经济剩余方法的应用起到了极大促进作用。下面我们分别具体介绍一下消费者剩余和生产者剩余这两个概念。

一、消费者剩余

消费者剩余概念最早是由马歇尔定义的。在《经济学原理》一书中，马歇尔写道，消费者剩余是“为了不失去该商品消费者宁愿支付的金额和他实际支付的金额之差”。按此定义，消费者剩余实际上是两种情形对比的差额，即：(1) 不允许购买该种商品的任何量；(2) 在某一价格下购买该种商品相应的量这两者之间的比较。所以，消费者剩余在几何图形上反映为一个曲边三角形面积的大小。可参考图 4—1。

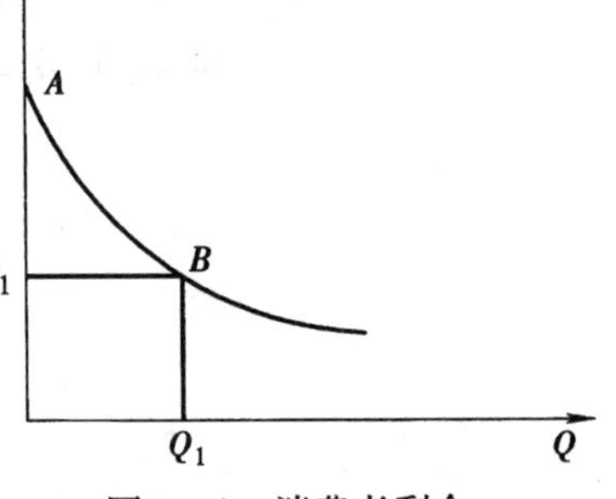

图 4—1 消费者剩余

在图 4—1 中，消费者剩余是曲边三角形面积 S_{AP_1B}。这是一个较为简单、粗略的度量。马歇尔定义的消费者剩余是如何产生的呢？一般认为，由于商品的边际效用是递减的，而需求曲线就是边际效用曲线，消费者在确定购买一定数量的该商品之后，购买的最后一单位该商品的边际效用要小于之前的每一单位该商品的边际效用。这每一单位该商品的边际效用与最后一单位该商品的边际效用之差的累积和就是消费者剩余。消费者剩余还可以用货币形式来度量。可参考

图 4—2。

在图 4—2 中，横轴表示 X 商品的数量；纵轴表示货币收入 Y。AB 代表消费者的收入预算线，两条曲线代表消费者的无差异曲线。E 点为消费者的均衡点，即给定收入水平下的效用最大化点。EF 代表购买 OC 量的 X 商品所花去的货币支出。而购买 OC 数量的 X 商品消费者所愿意支付的货币金额为 FD，故 $DE=FD-FE$ 即为消费者剩余的货币表示。

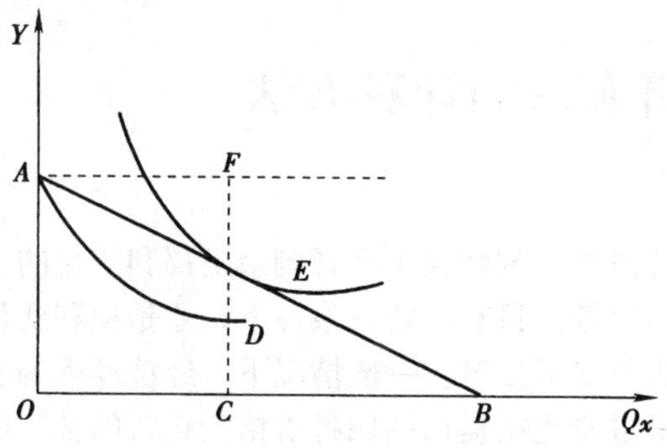

图 4—2　消费者剩余的货币表示

二、生产者剩余

生产者剩余是指，生产者的实际所得和其期望所得之间的差额。它也可以用图来表示，如图 4—3 所示。

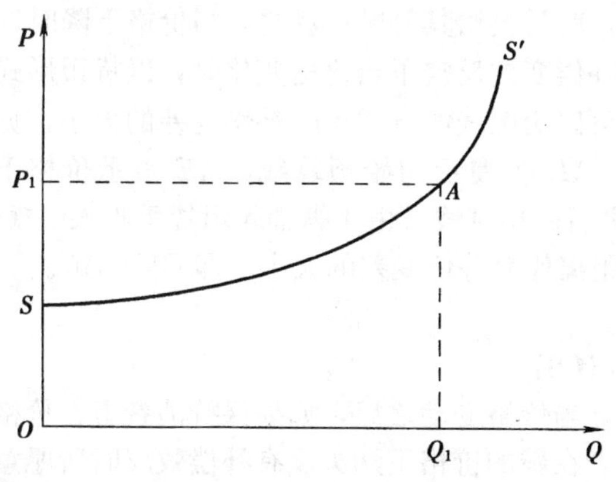

图 4—3　生产者剩余

在图 4—3 中，SS'表示生产者的供给曲线，横轴表示生产者供给某一产品的数量，纵轴表示生产者供给该产品的价格或边际成本，如供给 Q_1 数量的该产品其价格或边际成本为 P_1。生产者为什么会得到生产者剩余呢？

这一点与消费者剩余的来源道理相似。生产者供给产品的数量一旦确定，则最后一单位产品的供给边际成本要大于在它之前的各单位产品的供给边际成本；而所有单位产品的销售价格均按最后一单位产品的边际成本来确定，这样由所销售的各单位产品的价格与其边际成本的差额的累积和就形成了生产者剩余。也就是图 4—3 中的曲边三角形面积 S_{ASP_1}。

第二节 经济剩余的计算方法

第一节所介绍的消费者剩余或生产者剩余是福利变化的古典度量方式，它们只是福利变化的近似度量。只有在特殊条件下，才是福利变化的精确度量，如收入的边际效用不变或价格不变等。一般情况下，经济环境的变化，必然导致价格发生变化。下面就引进希克斯提出的四种价格变化时的福利度量工具，这些度量方法广泛运用于价格政策、国际贸易政策等政策变动的影响分析中。

一、补偿变差（CV）

补偿变差是指，当价格发生变动之后，若保持消费者在价格变动之前的效用水平时所需要给予消费者或从消费者手里取走的货币量：当价格上升时，要保持消费者的效用不变，就需要给其补贴；反之，当价格下降时，就需要取走消费者多余的货币收入。补偿变差反映了当价格变化时，以货币形式度量的福利变化量（或消费者剩余）。可以用图线的方式反映补偿变差的大小，见图 4—4。

在图 4—4 中，*AB* 线表示初始预算线，*AE* 表示价格下降之后的预算线，*CD* 表示发生补偿之后的预算线。由于纵轴表示货币收入，横轴表示 X 商品的购买量，故 *AC* 这段距离代表补偿变差的大小，即 CV=*AC*。

二、补偿剩余（CS）

补偿剩余是指，当价格变动之后，如果保持消费者在价格变动之前的效用水平，并且限制消费者在新的价格下购买没有补偿效应时所愿意购买的数量，在这种情形下应从消费者提取或给予的货币量。当价格下降时，应从消费者手中提取货币；当价格上升时，应给予消费者一定的货币补贴。补偿剩余的图示可参见图 4—5。

在图 4—5 中，*A* 点代表初始均衡点，*C* 点代表价格下降后的均衡点。过 *C*

点作垂直于横轴的直线交初始无差异曲线于 D 点。D 点与 A 点在同一条无差异曲线上，因此效用相同。同时 D 点的购买量与 C 点的相同，根据补偿剩余的定义，CD 这条线段的长度即表示价格变动的补偿剩余。可见，补偿剩余主要强调购买量的限定，主要衡量当限定产量或购买量时价格变动的福利效应。

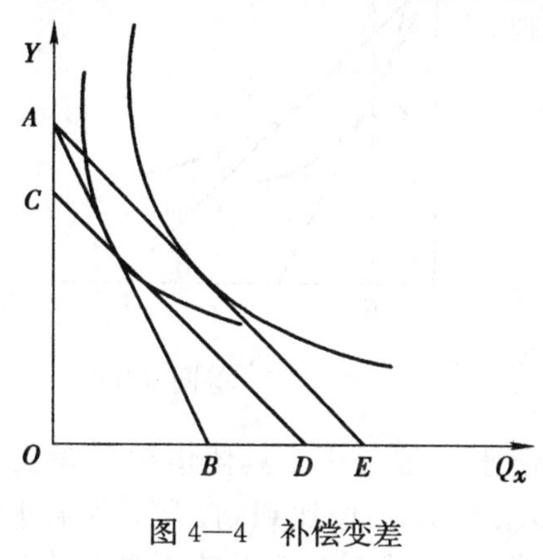

图 4—4　补偿变差

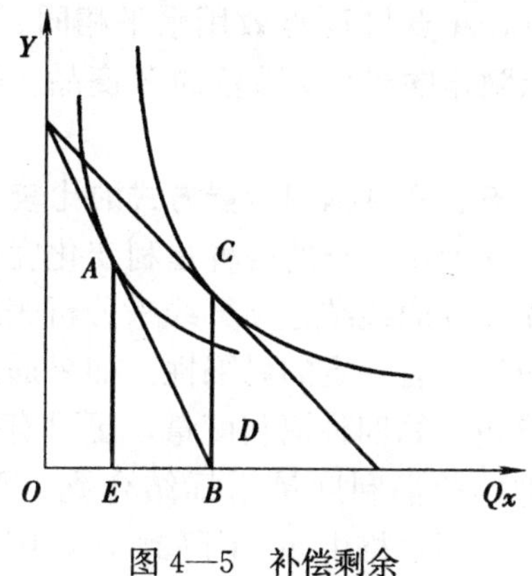

图 4—5　补偿剩余

三、等同变差（EV）

等同变差是指，在现行价格下，要使消费者达到价格变动之后的效用水平，所必须给予或取走的货币量。当价格下降时，要达到价格变动之后的效用水平，必须要给予消费者一定的货币量；反之，价格上升时，就要取走一定的货币量。

在图 4—6 中，CB 线代表初始预算线，CE 线代表价格变动之后的预算线，AD 线代表在现行价格基础上要达到价格变动之后的效用水平的预算线。因此，等同变差就相当于 AD 线和 CB 线两条预算线所代表的收入水平的差，在图中以 AC 线段的距离表示。

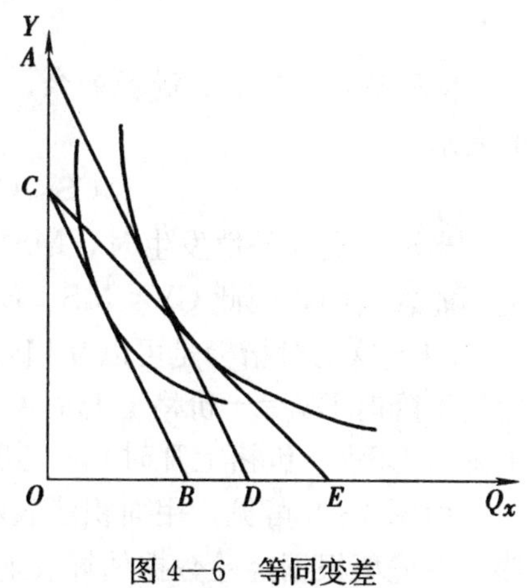

图 4—6　等同变差

四、等同剩余（ES）

等同剩余是指，在现行价格基础上，如果限定消费者购买价格变动之前的购买量，要达到价格变动之后的效用水平所需要给予或取走的货币量。如果是价格下降，就要给予消费者一定的货币量；如果是价格上升，则要取走一定的货币量。有关等同剩余的图示可参见图 4—7。

在图 4—7 中，C 点代表初始消费者均衡点，D 点代表价格变动之后的均衡点。过 C 点作横轴的垂线交价格变动之后的无差异曲线于 A 点，A 点与 D 点效用水平相同。AC 线段则表示限定购买 OB 数量的 X 商品的等同剩余。

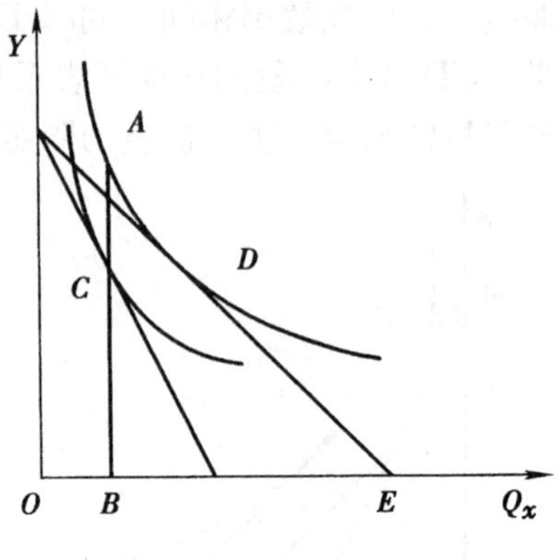

图 4—7　等同剩余

五、几种福利度量方式的比较

前面所介绍的四种福利变化度量方式均是以无差异曲线结合预算线来分析表示的，在实际应用中有一定的局限性。如果通过需求曲线来分析计算四种福利度量，更具有操作性。我们把四种福利度量指标结合到一张图上，便于比较分析。具体情况可参见图 4—8。当价格由 p_0 下降到 p_1，则 X 商品需求量从 q_0 增加到 q_1。dd' 为需求曲线，bgf 为对应于高效用水平的补偿需求曲线，aec 为对应于低效用水平的补偿需求线。则可将四种福利度量指标用面积表示如下：

$$\mathrm{CV}=S_{p_0p_1ea}$$

$$\mathrm{CS}=S_{p_0p_1ea}-S_{ecb}$$

$$\mathrm{EV}=S_{p_0p_1bg}$$

$$\mathrm{ES}=S_{afg}+S_{p_0p_1bg}$$

$$\mathrm{MS}=S_{p_0p_1ba}$$

MS 表示马歇尔消费者剩余。由图 4—8 可见，这五种福利度量指标的关系可表示如下：

$$\mathrm{CS}<\mathrm{CV}<\mathrm{MS}<\mathrm{EV}<\mathrm{ES}$$

当没有实际补偿发生时，MS＝CV＝EV；当实际补偿发生之后，收入效应是不能忽略的，因此 CV＜MS＜EV。另外，由图 4—8 还可以发现，CV 和 EV、CS 和 ES 这两对指标是可以互相转变的。即价格下降时 CV＝－价格上升时 EV，价格下降时 EV＝－价格上升时 CV；价格下降时 CS＝－价格上升时 ES，价格下降时 ES＝－价格上升时 CS，其中负号表示货币收入流动的方向相反。

由图 4—8 可见，用面积法表示福利度量指标直观易懂，但计算起来较为繁琐。首先要根据经验数据估算普通需求曲线和补偿需求曲线的函数，然后再结合价格线，计算相应的面积。如果用数学符号来表示上述福利度量指标，则更便于数学处理和计算，同时也利于统一规范。下面重点讨论一下应用较多的补偿变差

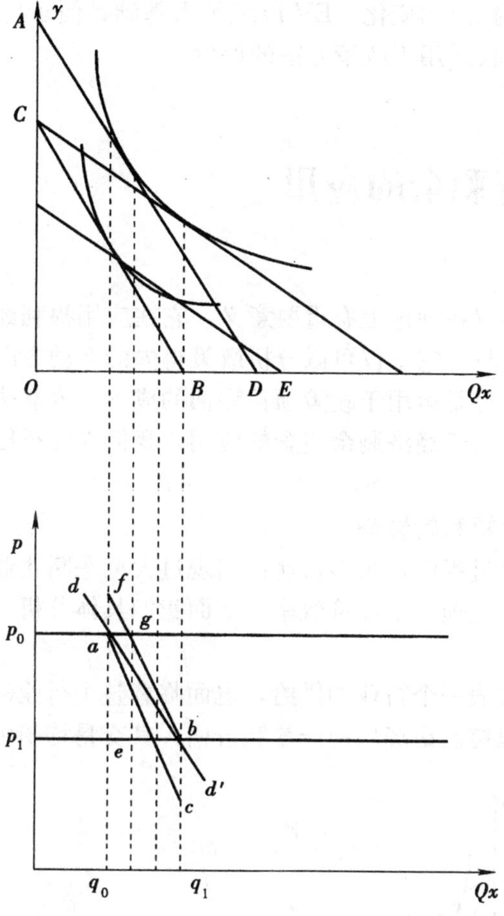

图 4—8　四种福利度量方式的比较

和等同变差。我们采用支出函数表示补偿变差和等同变差如下：

$$\begin{aligned}\text{CV} &= \mu(p';\ p',\ m') - \mu(p';\ p_0,\ m_0) \\ &= m' - \mu(p';\ p_0,\ m_0)\end{aligned}$$

$$\begin{aligned}\text{EV} &= \mu(p_0;\ p',\ m') - \mu(p_0;\ p_0,\ m_0) \\ &= \mu(p_0;\ p',\ m') - m_0\end{aligned}$$

其中，$(p_0,\ m_0)$ 表示初始状态，$(p',\ m')$ 表示价格变动之后的状态。$\mu(q;\ p,\ m)$ 表示消费者在价格为 q 时需要多少收入以保证达到价格为 p 和收入为 m 时的效用水平。由此可见，CV 表示以变动之后的价格为基础，寻求收入变化多少可以补偿消费者受价格变动的影响；而 EV 表示在现行价格基础上，收入变化多少在效用上等价于拟定的变化。EV 以现价为基础，便于比较不同经济方案的效果并加以选择，比较适用于政策方案的评价。

第三节 经济剩余的应用

经济剩余分析不仅在理论上有重要意义，它在应用福利经济分析方面还是不可或缺的一项重要工具。它不仅可以分析政策得失的变动方向，还可以计算出政策变动的得失大小。经常运用于政策项目评估的成本—收益法，也是经济剩余概念运用的重要体现。关于经济剩余概念的应用，我们在此举出数例加以说明。

一、垄断对社会福利的影响

在市场经济发展过程中，很多行业都出现过大型垄断企业的情况。垄断导致市场竞争程度下降，也损害了经济效率。下面我们具体分析一下垄断企业损害经济效率的原因。

垄断企业一般代表一个行业的供给，也面临着整个行业的需求。因此，垄断企业一定程度上可以控制市场均衡产量和价格，其交易均衡可由图 4—9 表示。

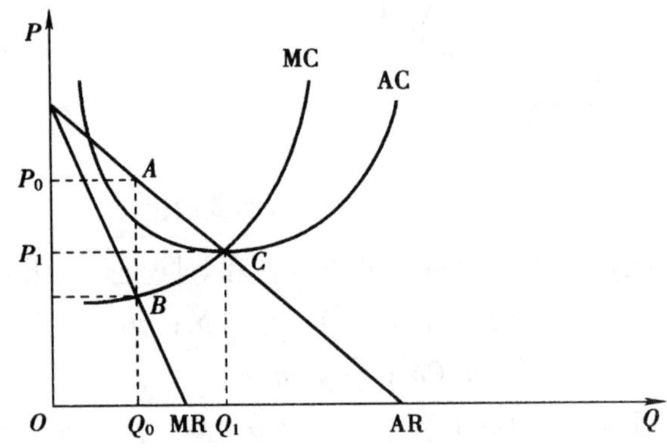

图 4—9 垄断企业市场均衡

在图 4—9 中，MC 与 MR 交于 B 点决定了均衡产量，也是垄断企业利润最大化产量 Q_0；与均衡产量相对应的是均衡价格 P_0。另外，MC、AC 与 AR 交于点 C，在点 C 处，P=MC=AC，均衡产量为 Q_1，对应均衡价格为 P_1。由图可见，Q_1 产量代表最低成本的产量，价格 P_1 比利润最大化时价格 P_0 低很多，实现了低价高产出。如果按照垄断企业的目标，在 Q_0 处生产，价格为 P_0。结果产生社会福利净损失即小曲边三角形面积 $S_{\triangle ABC}$，这个曲边三角形称为"哈伯格三角"。

垄断不仅会造成社会净福利损失，而且还会产生寻租成本。据塔洛克分析，垄断企业要获得垄断资源，必须要寻求政府保护。这样，垄断企业需要游说政府官员，支付贿赂成本，相当于垄断企业的超额利润，即图 4—9 中的 P_1 线上方的四边形，又称为"塔洛克四边形"。寻租行为导致资源浪费，寻租利润形成不合理的收入分配，这些均导致了社会经济效率的损失。

二、发达国家支持农业发展方案的比较

农业是国民经济的基础，如何合理引导和支持农业发展是我国国民经济协调发展的一个重要战略要点。我国虽然是一个农业大国，但农业技术相对落后，农业现代化程度不够，因此比较借鉴发达国家农业发展政策对有效发展我国农业经济是非常必要的。本节将比较分析一下发达国家几种农业政策方案的影响。发达国家通常采用的支持农业发展的政策有：

（1）人为制定高于均衡价格的农产品保护价格体系，由政府收购过剩产品；

（2）提供农产品价格补贴，使农民单位产品收入高于市场均衡价格；

（3）直接限制产量，使产品卖价高于市场原均衡价格。

关于这几项农业政策方案的比较，可参见图 4—10。

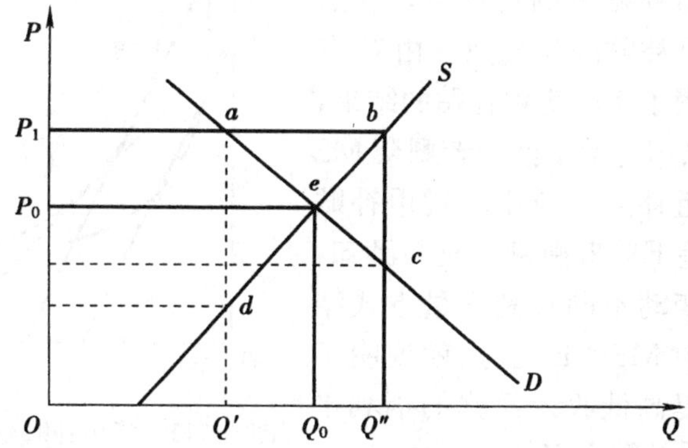

图 4—10　三种政策方案比较

在图 4—10 中，D 线代表农产品需求曲线，S 线代表农产品供给曲线，其市场均衡点是点 e。均衡价格为 P_0，均衡产量为 Q_0。在第一种方案下，实行高保

护价格 P_1，结果需求量下降为 Q'，供给量上升为 Q''。消费者剩余减少，生产者剩余增加，经济剩余净增加为 $S_{\triangle aeb}$，再考虑到政府支出，实际社会福利净损失为多边形面积 NSL1＝$S_{aQ'Q''be}$。同样可推导出方案 2 和方案 3 的社会净福利损失分别为 NSL2＝$S_{\triangle bec}$、NSL3＝$S_{\triangle aed}$。

从图 4—10 来看，第一种方案的社会福利净损失最大，可以排除在选择范围之外。第二种方案和第三种方案的社会福利净损失相比，第三种方案的损失结果要大（由图可明显比较两个对角三角形的面积大小）。而这两个对角三角形面积大小主要由供求曲线的倾斜度或弹性大小来决定。因此，造成图 4—10 中第二个方案的社会福利净损失小于第三个方案的社会福利净损失，是由于需求曲线较平缓，而供给曲线较陡。也就是说，供给曲线的弹性要小于需求曲线的弹性。

一般而言，农产品的需求弹性较小，而供给弹性较大，因而方案三的社会福利净损失会更小。应该选择方案三来支持农业的发展。

三、实物补贴与货币补贴的比较

政府在解决低收入家庭的居住问题时，常常面临一个困难的选择：如何提供住房补贴？是提供货币津贴还是直接提供房租津贴呢？我们运用经济剩余方法加以分析，参见图 4—11。

在图 4—11 中，纵轴代表货币收入，横轴代表租房面积，C 点代表初始均衡点，A 点代表给予房租补贴后的均衡点，B 点代表直接给予货币补贴的均衡点。由 C 点到 A 点的变动代表了实施房租补贴的结果，其福利变化量可以用马歇尔消费者剩余 MS 来表示。而与房租补贴等效用的货币补贴量应该以等同变差 EV 来衡量。我们已知，针对同样的政策变动不同福利度量方式结果是不同的，其中 MS＜EV。这就说明了以房租补贴形式提高低收入家庭的福利水平比没有提供货币补贴更有效。

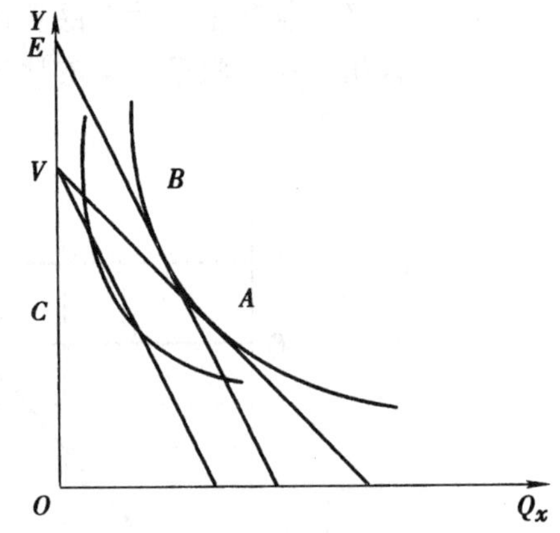

图 4—11　货币补贴与实物补贴的比较

【本章小结】

1. 经济剩余是社会福利度量的重要工具，它包含消费者剩余和生产者剩余两种基本形式。消费者剩余的度量方式最早由杜皮特发现，后由马歇尔明确指出并推广发展至今。经济剩余的概念在公共项目评价、社会福利计量和经济政策的分析方面得到了广泛的运用。

2. 马歇尔消费者剩余的度量方法有一定的局限性，如不适合价格变动的情形，不考虑收入效应。希克斯对消费者剩余的概念进行了推广，提出了四种价格变化时消费者剩余的计量方式，分别是补偿变差、补偿剩余、等同变差和等同剩余，其中应用最多的是补偿变差和等同变差。

3. 补偿剩余主要涉及一个限定量，一般用于度量限额生产、价格控制和定量供给等所导致的福利损失。而补偿变差主要用于度量由税收、补贴和关税等引起的相对比价扭曲而造成的福利损失。等同变差主要适用于对不同经济方案进行评估并选择最佳方案。

4. 在没有收入效应时，马歇尔消费者剩余和补偿变差、等同变差是等价的。因此，马歇尔消费者剩余度量仅适合于特殊情况；而希克斯消费者剩余适合于一般情况，是较为合理的度量方式。结合需求函数和货币测度效用函数可以对消费者剩余进行精确的计量。

【关键概念】

经济剩余　消费者剩余　生产者剩余　补偿剩余　补偿变差
等同剩余　等同变差　净社会福利损失　价格效应　收入效应
哈伯格三角　塔洛克四边形

【复习思考题】

1. 什么是经济剩余？经济剩余有几种形式？
2. 经济剩余的理论含义是什么？经济剩余是如何产生的？
3. 为什么马歇尔剩余仅适合于一些特殊情况？
4. 希克斯对消费者剩余作出了哪些推广？
5. 补偿变差与等同变差有何区别和联系？
6. 补偿剩余和补偿变差有何区别及联系？
7. 试对希克斯四种消费者剩余度量方式通过图示加以比较说明。
8. 试说明经济剩余度量在成本—收益分析中的应用。
9. 如何分析关税的福利影响？
10. 试应用经济剩余概念分析价格控制的福利影响。

【应用案例】

货物税与所得税对福利影响的比较

政府征收的货物税是可以转嫁给消费者承担的，实际上等同于减少了消费者的实际收入。不论是货物税还是所得税，均使消费者的福利水平有所下降。为了了解两种税收分别对消费者福利产生的影响，有必要对其福利效应展开分析。

下图中，横轴代表某一货物的购买量，纵轴代表货币收入。A 点代表初始均衡点，B 点和 C 点代表征收货物税之后的均衡点。由 A 点到 C 点是征收货物税的结果，其福利影响为 MS，与 C 点同效用的 B 点是等同变差点。等同变差为 EV，EV>MS，故为达到征收货物税同等的福利效果，需要更大的货币支出。因此货物税对消费者产生的不利福利影响比所得税更大。

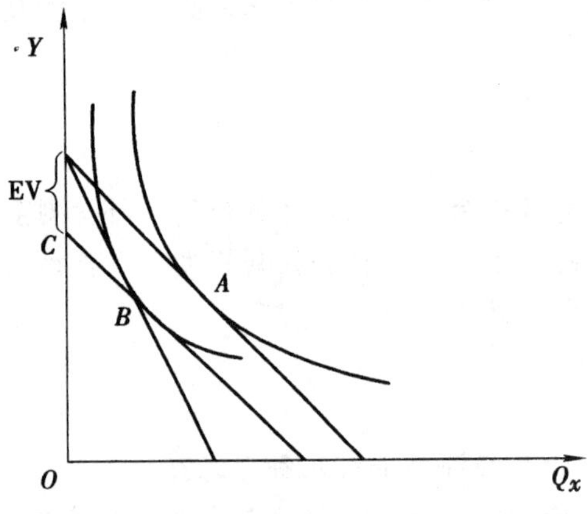

货币税与所得税的比较

第五章

市场失灵的福利效应

学习目标

通过本章的学习，要求认识到市场失灵现象的含义、本质及其产生原因。理解市场失灵的具体表现及其影响。掌握市场失灵的具体原因以及政府干预的方式、干预后果及其必要性。熟练掌握纠正市场失灵的几种方法并运用于实践。

第一节 市场失灵的含义与表现

一、市场有效的含义

（一）市场的含义

市场通常是指商品和服务交换的场所。市场作为商品交换的场所，从个体考察，它由买者、卖者、交易的对象、交易的规则以及交易的中介机构等市场要素所构成。而从整体考察，市场则是一个完整的体系，它是由众多不同类型的市场所构成的统一整体。市场的另外一层含义是指市场机制。所谓市场机制是指市场各构成要素之间相互影响、相互制约的关系以及特定资源配置功能的实现方式。一般认为，市场机制包括价格机制、供求机制和竞争机制三大分体机制。我们从资源配置角度所讲的市场通常指的就是市场机制。

（二）市场在完全竞争的条件下是有效率的

所谓完全竞争是指一种理想的市场状态，即市场不存在任何垄断因素。完全竞争的市场至少应具备以下条件：(1) 市场上有无数多个买者和卖者；(2) 每个买者和卖者所买、卖的数量只占整个市场交易量的一小部分；(3) 无论买者还是卖者信息都是充分的；(4) 资源是自由流动的；(5) 交易成本极低，甚至为零。

如果市场是完全竞争的，则市场供求双方力量的对比就决定了市场的均衡价格。此时，无论买者还是卖者都是价格的接受者。作为买者，其将根据自己消费产品所得到的边际效用的大小来确定购买量；作为卖者则根据自己边际成本的大小来确定供给量。此时，通过买卖双方的自愿交换，整个社会的资源配置就会符合“帕累托标准”，即资源配置状态的任何重新调整已不可能在不减少一个人福利的情况下去增加另外一个人的福利。这也称为“帕累托最优”。在资源配置达到“帕累托最优”的过程中，市场机制的三大分体机制都发挥着特定的作用。第一，价格机制可以正确引导资源流向，因为资源配置主体为了实现自身利益最大化，总是要把资源配置到价格高的方向上去。而价格高的方向恰恰是由于资源配置量不足而需要增加资源配置的方向。第二，供求机制控制着在某一资源配置方向上配置资源的数量，因为随着在某一资源配置方向上资源配置量的增多，其供求关系就会发生变化，而供求关系的变化又会影响到价格，价格的改变又会使该资源配置方向的资源流入减少、停止甚至流出。第三，竞争机制会使资源的使用者保持较高的资源使用效率。这是因为由于商品的价格是由生产商品的社会必要劳动时间决定的，如果个别劳动时间长于社会必要劳动时间，对资源使用者而言就意味着要亏损或破产，所以资源使用者为了实现自身利益最大化，必须提高资源的使用效率。

二、市场失灵的含义及表现

（一）市场失灵的含义

市场失灵是指由于内在功能性缺陷和外部条件缺陷引起的，市场机制在资源配置的某些领域运作不灵，即只靠市场达不到资源最优配置。换句话说，市场失灵是自由的市场均衡背离帕累托最优的一种情况。

微观经济学理论认为，在一系列理想的假定条件下，自由竞争的市场经济可导致资源配置达到帕累托最优状态。完全的市场体制取决于几大假设条件：一是经济信息完全对称，二是完全竞争市场，三是规模报酬不变或递减，四是无任何外部效应，五是当事人完全理性，六是交易成本可以忽略不计。

但是理想化的假定条件并不符合现实情况，或者即使市场符合完全竞争的条件，市场配置资源的结果也可能不符合社会所能接受的公平标准。此外，对于一些特殊的产品，还可能根本就不存在所谓的市场，因而也就不可能通过市场来配置资源。我们把市场由于上述原因而不能配置资源，或虽然可以配置资源，但是配置资源的结果却不符合社会所能接受的效率和公平标准的现象，称之为市场失效或市场失灵。

（二）市场失灵的表现

1. 公共物品失灵

所谓公共物品，是指那些能够同时供许多人共同享用的产品和劳务，并且供给它的成本与享用它的效果，并不随使用它的人数规模的变化而变化，如公共设施、环境保护、文化科学教育、医药、卫生、外交、国防等。

公共物品是私人不愿意生产或无法生产，抑或无法全部生产的，必须由政府提供，或者由政府和企业、个人共同提供的产品和劳务。公共物品或劳务具有与私人物品或劳务完全不同的三个特性：第一，效用的不可分割性；第二，消费的非竞争性；第三，受益的非排他性。这一方面使生产者无法通过定价来收回成本，所以追求利润最大化的生产者不可能向社会提供公共产品；另一方面，也使消费者都寄希望于别人付费购买公共产品，而自己免费享用，做一个“免费搭车者”。这种从单个消费者来看无疑是理性的行为，从整体考察，却是非理性的。因为无人为公共产品付费，所以最终所有的消费者都不能消费公共产品，从而出现所谓“公共的悲剧”。显然，市场不能向社会提供公共产品是由于在现实经济生活中，根本就不存在一个所谓的公共产品市场。因而，这种市场失灵是由于市场功能存在局限，即便市场是完全竞争的，其也无法向社会提供公共产品。

公共物品的基本特性决定了公共物品不能在市场上被自发而有效地生产出来，不能按市场机制的方式来配置这个领域的资源。市场不能向社会提供公共产品。

2. 垄断性失灵

市场竞争有助于提高效率，但竞争发展到一定程度会产生垄断。因为生产的边际成本决定市场价格，生产成本的水平使市场主体在市场的竞争中处于不同地位，进而导致某些处于有利形势的企业逐渐占据垄断地位。同时为了获得规模经济效益，一些市场主体往往通过联合、合并、兼并的手段，形成对市场的垄断，从而导致对市场竞争机制的扭曲，使其不能发挥自发而有效的调控功能，完全竞争条件下的“帕累托最优”，即资源配置的最优化，也就成为纯粹的假设。

垄断性失灵表现为市场上出现为数很少的几家供应商甚至独家垄断的局面。垄断者为了实现私人收益最大化，往往要控制产量，抬高价格，以攫取超额利润，这会使市场均衡作用失灵，损害消费者的利益，降低资源配置的效率水平。垄断引起市场失灵有两个方面的表现：（1）价格扭曲和产量扭曲；（2）收入扭曲。

市场解决不了垄断的问题，同样，市场也解决不了自然垄断问题。自然垄断是垄断的一种特殊形式。它除了具有垄断的一般属性之外，还具有一般垄断所不具备的两大特征：一是自然垄断往往具有严格的地域性，即如果某企业在某一地域内居于自然垄断地位，别的地域的企业将无法与其竞争。比如一个地区往往只有一个自来水公司，别的地区的自来水公司将无法与其展开竞争。二是自然垄断行业往往固定成本投入量极大，因而产品生产的平均成本呈无限下降趋势，即产量越大，平均成本越低，而一般垄断则不具备这一特征。对自然垄断行业来讲，由一个企业来从事一种产品的生产会降低平均成本，因而是有效率，而由多个企业来生产反会提高平均成本，因而是没有效率的。但如果真由一个企业来生产，其为了实现私人利益最大化，又会像一般垄断者一样控制产量、抬高价格，攫取超额利润，损害消费者利益，进而降低资源配置的效率水平。

3. 社会公平分配的失灵

市场机制作用下的收入分配遵循的是要素分配原则。每个社会成员按照其向社会提供的生产要素的种类、数量和质量来获取相应的收入。由于生产要素在社会成员之间的分配格局本身就是不均衡的：通常大部分社会成员有生产要素，但有些社会成员没有生产要素。就生产要素拥有者而言，他们所拥有的生产要素的种类、数量、质量以及所能得到的价格也有很大差别，从而市场机制作用下的收入分配差距会拉得很大，有些社会成员根本没有收入，有些社会成员的收入可能连基本的生活需要也满足不了，而有些社会成员的收入却可达到天文数字，这就很难符合社会所能接受的公平标准。

社会公平分配失灵表现为：在分配领域，单纯依靠市场机制的自发作用不可能完全实现公正的收入分配。这是因为：(1) 市场经济运行的目标是追求效率大化，各经济利益主体考虑的是各自利益的最大化，由此决定社会的贫富差距加大；(2) 在存在垄断的情况下，价格会严重背离价值，从而使部分人获得不合理收入；(3) 市场竞争的初始条件不均等导致收入的差距；(4) 经济运行时间和空间上的不均衡导致非个人原因的收入差距；(5) 在市场机制的自发作用下，生产要素供求状况的不平衡必然形成要素收入的不合理差距。市场解决不了收入的公平分配问题。

4. 外部性失灵

外部性失灵表现在当某些市场主体的活动给社会或其他主体带来经济影响（受益或遭受损失）时，通过市场机制的自发作用来调节将难以达到有效配置资源的目的。在现实生活中，许多商品和劳务的成本或收益有着明显的外部性，市场解决不了外部效应问题。

所谓外部效应，是指某个经济主体的行为影响了其他的经济主体，但却没有因为好的影响而得到利益补偿，也没有因坏的影响而支付代价。前种情况被称为正的外部效应；后种情况被称为负的外部效应。一旦一个经济主体的行为产生了正的外部效应，那么意味着其应该得到的收益而没有得到，这样如果其是个生产者，那么必然出现产量不足；如果其是一个消费者，则必出现消费量不足；而一旦一个经济主体的行为产生了负的外部效应，那么就意味着其应承受的负担没有承受，这样如果其是一个生产者，则必出现产量过多；如果其是一个消费者，则必出现消费量过多。

总之，一旦出现了外部效应，不管是正的外部效应，还是负的外部效应，生产者或消费者的行为就不能使资源配置的边际社会收益等于边际社会成本，即不能符合“帕累托效率”的要求。在出现正的外部效应的条件下，资源配置的结果是边际社会收益大于边际社会成本；而在出现负的外部效应的条件下，资源配置的结果是边际社会收益小于边际社会成本。虽然两种情况下资源配置的结果偏离“帕累托效率”的方向相反，但都导致了资源配置的效率损失。

5. 信息的不完全性失灵

市场竞争的一个重要假定是“信息是完全的”，而在现实中，信息一般是不完全的，并且获得信息要付出成本。信息的不完全性失灵表现为在交易中，交易双方对于商品的质量、性能、售后服务等信息了解程度不同，出现“信息不完全”或“信息不均等”的现象。信息的不完全性会破坏市场机制运行“优胜劣汰”的作用，以至于出现“优汰劣胜”的资源配置。市场解决不了信息不充分的问题。

在现实经济生活中，经济主体都不可能拥有充分的信息。这就意味着现实经济生活中的资源配置与假定信息充分的完全竞争条件下的资源配置是不同的，因而定会存在效率损失。

这首先体现为生产者信息不充分会导致效率损失。在现实经济生活中，生产者生产什么、生产多少以及如何生产主要受市场价格信号的引导。一般来说，价格信号引导资源配置是有效率的，但市场价格引导资源配置也有其自身所难以克服的缺陷，这种缺陷主要表现为价格传递信息的盲目性、自发性和滞后性。这意味着作为一个生产者，其只能大概而不能准确地知道市场上需要什么、需要多少。这就必然使生产带有一定的盲目性，进而使生产的结果不能很好地满足社会需要。这主要体现为供求结构的失衡，即某些产品供不应求而另一些产品供过于求。虽然价格的变动会进一步对生产的结构加以调节，但由于导致生产盲目性的根本原因仍然存在，所以，调整的结果往往不能消除供求结构失衡，而通常只不过使供求结构失衡的方向相反。因此，由于生产者信息不充分而导致的效率损失将难以避免。

其次，消费者的信息不充分也会导致效率损失。在现实经济生活中，虽然价格机制也向消费者传递信息，但消费者获取信息要花费成本，而且其获取信息的边际成本递增，边际收益递减。在获取信息的边际成本等于边际收益时，消费者获取的信息量达到均衡。但这种均衡的信息量却仍然是不充分的。在信息不充分的条件下，无论需求量过大还是过小，都会导致效率损失。

最后，信息的不充分还体现为生产者与消费者之间信息的不对称。一般来说，生产者拥有的信息比消费者要充分，因为产品是他生产的，他自然对产品的质量、性能以及真实的价格十分清楚，而作为消费者则由于要消费的产品种类繁多，因而通常不可能对每种产品的信息都有充分的了解，这样在生产者和消费者之间信息不对称的格局下，生产者可能会利用信息优势侵犯消费者的利益，从而出现市场失灵。当然，购买者（消费者）相对于出售者（生产者）具有信息优势的情况也是存在的，比如，医疗保险、人寿保险合约的买卖，消费者就具有信息优势，这样，作为合约出售者的保险公司为了防止购买者利用信息优势侵犯其利益，就会对投保及给付条件作出严格限制，从而使以盈利为目标的商业保险在分散风险方面的作用受到局限，由此而导致的市场失灵需要政府通过举办社会保险来加以弥补。

6. 宏观经济周期性失灵

宏观经济周期性失灵表现在市场总供求发生以超额供给或超额需求为特征的宏观经济总量失灵。当存在超额供给时，会引起生产过剩、经济危机和大量失业；当存在超额需求时，国民收入超分配，诱发过度需求，引起严重的通货膨胀；当两者交替出现或同时存在时，又引起“滞”“胀”交替出现，或同时并存。市场解决不了社会总供求的均衡问题。

社会总供求的均衡是经济持续稳定发展的前提，但是在市场机制的自发调节下，社会总供求的波动是难以避免的，有时社会总需求大于总供给，出现经济过热；而有时社会总需求小于总供给，出现经济衰退。究其原因，一般从以下几个方面加以解释：

一是价格刚性的制约。完全竞争市场假定价格是有弹性的，会随供求关系的变化而变化。这样，在总需求大于总供给时，会通过价格的上升来抑制需求、刺激供给；而在总需求小于总供给时，则会通过价格的下降来扩张需求、减少供给，从而实现社会总供求的均衡。比如，按市场规律的要求，在社会总供给大于社会总需求时，价格包括劳动力的价格工资都应下降，才会实现总供求包括劳动力供求的均衡。但是，有时价格却具有明显的刚性，比如在工会的力量较为强大的条件下，工资往往并不下降，这就会使失业长期存在而出现经济萧条。

二是主观心理规律的作用。凯恩斯用三条主观心理规律，即边际消费倾向递减规律、资本边际效率递减规律及货币灵活偏好规律解释了需求不足的成因，并提出了解决需求不足的政策主张，但这三条规律不能解释需求大于供给的现象。

三是由于投资乘数和加速系数的交互作用，使经济运行出现繁荣和衰退的交替。根据这一理论，收入或需求的增加或减少会在投资乘数和加速系数的连锁作用下按照一定的倍数放大，从而出现经济周期性的波动。这是西方经济学解释经济周期性的主要理论。

四是货币供给量的影响。在其他条件一定时，货币供给过多会导致需求过旺，而货币供给不足则导致需求不足，因为需求表现为有货币支付能力的需求。

综上所述，可以看出，社会总供求失衡的原因是复杂的、多方面的，虽然有些原因和市场机制并无必然联系，但如果仅靠市场机制的自发调节，社会总供求的均衡的确是难以实现的。因此，一般都把社会总供求失衡视作市场失灵的表现。

第二节 市场失灵的福利效果

一、公共物品难以有效供应

对于私人物品，竞争均衡状态是供求相等状态，供求相等意味着消费者的边际支付意愿等于生产厂商的边际生产成本，即边际替代率等于边际转换率（MRS＝MRT)，这是私人物品的帕累托有效供应条件。

而对于公共物品，帕累托的有效供应条件是什么呢？美国著名经济学家萨缪尔森论述道，帕累托有效定义是供求双方各自实现福利最大化，那么公共物品的帕累托有效供应条件就是全部消费者的个人边际支付意愿之和等于生产厂商的边际生产成本，也就是全部消费者的个人边际替代率之和等于生产厂商的边际生产成本。

然而公共物品不能依靠市场调节达到帕累托有效状态，其中最关键的一个因素是消费者隐藏自己的真实偏好，希望别的消费者出钱购买以便自己免费消费的心理，这就是“搭便车”心理。因为既然许多人可以同时消费一个单位的公共物品，这一个单位公共物品的生产成本就应该由这些共同消费者按其主观评价来共同负担，而每个消费者的主观评价是多少，则会源于人的自利行为不愿如实表露，每个人都怕别人少说，自己多说，从而自己多负担成本，结果可能是大家都少说自己的主观评价，甚至都说自己的主观评价为零。而这样，既然每个消费者都认为这一公共产品分文不值，生产厂商当然不会生产供应。

二、垄断带来的社会福利的减损

垄断尽管往往会带来规模经济，降低产品成本，促进科学研究和采用新技术从而有助于生产力发展，但同时垄断必然存在低效率，不能实现帕累托最优。因为垄断的存在必然造成价格高、效率低下、社会缺乏公平、厂商的产量低于社会最优产量、市场价格又高于成本等。同时，垄断行业中的技术停滞、寻租等现象，又会造成更大的社会成本。资源不能得到充分利用，社会福利要受损失。

（一）资源配置的非效率

如图 5—1 所示，D 为行业需求曲线，MR 为边际收益线，LMC 为长期边际成本线，LAC 为长期平均成本线。在完全竞争条件下，市场供求均衡产量为 Q_1，价格为 P_1。但是在垄断条件下，厂商按利润最大化原则（MR＝MC）决定

的产量为 Q'，价格为 P'。我们会发现垄断产量 Q'小于完全竞争市场的均衡产量 Q_1，这说明垄断带来资源配置失效。我们还注意到，当产量由 Q_1 减少到 Q'时，价格由 P_1 上升为 P'，消费者剩余由 gP_1E 减少到 $gP't$，减少了 $P'P_1tE$ 个单位，生产者剩余增加了 $P'P_1tF-FSE$ 个单位，这样一来，从生产者剩余的收益中扣除消费者剩余的损失（$P'P_1tF-FSE-P'P_1tE$），净损失 tSE 个单位，这就是社会福利的净损失。

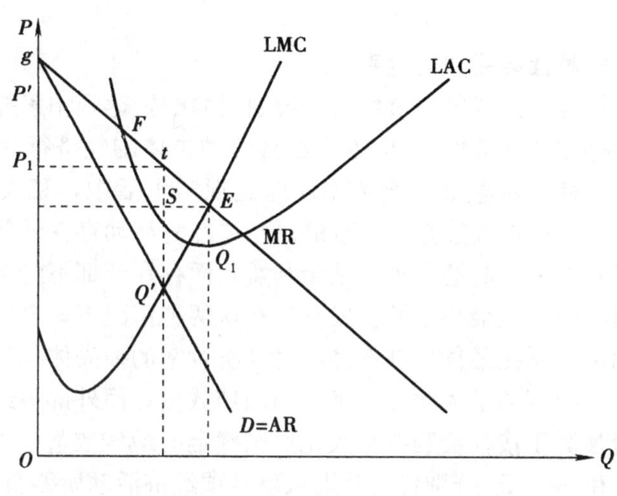

图 5—1　垄断产生的无效率

（二）资源运用的非效率

美国经济学家哈维·莱本斯坦认为，在垄断经营条件下，由于企业没有外在的竞争压力，所以会使整个企业组织从高层决策者到最低操作层改变行为准则，即由追求利润最大化转变为追求低风险、舒适、享受原则。企业长期如此发展，会缺乏改进生产技术、减少成本的动力，造成产品质次价高，品种单一，没有变化，服务水平低下，挥霍浪费资源等，从而使企业产品成本高于相应产量规模的最低成本。这就是所谓“资源运用的非效率”，又叫做“X－非效率”。

（三）“寻租”成本

一般来说，人们通过生产性活动获得报酬，称之为“创利”活动。它既可以使自己获利，也可以给社会创造新的财富；但是，假如人们发现不生产劳动，也可以从别人那里分配获得一份收入，即“寻租”活动，他就会放弃劳动，专门去寻找利润。但如果社会的资源都用于寻找利润，而不去创造利润，则只能会使社会的财富越来越少，资源浪费严重，这种为寻找租金而浪费的资源，被称为寻租成本。

美国经济学家塔洛克认为，形成垄断、维护垄断和反垄断都必须借助政府的政策保护，而能否寻求政府保护，则要靠投入的资源与获得的收益比较，只要获益大于投资，人们就会将资源用于寻求政府保护，造成垄断，直到获益与投资相等为止。结果，垄断的超额利润会与其寻求成本相等，消耗殆尽，也就是图5—1中的四边形 $P'P_1tF$ 部分。这一四边形既表示垄断超额利润，又表示垄断者所花费的社会寻租成本，经济学上称之为塔洛克四边形。

三、外部效应对社会福利的危害

微观经济学认为自由竞争的市场机制会使资源配置达到帕累托最优，其实是假定经济活动不存在“外部性”，即单个经济活动主体的经济行为产生的私人利益和私人成本就是社会利益和社会成本。但是现实生活中，私人利益和社会利益、私人成本和社会成本往往是不一致的。一项经济活动存在外部经济时，人们从该项活动中得到的私人利益会小于社会利益，而存在外部不经济时，人们从事该项活动所付出的成本又会小于社会成本，在这两种情况下，自由竞争条件下的资源配置都会偏离帕累托最优。外部经济对经济效率的损失体现为私人的实际产量会大大低于按社会利益最大化原则确定的最佳数量，而外部不经济会导致私人的生产量或消费量高于按社会利益最大化原则确定的最佳数量。为什么呢?

令 V_P、V_S 和 C_P、C_S 分别代表某人从事某项经济活动所能获得的私人利益、社会利益、私人成本和社会成本，再假定存在外部经济，即有 $V_P<V_S$，但又有 $V_P<C_P<V_S$，则此人显然不会进行该活动。这表明资源配置没有达到帕累托最优，因为从上述两个不等式中可以得到：$(V_S-V_P)>(C_P-V_P)$，这一新不等式说明，社会上由此得到的好处 (V_S-V_P) 大于私人从事这项活动所受到的损失 (C_P-V_P)。可见，这个人如果从事这项活动的话，从社会上其他人所得到的好处中拿出一部分来补偿进行这项活动的私人所受到的损失以后还会有多余，即可使其他人状况变好而没有任何人状况变坏。这说明，存在外部性的情况下，私人活动的水平常常低于社会所要求的水平。

相反，存在外部不经济时，有 $C_P<C_S$，再假定 $C_S>V_P>C_P$，则此人一定会进行此项活动。从上述二不等式中又可得到 $(C_S-C_P)>(V_P-C_P)$，此不等式说明，进行了这项活动，社会上其他人受到的损失大于此人得到的好处，从整个社会来看，是得不偿失，因此私人活动水平高于社会所要求的最优水平。

四、收入分配不公

竞争市场是遵循帕累托效率原则行事的，它追求的是生产和交换效率而不是分配效率。在竞争市场中，个人收入取决于其要素的边际生产率。如果假定个人的初始禀赋（包括体力、智力、财产、机会等）不同，那么个人的收入就会有差异，而且这种差异在没有外力的情况下会不断积累，从而出现收入分配的马太效应。这意味着，竞争市场可以保证的只是对所有人而言是一个公平的过程，它不能矫正由于初始禀赋不平等而带来的不公平分配。只要个人的初始禀赋不同，竞争市场的结果必然是收入分配的两极分化，这种低（分配）效率是竞争市场的无奈。但是，分配效率要求的是个人收入的边际效用相等，虽然它并不等于收入相等，但也绝不是收入的两极分化。

五、信息不对称导致效率低下

在风险和不确定性存在的领域里，市场也是不完全的。当交易双方中一方掌握的信息多于另一方时就存在信息不对称。拥有信息较多的一方都会通过以下两种途径在与对方的交易中充分利用自己的信息优势造成市场失灵。这两种途径分别是逆向选择和道德风险。

逆向选择指的是市场交易中一方无法观察到另一方的重要外生特征时所发生的劣质品驱逐优质品的情形，也就是事前的信息不对称。典型的例子是保险市场。承保人一般无法分辨出一个具体受保人的风险状况，比如保险公司对于某位健康保险的购买者患病的可能性不可能准确地了解。这样一来，逆向选择就发生了，那些风险大的人会更多地购买保险，从而将对保险公司而言的所谓“好的风险”驱逐出了保险市场。最终，逆向选择会导致保险市场无法有效地分担风险，同时降低了市场效率。

道德风险指的是市场交易中的一方无法观察到另一方所控制和采取行动时所发生的知情方故意不采取谨慎行为的情形。比如某投保人参加财产保险以后，即放松对其财物的保管，因而导致财物被窃，使得财产丢失风险加大。这些都会带来保险市场的低效率。

六、经济周期性波动

市场不能保持国民经济的综合平衡和稳定协调的发展。市场调节实现的经济均衡是一种事后调节并通过分散决策而完成的均衡，它往往具有相当程度的自发性和盲目性，由此产生周期性的经济波动和经济总量的失衡。在粮食生产、牲畜养殖等生产周期较长的产业部门更会发生典型的“蛛网波动”。此外，市场经济中个人的理性选择在个别产业、个别市场中可以有效地调节供求关系，但个人理性选择的综合效果却可能导致集体性的非理性行为，如当经济发生通货膨胀时，作为理性的个人自然会作出理性的选择——增加支出购买商品，而每个人的理性选择所产生的效果便是集体的非理性选择——维持乃至加剧通货膨胀；同样，经济萧条时，也会因每个个体的理性选择——减少支出而导致集体的非理性行为——维持乃至加剧经济萧条。再者，市场主体在激烈的竞争中，为了谋求最大的利润，往往把资金投向周期短、收效快、风险小的产业，导致产业结构不合理。

第三节 市场失灵的应对措施

上述市场调节机制的缺陷和失灵，为政府干预经济活动让出了空间，也正因为如此，政府对经济的宏观调控，已经成为现代市场经济体制的有机组成部分。正如著名经济学家、诺贝尔经济学奖获得者萨缪尔森所说："当今没有什么东西可以取代市场来组织一个复杂的大型经济。问题是，市场既无心脏，又无头脑，它没有良心，也不会思考，没有什么顾忌。所以。要通过政府制定政策，纠正某些由市场带来的经济缺陷。"因此，"现代经济是市场和政府税收、支出和调节这只看得见的手的混合体"。

一、公共物品的供给、融资和决定

正是因为公共产品具有消费的非排他性和非竞争性特征，一个人对公共产品的消费不会导致别人对该产品消费的减少，于是只要有公共产品存在，大家都可以消费。这样一方面公共产品的供给固然需要成本，这种费用理应由受益者分摊；另一方面，"它一旦被生产出来，生产者就无法决策谁来得到它"，即公共产品的供给一经形成，就无法排斥不为其付费的消费者，于是不可避免地会产生如前所述的经济外在性以及由此而出现的"搭便车者"。更严重的是，既然如此，人人都希望别人来提供公共产品，而自己坐享其成，其结果便很可能是大家都不提供公共产品。而缺乏必要的公共产品，就不能满足社会经济的客观需要，大大降低社会资源配置的效率。这就需要政府以社会管理者的身份组织和实现公共产品的供给，并对其使用进行监管。

（一）公共物品的分类

1. 纯粹的公共物品

只有同时满足公共物品三个特性条件的产品，才可称作是"纯粹的公共物品"。也就是说，它指的是那种向全体社会成员共同提供的且在消费上不具竞争性、受益上不具排他性的产品。

2. 准公共物品

事实上，纯粹的公共物品与纯粹的私人物品不是普遍存在的，在现实经济生活中，更为常见的新产品是介于这两个极点之间的。它们既具有公共物品的特性，又具有私人物品的特性。这些产品被称为准公共物品。

(1) 拥挤性公共物品

拥挤性公共物品的效用虽为整个社会成员所共享，但在消费上具有一定程度的竞争性。这就是说，这种产品因消费者人数的增加而产生拥挤，从而会减少每个消费者可以从中获得的效益的公共商品或服务，如图 5—2 所示。

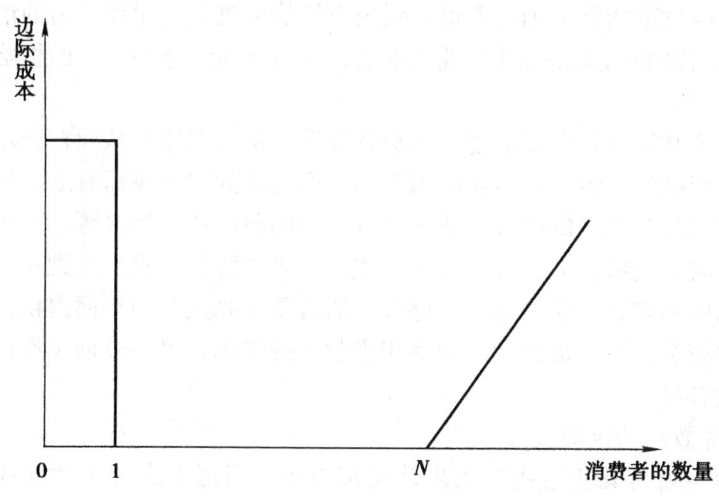

图 5—2 拥挤性公共物品

N 点为一种产品的拥挤点。最初消费者人数的增加是不会提高新产品的边际成本，这时的边际成本曲线与横轴重合，即边际成本等于零。但是，当消费者的人数增加到 N 之后，这时的边际成本曲线便不再与横轴重合，而随之向右上方倾斜，其边际成本将为正数。

(2) 价格排他的公共物品

价格排他的公共物品在效益上可以定价，从而可在技术上实现排他。一方面它的效用名义上向全社会提供，即谁都可以享用；另一方面，它在受益上却可以排他，即谁花钱谁受益。比如公办的学校和医院。一方面，谁都可以进入学校或医院就学、就医，而且，就学、就医也会带来正的外部效应；另一方面，学校和医院的收费制，又使得那些不愿为此付款的人享受不到学校和医院的服务。

（二）纯粹公共物品只能由政府提供

因为纯粹公共物品既无必要排斥别人消费，又不可能排斥别人消费，只要有这种物品，人就自然消费。比如国防安全，只要你是本国公民，你就自然享有这一和平安全的环境。私人企业是不会凭国防安全卖出去赚钱的。

（三）准公共物品可以同时由政府和市场提供

准公共物品具有有限非竞争性和非排他性。它既可以由私人部门通过市场提供，又可由政府部门直接提供，或是由政府部门给予补助通过市场提供。

价格排他的公共物品，其生产和消费很可能会产生正的外部效应，必须由政府财政给予补贴，否则很可能会出现供给不足。如果由政府部门直接出资经营，往往也需要通过市场上的销售渠道，利用市场价格机制，无偿供给的情况是不多见的。西方国家的私人或公共医院、学校、大型交通设施等方面的供给，便属于这种情况。

拥挤性公共物品，可以通过向消费者收取一定的费用，从而在技术上实现排他。在这类产品的供给中，市场的因素与政府财政的因素兼而有之。如公路、桥梁及其他类似公共设施的建设，通常要以政府的税收资金为来源，并由政府部门经营。但同时，这些公共设施的使用者或受益者则要以向政府交纳一定的使用费为代价。而电影院、剧院、体育设施等，通常是由私人部门出面提供的，但其建设和经营的资金，一方面来源于向使用者收取的费用，另一方面也有可能来源于政府给予的补贴。

（四）优效品的供应

1. 这类物品原则上应由个人出钱购买消费，但当个人失去理性或理性不充分时，以及个人财力不够时，也应由政府出面参与供应。

2. 对于个人理性不充分但是有支付能力的人，往往是政府强制个人花钱购买优效品，比如政府强制个人戒毒，强制个人投社会保险。

3. 对于个人财力不足的人，不管个人是否理性，政府会免费提供优效品，如最低生活救助，贫困老人的福利养老，贫困病人的福利就医，贫困学生的义务教育等。

（五）公共物品的融资

税收不仅是供给公共物品的资金来源，而且直接构成了企业的成本和负担，因而与公共物品的供给产生相反的效应。所以，对于政府而言，必须降低企业成本，减轻企业负担，以尽可能少的收入进行最有效的公共物品供给，才能真正吸引要素的流入或者使要素继续驻留。庇古、林达尔和马斯格雷夫都曾在考虑供给公共物品资金筹措方式的条件下，对税收与公共物品的最优供给问题进行过研究，人们分别称之为庇古均衡、林达尔均衡和马斯格雷夫均衡。但这几个模型中的需求曲线都包含有消费者自愿反映其偏好的不现实假定，当消费者意识到其偏好不能影响公共物品的产量时，其需求曲线将会发生新的变化，如果加上居民的偏好，公共物品的最优供给问题就会变得更为复杂。但作为最优的公共物品供给模型为我们分析政府在公共物品供给与融资领域的竞争提供了一个参照标准。

林达尔均衡即林达尔的自愿交换理论，最早由林达尔（1919）在《公平税收：一个积极的解决方案》中提出。他解释在小集团内，纯公共产品的数量是有效的，并且是由自愿捐款来提供资金的（Hyman，中译本，2001）。为什么在大规模集团内这一点是不可能实现的，对这一问题的理解是一个关键因素，有助于了解人们要求政府来提供大量公共产品的原因所在。它也有助于使人们深入了解政府用强制性税收而非自愿捐款为大部分政府行为提供资金的原因所在。

林达尔的自愿交换理论假定"消费者—纳税人"显示其对公共产品的真实偏好。既然消费者显示其对公共产品的真实偏好，那么，为了提供公共产品而向每一位消费者课税将与其消费这些公共产品所获得的收益成正比。林达尔假定，个人之间和群体之间的收入分配是既定的，而且社会把收入分配状况看作"公正的和适当的"。在这种情况下，他所关心的仅仅是资源在公共部门和私人部门之间的配置。在这些假定下，林达尔均衡表明，集团内每名成员为每单位公共产品的自愿出资额恰好等于在有效率的产出水平上，他从这一产品中获得的边际收益。每单位公共产品的均衡出资有时称为林达尔价格。

对于任何数量的纯公共产品，t_i 为每个人的出资数，Q 为纯公共产品的年均衡产量。自愿合作模型下的均衡将符合以下条件：

1. 为单位公共产品支付的出资额 t_i 必须加以调整，从而使每个人希望得到的公共产品数相等。

2. 集团内的每个人的出资额总和必须等于生产公共产品的边际成本。当边际社会成本等于平均成本时，这意味着自愿出资的数额足以支付产品的成本，而不会出现盈余或赤字。这些征集的收入可以表示为每单位公共产品的成本份额总和 $\sum t_i$ 乘以均衡产量 Q。生产的总成本是平均成本 AC 乘以产量 Q。即：

$$\sum t_i Q = MC(Q) = AC(Q)$$

或者：

$$\sum t_i Q = MC = AC$$

3. 所有的人都必须自愿同意成本分摊的安排及产品数量。必须在一致同意的情况下才能达到均衡。

（六）公共物品的决定过程

在公共物品的提供过程中，如何准确、迅速地发现辖区居民的偏好成为公共物品供给的重要内容。总体来看，居民的偏好表露机制包括投票等直接的表露形式，还包括退出——即以脚投票等间接方式（广义上还应该包括新的流动要素不进入方式）。因此，公共物品的供给和融资过程也是偏好表露和公共选择的过程。就此而论，政府在公共物品领域的竞争在很大程度上是居民偏好表露和公共选择的过程，偏好表露及公共选择机制的不同对公共物品的供给与融资产生非常重要的影响。

二、政府对垄断应采取的态度和措施

政府应当区分垄断的成因和后果，对垄断采取不同的态度和措施：

1. 对正当经营手段形成的产品差别、店堂差别、品牌差别、服务差别应给予支持和保护，不横加干涉，以免影响企业的正常经营。

2. 对于不正当经营手段形成的如串谋、非法兼并、价格歧视、低价倾销，恶意伤害等要通过立法的形式予以严格制止。

3. 对于经济技术原因形成的垄断采取或政府经营，或企业自营、政府监管，或允许准入，形成潜在竞争，从而一方面限制行业里企业数量维护企业规模经济效益，另一方面防止企业借垄断地位损害消费者利益和社会福利的减损。

4. 对于因特殊原因政府干预形成的垄断，要注意有针对性，随时评估政府保护的时效和必要性以及利弊，该削减时及时削减，不能随意扩大政府保护的范围和时间。

三、消除或控制外部效应的措施

（一）规定产权

产生外部效应的根本原因是部分资源的产权不明确或者说是公共产权，所以美国著名的经济学家科斯认为：只要公共资源的产权可以授予某些个人，不论归谁，虽然这会影响财富的个人之间的分配不等，但外部性问题就可以有效地通过双方的交易协商得到解决，这即是所谓的“科斯定理”。

关于科斯定理，西方学者有多种说法，一般认为该定理可表述为：在市场交换中，若交易费用为零，那么产权对资源配置的效率就没有影响。例如，假定有一家工厂排放的烟尘污染了周围5户居民晾晒的衣服，每户由此受损失75元，5户共损失375元。再假定有两个解决方法，一是花150元给工厂烟囱安装一个除尘器；二是给每户买一台价值50元的烘干机，5户共需250元。不论把产权给工厂还是给居民，即不论是维护工厂排烟权利，还是5户居民有不受污染的权利，如果听任私有制为基础的市场发生作用，工厂或居民都会自动采取150元解决问题的方法，因为这样最节省，150元成本最低表示资源配置最优。

如果产权明确，且得到充分保障，有些外部影响就不会发生。在上述例子中，只要产权归工厂还是居民是明确的，则他们中任何一方都会想出用150元安装一个除尘器来消除污染，即解决外部影响问题。就是说，在解决外部影响问题上不一定要政府干预，只要产权明确，市场会自动解决外部性问题。

（二）政府行政干预

1. 行政管制或行政指导

所谓行政管制就是政府主管部门对相应容易产生外部负影响的经济行为规定限制措并监督执行，以减少外部负影响。比如对汽车尾气排放，规定小汽车发动机所用汽油的标准，安装消烟设备，乃至规定使用清洁燃料等，以防汽车尾气污染环境。

所谓行政指导是指政府主管部门对本行业进行规劝，提出合理规模，以防过度投资出现重复建设，资源浪费。如我国近几年在纺织业、煤矿业提出“限产压锭”“限产压库”“关闭小煤矿”等行政劝告。

2. 征税或补贴

在科斯之前，以英国庇古为主要代表的传统经济学家认为，解决外部性问题，需要政府干预：当出现外部不经济时，要用征税办法，对产生外部负影响的企业或消费者征收相当于最佳社会产量时的外部成本的税收，其数额应等于外部不经济给其他社会成员造成的损失，使私人成本加上税收以后等于社会成本，从而使外部影响内化成私人成本，使私人最佳产量等于社会最佳产量，这样可使资源配置达到帕累托最优。例如我国的上海市为防止堵车现象，采取了汽车牌照拍卖制度，收取较高的牌照费，以增加购车成本，减少购车的数量。

此外，庇古还提出要对受到外部负影响危害的受害者进行补贴以及对产生外部正影响的生产或消费者进行补贴，使私人收益加上补贴后能等于社会最佳产量时的社会收益，从而使该领域产量提高至社会有效产量。比如对见义勇为者进行嘉奖等。

3. 拍卖污染许可证

当政府不能确定合理的庇古税率时，可以让产生外部污染的企业去竞拍污染许可证，谁出价高，谁就获得相应污染量的污染排放权。政府则可以将此笔钱用于污染治理或补贴受害者。这种办法的好处是可以避免税率确定的技术难题，且可以使拍卖价格随行就市，但难以保证筹足治理费用或受害者的赔偿金。

四、收入再分配

收入再分配职能是指政府为了实现社会公平对市场经济形成的收入分配格局予以调整的职责和功能。市场机制在社会公平方面的缺陷需要政府弥补。政府既要对市场机制形成的收入分配格局予以纠正，又要在初始条件方面改善社会不公平的状况。

(一) 收入再分配的理论

1. 叠加性社会福利函数下的收入分配政策主张

所谓叠加性社会福利函数就是简单地将全体社会成员的个人福利函数直接加在一起，没有不同的权数，从而得出的社会福利函数。

$$\text{SWF}=U_1+U_2+U_3+\cdots+U_n=\sum U_i \quad (i=1,\ 2\cdots n)$$

(1) 个人的效用函数 U_i 是相同的，且都是关于个人绝对收入的函数。

(2) 个人效用函数是收入的边际递增函数。

(3) 社会可得收入总量不受政府再分配政策的影响，即不考虑政府再分配对个人工作积极性的影响。

如此限定后，我们可以分析一个二人社会的收入分配符合社会福利最大化的最佳状态，如图 5—3 所示。

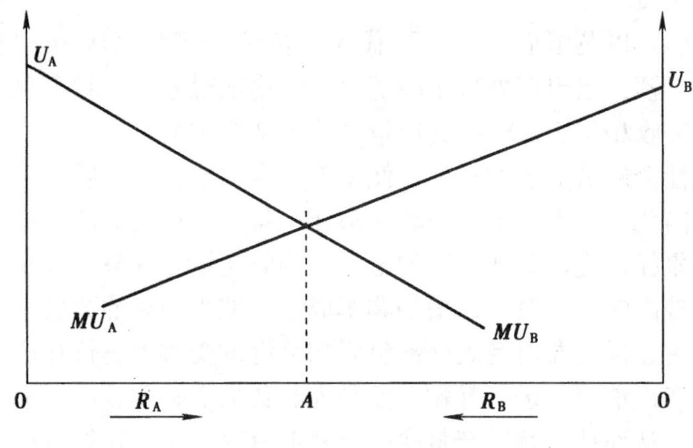

图 5—3

我们看到，此时的最佳社会分配状况是 A、B 二人收入绝对平均分配点即点 A。由此观点得出的政策主张就是支持政府进行收入和财产的再分配，以达到绝对平均状态。至少是应该调节收入分配，以使收入分配尽量均等化。

2. 最大最小社会福利函数（罗尔斯的差别补偿原则）

美国学者罗尔斯提出在平等自由竞争、机会均等的社会里，社会不平等只能是使得最小受惠者获得最大补偿；否则就应是均等分配。依此标准，社会最佳分配点仍然是平均分配，除非最贫穷者认为他的个人效用在收入相对较低时已经实现了最大化，才允许有收入分配差距。

3. 最大最大社会福利函数（上层社会福利函数）

最大最大社会福利函数是指把社会福利函数的权重全放在最富有者一个人身上，即只需最富的人个人效用最大化，就是社会福利最大化，这在当代社会很难成立。

4. 非功利主义哲学的收入再分配理论

（1）至善主义道德哲学的理论。许多宗教都主张人们应该博爱、至善，这应是人们生活的最高追求，而不是追求个人享乐、个人需求的满足。依此观点，收入再分配更是人们的一种自觉自愿，而且不会出现功利主义哲学分析的收入再分配和经济效率的矛盾。因为人们捐赠是一种行善，是自觉自愿的，所以不会影响其工作积极性，不会影响社会收入总量，可以实现个人收入再分配和帕累托效率的真正相容一致。

（2）保证初次收入分配的公平合理。①初始竞争起点是否公平，如个人遗产、个人家庭出身、个人教育和培训、个人的先天素质等，应尽量创造条件消灭这种差别；②竞争的过程是否公平，是否机会均等，是否裁决公正、不偏不倚；③贫穷人士的特征是否具有流动性，对暂时贫困者不应提供福利，而应鼓励其寻找新机会，自我奋斗、创业。

（3）商品平均主义（政府的父爱精神）。对一些必需品政府应该强制国民免费消费，如初等教育、儿童免疫、优生优育、基本食品、基本住房等。

（二）收入再分配的收入政策

1. 税收政策

税收是为了给政府筹资，让政府提供公共物品和转移支付给穷人的，这是税收的基本作用，但是税收课征却不仅仅改变了收入分配，且产生额外负担的效率损失。所以现实生活中，最佳税收设计的原则就是既能实现收入再分配，又可以将额外负担降至最低。

（1）最优商品课税要求——拉姆齐法则

最佳商品课税的总原则是不改变商品的市场比价，而使消费者在课税前后的消费量按其偏好同比例下降。按此原则，英国经济学家拉姆齐在 1928 年发现，对不同商品的课税在符合这样的条件时是最佳的：税率的确定应当使各种商品的需求量的下降的百分比相等。这被称为拉姆齐法则。

（2）最优所得税制要求

①古典的艾奇沃斯税制模型。当个人的收入效用函数相等，收入的边际效用递减，社会收入总额不变时，最优所得税就是使税后收入完全平等分配的税制，即各国通用的累进税率个人所得税。

②米勒斯的最优税制模型。米勒斯认为最优所得税制取决于人们的能力分布，以及人们的劳动—消费品偏好。一般情况下，我们不可能证明高收入者、低收入者或中收入者中哪个边际税率更高。但如果假定效用函数是消费和闲暇的自然对数之和，能力分布为对数的正态分布，米勒斯得出最优税制是：平均税率累进，边际税率递减，即随着个人收入的增多，平均税率应是增多的，但增加程度应越来越小，最后可能是个人收入超过一定数量后，边际税率为零。

③固定比例税率下的最优所得税。美国学者斯特恩发现，在统一比例边际税率的所得税制下，给每一个人一个最低补助额为 a，统一比例的边际税率都为 t，所得税为个人收入的线性方程式（$T=t\cdot R-a$）。

斯特恩认为最优所得税制，关键是找到 a 和 t 的最优组合值，从而保证在取得一定的税收收入条件下，社会福利达到最大化。斯特恩证明，在其他条件不变时，劳动供给弹性越大，最优的 t 值就应越小。因为劳动供给弹性越大，个人所得税导致的劳动供给下降得越大，社会收入总量越小，收入再分配的代价越大，因而应少进行收入再分配；反之亦然。另一方面，效用的收入弹性越小，就应使其最优的 t 值越高。

一般来说，富人的劳动供给弹性较大，所以应减小税率 t，但其效用的收入弹性较小，相应就应增加其税率 t；穷人的劳动供给弹性小，应增加其税率 t，但穷人效用的收入弹性却很大，所以应减小其税率 t。

2. 民间志愿捐赠

慈善捐赠是最为典型的社会福利行为。因为慈善捐赠是人们自觉自愿的捐赠，这样富人的捐赠不但不会减少其个人福利，还会增加其个人福利，同时被捐赠的人也会增加个人福利。这样看来，民间慈善捐赠会实现帕累托改进型的社会福利改善，解决了政府强制收入再分配中的平等与效率问题。

一般来说，促进民间慈善捐赠的措施主要有：

（1）大力提倡助人为乐的道德观念，培养人们关心弱者，关心社会疾苦，关心社会环境、自然环境的社会责任心和同情心。

（2）允许不同宗教信仰自由，凡是一切提倡爱心、善举、利国利民的宗教信仰都应让其自由发展，以解决个人的信仰危机。

（3）舆论褒奖社会公益捐赠行为。

（4）政策鼓励社会公益捐赠。

（三）收入再分配的支出政策

1. 社会救助和社会福利

支出政策主要通过社会救助、社会福利，将资金运用到贫困对象身上。社会救助的基础是掌握一部分国民收入，而其经济行为就是将这部分国民收入免费援助给贫困者，所以社会救助的经济实质就是将一部分国民收入直接分配或再分配给贫困者。不管是政府强制转移支付，还是民间慈善行为，社会救助都是严格区别于以市场交换为基础的初始分配。以交换为基础的分配体现了按贡献分配原则，也体现了效率原则，即谁效率高、贡献大，谁就应该多分配一部分国民收入，它保证现代社会可以高效率运行，可以创造出更多的物质财富。福利分配体现的是按需分配原则和平等原则，即不论是否有贡献，作为人的尊严和价值就应该得到最基本的生活需求满足，体现一种事实上的人权平等。

2. 提供公平竞争起点和公平竞争机会

我们认为收入分配差距是否合理的标准，主要是依据人们之间竞争起点是否平等和竞争机会是否平等。所以除了要直接调节收入分配状况，还更要创造平等的竞争起点和平等的竞争机会。

在创造平等竞争起点方面，主要有政府提供免费义务教育，征收遗产税，进行就业培训、转产培训等。

在创造平等竞争机会方面，主要有：为失业人员提供就业咨询和就业信息，为残疾人提供就业机会和特殊教育，为穷人提供法律援助，制定公平的竞争规则，消除性别歧视，实行同工同酬等等。

五、政府对经济的宏观调控

市场经济也不是万能的，它也有其自身的缺陷，即存在市场失灵问题。加尔布雷斯曾把市场失灵归结为三大问题：微观经济无效率、宏观经济的不稳定性和社会不公平。萨缪尔森也把这三方面视为市场经济偏离最优状态的原因。正如斯蒂格利茨和格林沃德的“非分散化定理”所言，在一般情况下，如果没有政府的干预，就不能实现有效的市场资源配置。斯蒂格利茨还提出，从计划经济向市场经济转型的国家，不能削弱政府的作用而是要重新对它加以规定。市场机制的引入及其作用的发挥，说明了市场经济的最佳选择；市场失灵问题的出现，说明发展市场经济离不开政府的宏观调控。

西方发达国家及一批后发现代化国家市场经济的实际历程和政府职能的演化轨迹表明，市场调节这只“看不见的手”有其能，也有其不能。一方面，市场经济是人类迄今最具效率和活力的经济运行机制和资源配置手段，它具有任何其他机制和手段不可替代的功能优势：一是经济利益的刺激性。市场主体的利益驱动和自由竞争形成一种强劲的动力，它极大地调动人们的积极性和创造性，促进生产技术、生产组织和产品结构的不断创新，提高资源配置的效率。二是市场决策的灵活性。在市场经济中，生产者和消费者作为微观经济主体的分散决策结构，对供求的变化能及时作出灵活有效的反应，较快地实现供需平衡，减少资源的浪费，提高决策的效率。三是市场信息的有效性。高效率的分配资源要求充分利用经济中的各种信息。而以价格体系为主要内容的信息结构能够使每一个经济活动参与者获得简单、明晰、高效的信息，并能充分有效地加以利用，从而有利于提高资源配置的合理性。此外，市场经济的良性运行还有利于避免和减少直接行政控制下的低效和腐败等。但是另一方面，市场经济也有其局限性，其功能缺陷是固有的，光靠市场自身是难以克服的，完全摒弃政府干预的市场调节会使其缺陷大于优势，导致市场失灵。因而必须借助凌驾于市场之上的力量——政府这只“看得见的手”来纠补市场失灵。

在市场经济活动中，个人企业等市场主体的各种经济行为的方式及其目的的实现固然受到市场各种变量（原材料成本、价格、可用的劳动力、供求状况等）的支配，并且这些变量以其特有的规律（即有市场经济发展的内在要求而自发形成的市场运行规律，亦即亚当·斯密所说的“看不见的手”，它通过主体的独立意志、自由选择、平等互利等一系列市场原则表现出来）调整着他们的行为，自发地实现着某种程度的经济秩序；但是经济人这一以谋求自我利益最大化为目标的市场主体又总是在密切、广泛、复杂、细致的经济联系中进行竞争，产生利益矛盾和冲突是不可避免的，而当事人自己以及市场本身不具备划分市场主体产权边界和利益界限的机制，更不具备化解冲突的能力。这就需要以社会公共权力为后盾的政府充当仲裁人，设定体现和保障市场原则的“游戏规则”，即以政策或法律的形式明晰界定和保护产权关系的不同利益主体的权利，保证市场交易的效率和公正性。再进一步地说，市场竞争优胜劣汰的残酷性容易诱发人们铤而走险，产生非法侵犯他人权益的犯罪行为，扰乱社会经济生活秩序。对此，市场主体更是无能为力。只有政府运用国家政权作后盾才能防止和打击。

在现代市场经济体系中，市场调节与政府干预，自由竞争与宏观调控，是紧密相连、相互交织、缺一不可的重要组成部分。因为市场机制的完全有效性只有在严格的假说条件下才成立，而政府干预的完美无缺同样也仅仅与“理想的政府”相联系。也就是说，市场调节与政府干预都不是万能的，都有内在的缺陷和失灵、失败的客观可能，关键是寻求经济及社会发展市场机制与政府调控的最佳结合点，使得政府干预在匡正和纠补市场失灵的同时，避免和克服政府失灵。这就需要政府运用计划，利用财政、货币、信贷、汇率、优惠、制裁等政策措施、经济杠杆和法律手段，特别是采取“相机抉择”的宏观调节政策，适时改变市场运行的变量和参数，以减少经济波动的幅度和频率，同时通过制定发展战略、发展计划和产业政策，对若干重要领域进行投资来引导生产力的合理布局，优化产业结构，保持宏观经济稳定与经济总量平衡。

【本章小结】

1. 市场经济在某些情况下，实现不了帕累托最优效率。如存在垄断、外部性、公共物品、不完全信息等条件下，市场机制会导致微观经济无效率、收入分配不公平和宏观经济波动不稳等结果。可见，“市场机制”这只看不见的手不是万能的，它也会出现功能障碍，通称为市场失灵。

2. 市场失灵出现的主要原因是市场机制的盲目性、自发性和无序性。市场机制最大的优点是竞争性、信息的对称性和通畅性。丧失了这些优点，市场机制就难以有效发挥作用。如垄断的产生、公共物品的供给、逆向选择行为的产生等等。同时，市场机制本身也有天然的缺陷，如不能兼顾效率和公平、个体理性与集体理性的不一致等，也加大了市场失灵的可能。

3. 政府在弥补市场机制失灵方面具有无可替代的优势，如在公共物品供给方面、社会管理方面等等。政府可以运用经济手段、法律手段、道义手段和行政手段等来干预市场失灵，提高市场效率，增进社会福利水平。

4. 政府也不是万能的，它只是一个公共部门，其服务是公共产品，因而本身具有失灵的可能性。因此，其决策的有效性也受到置疑。所以，应对市场失灵问题，必须将市场机制与政府宏观调节机制结合起来，补长取短。

【关键概念】

有效率市场　　市场失灵　　不完全信息　　经济周期　　外部性
垄断　　公共品　　寻租　　X—效率　　道德风险　　税收政策
收入政策　　产权明确　　商品税　　最优所得税　　政府宏观调控

【复习思考题】

1. 阐述市场失灵的含义、类别及相关特征。
2. 分析市场失灵的形成原因并举例加以说明。
3. 什么是“逆向选择”和“道德风险”？举例加以分析说明。
4. 举例分析说明垄断的类型和特征。

5. 垄断的福利影响是什么？绘图加以说明。

6. 什么是寻租行为？为什么会产生寻租行为？

7. 什么是外部性？举例说明外部性的影响。

8. 公共物品为什么会导致市场失灵？

9. 市场机制能否解决社会公平问题？为什么？

10. 市场机制能否避免宏观经济波动？为什么？

11. 收入分配的理论主张有哪些？分别体现了什么原则？

12. 政府解决市场失灵问题的举措有哪些？分别举例加以说明。

【应用案例】

我国农业发展中的外部性

我国农业中普遍、独特的外部性现象形成了农业发展的障碍，因此，对其发生规律进行分析研究可以为相应的制度规范提供参考，促使农业外部性问题内部化，从而更好地促进农业发展。我国农业外部性的主要表现有：

1. 收益的流失。作为一个特殊的行业，农业本身具有很明显的“收益外部化”特征。农业的发展在整个国民经济发展中起着基础性和决定性的作用，但这种好处却难以计量，也就无法提出相应的补偿，于是，收益就发生了“外溢”。在我国，这种收益“外溢”现象突出表现在工农产品价格“剪刀差”上。据统计，1952—1986 年，国家通过“剪刀差”从农业中抽走 5 823.74 亿元，是农业税收的 5 倍多，约占农业新创造价值的 15.7%。另一方面，国家对农业的投资很少，1952—1983 年国家通过财政和信贷渠道对农业的直接投资以及农村社会救济计为 2 326.09 亿元，只及国家从农业中抽取资本积累的 1/3 强，仅相当于农业新创造价值的 6.1%。如果扣除国家对农业的资本注入，则在工业化资本原始积累过程中，我国农业平均每年要把新创造价值的 9.4%无偿贡献给工业（冯海发、李微，1989）。也就是说，农业被迫成了收益外部化的供体。

2. 生态环境及景观功能的无偿提供。生态环境及景观功能也是一种公共物品，农业则在提供这类公共物品的过程中扮演了重要的角色。草原、林地、森林、绿洲、湖泊、耕地等景观的无偿提供就是农业外部经济的典型例子，它们对净化空气、保护植被、防止水土流失等都起到了积极作用，社会公众也因此而无偿获益。比如，生态农业建设促进了农业资源持续高效利用，改善了生态环境，还推动了无公害农产品、绿色食品的发展，对提高农产品质量安全发挥了积极作用。

3. 对其他行业成本外部化的接受。和工业、交通运输业等其他非农产业相比，农业更容易成为成本外部化的受体。例如，我国工业“三废”对农业环境的污染正在由局部向整体蔓延。2000 年全国因固体废弃物堆存而被占用和毁损的农田面积已达 200 万亩以上，8 000 万亩以上耕地遭受不同程度的大气污染，仅淮河流域农田因大气污染造成的损失就达 1.7 亿元。全国利用污水灌溉的面积占总灌溉面积的 7.3%，比 20 世纪 80 年代增长了 1.6 倍。此外，工业、交通、能源、通讯、商业中的尾气污染、噪声污染、“白色污染”、电磁污染等，都会影响农业生态环境。农业的发展环境由于接受了工业等非农产业转嫁的成本而趋于恶劣，为了克服这些不良影响，农业生产经营者不得不付出额外的成本，而这些成本本来是应当由污染者——工业等非农产业来承担的。

4. 对生态环境的成本外部化。主要体现在农业使用物污染和农业废弃物污染两个方面。农业耕作时需要利用的许多介质，如农药、农用塑料等，都会造成环境污染。以农药污染为例，许多高效农药的高残留性和毒害性对生态环境造成了破坏，相当于将处理残留农药污染的成本转嫁给了社会。据 2000 年 23 个省市不完全统计，农业环境污染事件达 891 次，污染农田 4 万公顷，损失达到 2.2 亿元。这些损失本应由农业承担，却被转嫁给了其他经济主体。在农业废弃物方面，不恰当地处理农业废弃物也会对生态环境造成破坏。例如，目前我国每年禽畜养殖场排放的粪便及粪水总量超过 17 亿吨，如果投入部分资金进行妥善处理，它们可以成为优质的有机肥料。但是，人们却将其集中排放，不仅浪费了资源，而且还污染了养殖场周围的环境。此外，部分农村有在农田中随意焚烧秸秆的习惯，造成了严重的空气污染，有时还引起交通事故和飞机航班延误，给人民生活和经济建设带来不良影响。这些只顾眼前利益而漠视环境效益的行为，相当于把保护环境的责任转嫁给了社会。

我国农业外部性的产生原因主要是产业优势地位（市场地位）不明显，所以容易成为收益外部化的供体；其次是农业生产经营特点使农业在生产经营过程中容易接受外部成本或流失外部收益，在一定程度上成就了外部性的实现；第三是农业技术大多具有公共物品或准公共物品的性质，在应用上不具备完全的排他性，大多数可以被模仿，这使得技术难以被有效控制，从而弱化了农业技术创新，无法形成现代农业，导致农业在面对工业等非农产业的成本转嫁时显得无能为力。

针对我国农业外部性问题，解决的基本思路有：

1. 强制性内部化。就是指依靠政府命令和法律的引入与实行来促进外部性问题的内部化过程。例如，强制性地对排污的非农部门征收排污税，直接规定污染的最大允许数量，或对农业的收益外部化行为实施补贴，对污染减少者“行贿”（补贴）等。

2. 诱导式内部化。指对现有外部性问题的改进，或新的防范措施的创造，是由个人或一群人，在响应获利机会时自发倡导、组织或实行的。诱导式内部化过程中的非正式制度安排有助于缓解强制性内部化中的“制度失败”问题。因为非正式制度安排创新不包含群体行动，所以尽管它还有外部效应问题，但却没有“搭便车”问题。

3. 渐进式内部化。指在整体外部性问题复杂、宽泛的现实情形下，先针对一些突出的、严重的外部性问题进行改进，随着这些问题的逐渐缓解、局部效率的不断提高，逐步扩大改进的范围，力求在更大范围内增进福利的过程。农业外部性是一个严重、宽泛的问题，对其防范也只能逐步实施，以不断的次优来逼近最优。例如，现阶段我们就可以先从最为严重的“农业外部收益流失”问题着手，改善农业发展环境，提高农民收入。

（注：本案例选自：石声萍. 农业经济导刊. 2004，7）

第六章

公共物品与社会福利

学习目标

通过本章的学习，可以了解有关公共物品的基本理论及其应用。要求理解公共物品的基本概念、主要类型和基本特征。基本掌握公共物品的供给特征和供给条件。熟练运用公共物品的局部均衡分析和一般均衡分析方法。对成本收益分析要求了解并适当运用。

第一节 公共物品的含义和类型

关于公共物品的含义，有三种具有代表性的定义，分别是：（1）萨缪尔森的定义。按照意大利传统的公共财政理论，萨缪尔森在他的论文中曾经把纯公共物品的概念定义如下："每个人对这种产品的消费，都不会导致其他人对该产品消费的减少。"[①] 也就是说所有成员集体享用的集体消费品，社会全体成员可以同时享用该物品；而每个人对该物品的消费都不会减少其他社会成员对该物品的消费。举出的例子有社区和平与安全、国防、路灯、天气预报等。（2）奥尔森的定义。他认为"任何物品，如果一个集团 $X_1 \cdots X_i \cdots X_n$ 中的任何个人 X_i 能够消费它，它就不能够排除其他人对该物品的消费"[②]。（3）布坎南的定义。他认为"任何集团或者社团因为任何原因通过集体组织提供的商品或服务，都被定义为公共物品"[③]。换言之，凡是由团体提供的物品都是公共物品。但是，现代经济学所广泛接受的是被后来经济学家所发展的萨缪尔森提出的概念。

一、公共物品的基本特征

公共物品和私人物品是对应的。可以将人类社会需要的各种物品和服务总体上分为两大类：一类是"个人需要"，如食品或服装；一类是"社会需要"，如国防。那些用于满足私人需要的物品就称为私人物品，而用于满足社会公共需要的物品，我们把它称为公共物品。私人物品是指那些具有竞争性和排他性，能够通过市场交易达到资源优化配置的产品；公共物品则是指那些具有非排他性和非竞争性，不能靠市场交易实现有效配置的产品。相对于私人物品或服务来说，公共物品的特性主要表现如下两点：

（一）非排他性

非排他性是指物品一旦被提供出来，不可能将拒绝为它支付费用的个人或厂商排除在公共物品的受益范围之外。也可以说，公共物品不能因为拒绝付款的个

① ［英］C·V·布朗，P·M·杰克逊．公共部门经济学．张馨等译．北京：中国人民大学出版社，2000

② ［美］奥尔森．集体行动的逻辑．陈郁，郭宇峰，李崇新译．上海人民出版社，1995

③ ［美］布坎南．民主财政论．穆怀朋译．北京：商务印书馆，1999

人或厂商而停止，任何人也都不能用拒绝付款的办法来把自己所不喜欢的公共物品排除在其享用范围之外。包含三层含义：（1）任何人都不可能不让别人消费它，即使有些人有心独占对它的消费，但要么在技术上是不可行的，要么是技术上可行但成本过高，因而是不值得的。（2）任何人自己都不得不消费它，即使有些人可能不情愿，但却无法对它有所拒绝。（3）任何人都可以恰好消费相同的数量。否则，如果在某人消费以后，别人消费的可能性减少了，那么，也就等于非排他性不存在了。以国防服务为例，如果在一国的范围内提供了国防服务，要想不让任何一个生活在该国领域的人享受国防是非常困难或者是不可能的，无论是谁，都将同等地处于国防安全的保障之下。另外，灯塔也是非排他性的典型例子，人们很难避免过往船只不付费而享受灯塔利益。而私人物品，则不存在这种可能性。以一件衣服为例，购买者为此付款后就取得了该种物品的所有权，并可在这时排斥他人享用这种物品。私人物品在受益上是必须具有排他性的，人们才会为了得到这种物品付款，生产者也才会在市场上来提供这种物品。

纯粹公共物品的非排他性主要是由以下两方面决定的：一是纯粹公共物品大都是那种在技术上不易排斥众多受益者的产品，如国防等；二是某些公共物品在技术上虽然排他，但排他的成本十分昂贵，以致经济上不可行。此外，公共物品不仅具有非排他性，而且往往具有非拒绝性，比如国防。

（二）非竞争性

非竞争性是指公共物品一旦提供出来，任何消费者对公共物品的消费都不影响其他消费者的利益，也不影响整个社会的利益。换言之，某人或厂商对公共物品享用的同时，并不排斥和妨碍别人或厂商对其享用，而且也不会减少其他人或厂商享用该种公共物品的数量与质量。这种非竞争性是因为公共物品一般都具有效用不可分割的性质。

相比之下，私人物品的情况恰好相反，它在消费上具有竞争性，即某人或厂商对某种一定数量私人物品的享用，实际上就排除了他人或厂商对其同时享用。比如我们家庭必备的家具，某位消费者购买了家具后，就拥有了这套家具的所有权，因此这套家具只能归属其本人或家庭所享用，其他人或别的家庭也想拥有这套家具的效用，就只能自己购买，这时它的边际成本显然不为零。

非竞争性包含两方面含义：第一，公共物品的边际生产成本为零。公共物品在自身产生拥挤之前，每增加一个消费者的边际成本都等于零。也就是说，只有当一种公共物品达到充分消费的界限时，每增加一个消费者才会增加相应的生产可变成本。这里说的边际成本，是指增加一个消费者对供给者带来的边际成本，而不是微观经济学中经常分析的产量增加导致的边际成本。仍以国防为例来分析：只要国家建立国防体系，就不可能把任何居住在本国境内的人排除在该体系的保护范围之外，包括犯罪分子在内。再如一个新生婴儿，显然不会对作为公共品的国防产生预算压力。尽管一个国家可能每天人口都在增加，但并没有因此减少其所享有的由国防提供的国家安全保障。第二，边际拥挤成本都为零。也就是说每个消费者的消费都不能影响其他消费者的消费数量和质量，这种物品不但是共同消费的，而且也不存在消费中的拥挤现象。但事实上，因消费者增加但带给供给方的生产成本为零并不能说明其边际社会成本为零。比如对高速公路的生产者（建造者）来说，只要在公路不需要拓宽的情况下，每增加一个消费者并不会引起其生产成本的增加。但对消费者而言，高速公路快捷方便，消费者都愿意走高速公路，这时的道路拥挤对消费者来说就是一项成本。在道路行驶达到饱和量之前，不存在道路的拥挤，此时我们可以认为拥挤成本为零，可当消费者人数剧增，道路达到饱和量之时，消费者就会感受到明显的拥挤，而且拥挤的感觉和拥挤的成本会与高速公路上的消费者人数成正比。由此可见，当一种公共物品在消费产生竞争时，就必须采取某种限制消费者人数的措施比如收费（税收等），那么这时的商品已经不再是纯粹的公共物品了。例如一个公共牧场有过多的人放牧，则放牧者之间必然产生消费竞争，这时公共牧场不再是一种纯粹的公共物品了，而是变成了需要限制使用的一种公共资源。具有非竞争性的例子还有，不拥挤的桥梁，非载满的火车车厢等。

萨缪尔森以数学的形式表述纯粹的私人物品与纯粹的公共物品之间的区别如下：

1. 对于纯粹的私人物品来说 $X=\sum_{i=1}^{n}X_i$，即某一物品商品的总量（X）等于每一个消费者拥有的该商品的数量（X_i）总和，这意味着私人物品在效用上的可分割性。

2. 对于纯粹的公共物品来说，$X=X_i$，这就是说，对于任何一个消费者 i 来说，他为了消费而实际可支配的公共物品的数量 X_i 就是该公共物品的总量（X），这意味着公共物品在效用上是不可分割的。

总之，纯粹的公共物品，是指那种提供给全社会成员共同享用的而且不具有消费竞争性和受益排他性的物品。而纯粹的私人物品，是指那种只提供给为其付款的个人或厂商享用的，并且在消费上具有竞争性，在受益上把未付款的个人或厂商排除在受益范围之外的物品。

纯粹私人物品的市场交易，既无正的外部效应，又无负的外部效应。而纯粹的公共物品，即使原本只针对某一特定对象，结果也会使该社会全体成员享用因此而带来的外部效益，我们可以认为纯粹的私人物品和纯粹的公共物品形成一个闭区间，而私人物品和公共物品就是这个区间的两个端点，居于两者之间的就是既有公共物品或服务特性又有私人物品特性的物品，如公共资源。如草原，当只有一个人在草原上放牧时，他与这块草原的其他放牧者之间在消费上就具有竞争性的关系。此外，在技术上能够实现排他性的，但消费上具有竞争性公共物品，都不属于纯粹的公共物品或纯粹的私人物品。类似这样的物品，政府就需要采取补贴的办法，并通过市场给予一定的支持。

根据公共物品消费的非排他性的特性，将一定数量的某种公共物品分配给任何一追加的消费者的边际成本等于0。但是，生产每一个追加单位的公共物品时，其边际成本都永远是正数。原因在于，纯粹公共物品数量的增加，要求以追加的资源投入为条件。如图6—1、图6—2所示。

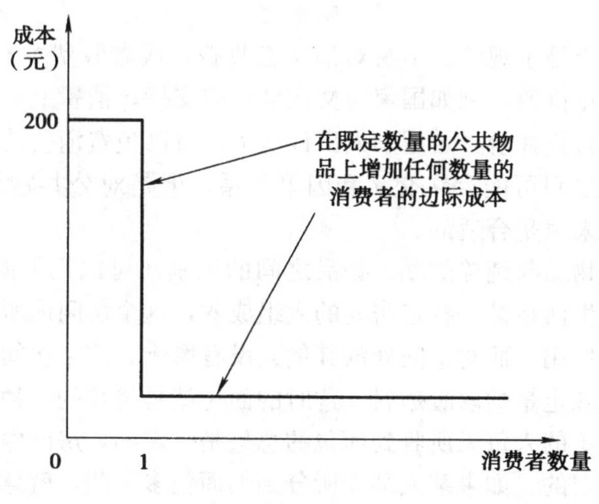

图6—1

其中图6—1表明，一旦向某人提供了一定数量的某种纯粹的公共物品，那么，在这个既定数量的该种公共物品上无论添加多少消费者，其边际成本均等于0。图6—2假设纯粹公共物品的平均成本是不变的，即它的平均成本为每单位200元，其边际成本也会是200元，说明生产该物品的边际成本始终是正数。

公共物品的其他特征主要包括：生产具有不可分性，是指必须是向集体内所有成员提供，例如国防；生产具有自然垄断性，例如铁路交通；初始投资特别大，而随后所需的经营资本额却不大；规模效益大，规模经济往往是公共物品产生的一个重要原因；消费数量上的一致性和消费评价上的差异性，消费数量是客

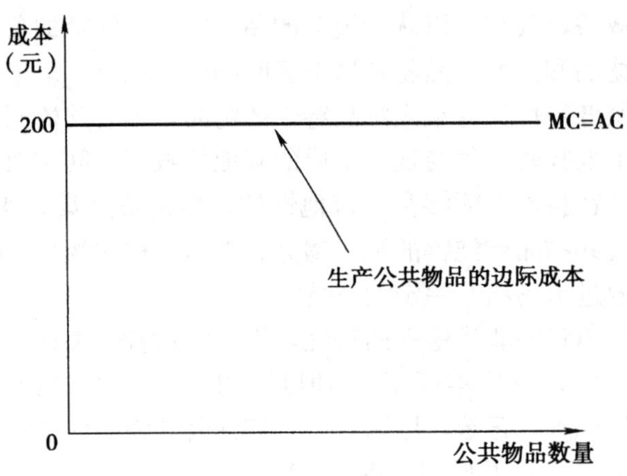

图 6—2

观的，而消费评价是主观的；不易对消费者收费，或者收费本身所需成本过高；消费具有社会文化价值，例如国家对文化事业的支持；消费上具有道德风险，即消费者有意压低自我评价，希望别人出钱购买，自己免费消费的道德风险。这些特征及基本特征之间可能存在交叉和因果关系，但是对公共物品有个全面的了解，我们列举出来也是合适的。

纯粹的公共物品与纯粹的私人物品之间的区别还可以用下面的例子来说明。假设社会就是由生活在某一特定房间的人组成的，这个房间内所作出的决策只对本空间内的人有作用，而对空间外的其他人没有影响。这个房间内的人每天都能收到定量的面包和定量的取暖燃料。这时的面包就是纯粹的一种私人物品。原因如下：(1) 房间里的人每天所收到面包的总量是一定的，房间内所有人所消费的面包总量也是一定的，如果某人某天所分到的面包多一些，就意味着其他人所消费的面包要少一些，满足“消费的竞争性”。(2) 面包可以按照根据每天供求双方的力量对比所决定的价格在市场上出售。在面包价格既定的情况下，这个房间的人可以根据其偏好和经济状况来调整对面包的消费，符合“受益的排他性”。(3) 面包的效用可以分成很多份在房间里的人之间进行分割，符合私人物品“效用的可分割性”的特征。①

二、判别公共物品的步骤

通过以上分析，要辨别一种物品是否为公共物品，可以按以下步骤进行：

① 高培勇等. 公共部门经济学. 北京：中国人民大学出版社，2001

第一步：分析该物品在消费中是否具有非竞争性，如果不具有非竞争性，则这种物品肯定不属于公共物品的范畴；如果具有非竞争性则转入第二步。

第二步：对公共物品的进一步识别要看该种物品的消费是否具有排他性，如果不能排他，则该产品有可能是公共物品或是需要限制使用的公共所有的资源。

第三步：如果一种物品没有非竞争性，又没有非排他性，则必为纯粹的私人物品，但它有可能通过市场机制来实现供求平衡。如果该种物品的受益既具有非竞争性，又具有非排他性，那么该物品必然是公共物品。那它应由政府公共部门来提供，市场机制在这个领域是要失灵的。如果在技术上具有排他性，这时要进一步分析该物品在排他时的成本问题。如果该物品的排他成本很高，那么该物品属于公共物品的范围。如果一种物品在技术上具有排他性而实现排他的成本又比较低的话，则该物品属于“拥挤性的公共物品”，如电影院、高速公路和桥梁等。这类物品或服务可以通过市场来提供，同时政府给予一定程度的补贴（见图6—3）。

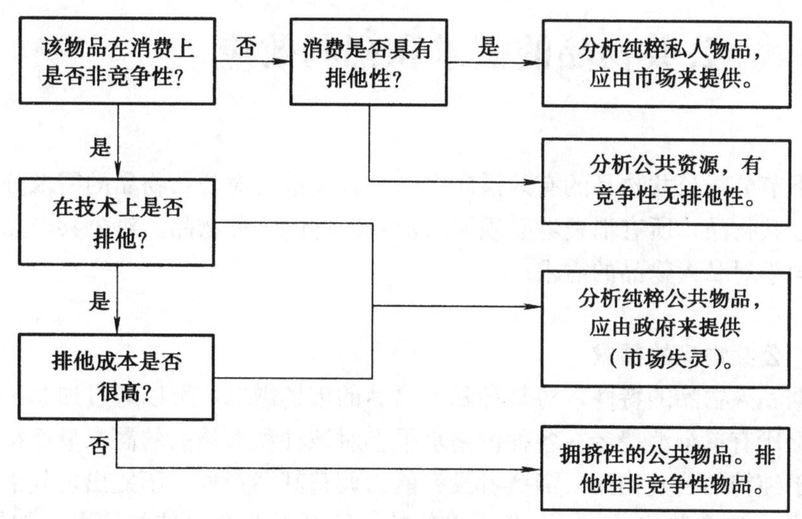

图 6—3　公共物品的判别

通过上述的识别步骤，我们可以大体分为以下四种不同类型的物品：（1）同时具有非排他性和非竞争性的纯粹的公共物品；（2）同时具有排他性和竞争性的纯粹的私人物品；（3）具有非排他性和竞争性的公共资源；（4）具有排他性和非竞争性的准公共物品。关于这四种不同物品的具体实例可用图 6—4 来表示。

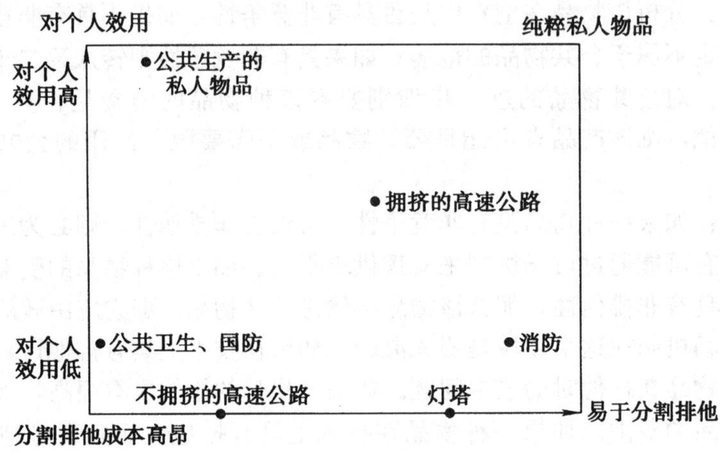

图 6—4　产品类型的划分

第二节　公共物品的需求和福利效应

在下节分析公共物品的有效供应之前，首先进行对公共物品的需求分析。对于纯粹公共物品，所有消费者必须同时消费同样的该种物品。对公共产品的需求完全不同于对私人物品的需求。

一、公共物品的需求

根据私人物品的特性，对某种私人物品的市场需求，可以通过加总某一时间内市场上所有单个消费者在各种价格水平上对该种私人物品的需求量而得出。

对于纯粹的公共物品，消费者没有能力调整其消费量，不能出现其消费量分别为 A 每天 1 个单位，B 每天 2 个单位的，C 每天 3 个单位的情况。如果 A 每天的消费量为 3 个单位，其他所有人也必须每天消费 3 个单位。换言之，纯粹的公共物品的消费者是无法将其购买量调整到该种公共物品的价格恰好等于其边际效益的水平。事实上因为纯粹的公共物品存在受益的非排他性，因此它们是不能定价的。那么公共物品的需求曲线是怎样形成的呢？

下面以灯塔为例，假定 A、B、C 三人同时利用灯塔导航，A 对灯塔的消费并不妨碍 B 和 C；反之亦如此。灯塔在这里就是这三个消费者的纯粹的公共物品。

在图 6—5 中，纵轴代表消费者对某种一定数量的公共物品或服务所愿支付的最大量。它通常由消费者在一定数量的公共物品获得的边际效益来表示。消费者对灯塔的需求曲线用曲线 D 来表示。每个人需求曲线上的任何一点都代表消费者为获取每一单位的相应数量的公共物品所能支付的最大数量。此处最大数量也就是指每一单位数量的灯塔所能带来的边际效益。这时，对公共物品的总需求曲线可以通过将每个消费者在每一可能数量水平上的边际效益加总而得到。因此，只要将个人需求曲线垂直相加就可以得出对公共物品的需求曲线。如图 6—5 所示，为建造一座灯塔，三名消费者愿意支付的最大量为 300、400、500，那么在这一点三个消费者的边际效益总量 Z 为 1 200。以此类推，将人和灯塔数量水平上的每个消费者所能获得的边际效益垂直相加，结果就是公共物品曲线上的各点，各点相连就形成了需求曲线 $D=\sum MB$。

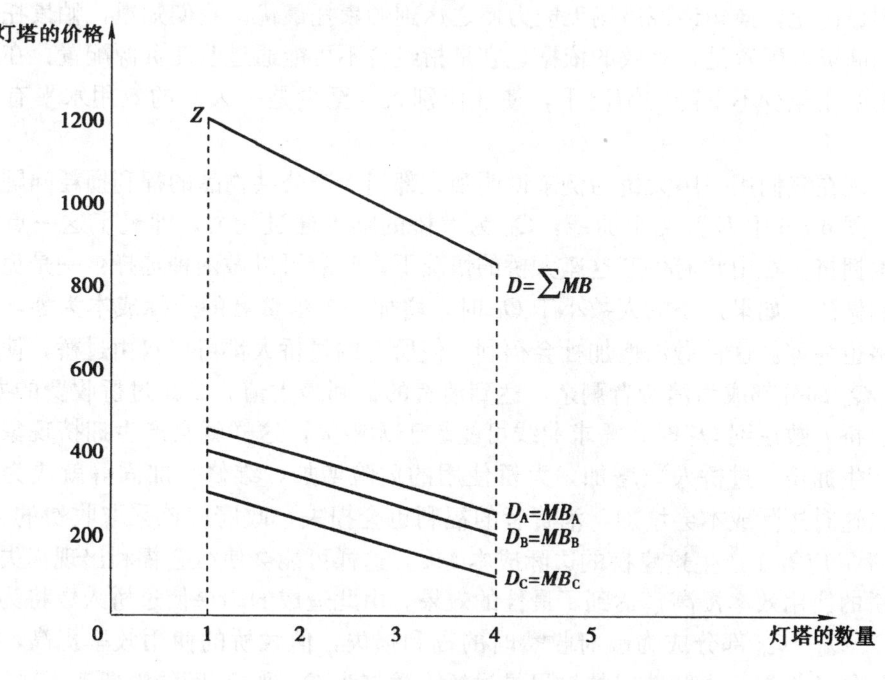

图 6—5　公共物品的需求曲线

二、私人部门提供公共物品的福利损耗

竞争性的市场不可能达到公共物品的帕累托最优产量。换句话说，如果私人部门来提供公共物品，就可能会产生低效率，所以公共物品的供给应该由政府部

门来提供。由于公共物品具有排他性的性质，“免费搭车者”的问题就不可避免地产生了，它是对那些试图不付出任何代价就能得到利益的行为的一种形象比喻。它是指某些人享受了公共物品的消费，但却逃避支付公共物品的生产成本的一种行为。搭便车行为是市场失灵的一种具体表现。它的存在总体上说来有两个方面的原因。一是客观原因，即公共物品自己本身存在消费的非排他性，每个人都相信他付费与否都可以享受公共物品，那么就不会有为资源付费的动机，也就是说，消费者如果需要消费公共物品则不需要支付任何的费用，这决定了消费者在这种情况下不会支付无谓的价格。二是主观原因，即人的一种道德行为，是人自身利己性的表现。大卫·休谟早在1740年就提出所谓的“公共的悲剧”，是指在一个经济社会中，如果有公共物品或劳务的存在，免费搭车者的出现就是不可避免的，而如果社会所有的成员都成为免费搭车者的话，结果最终是任何人无法享受到公共物品的好处。由于搭便车问题的存在，使市场对公共物品的配置无法达到最优化，换句话说市场无能力使之达到帕累托最优。我们知道，帕累托最优是判断资源配置是否有效的依据，它是指经济不可能通过改变资源配置，在其他人的效用至少不下降的情况下，使任何别人（至少是一人）的效用水平有所提高。

现在我们用一座大桥为例来说明私人部门生产公共物品的福利损耗问题。

图6—6中D为需求曲线，Q_L为大桥的临界通过能力，即过了这一点就会产生拥挤。在由政府生产这座大桥的情况下，政府可以做两种选择：一是免费过桥的做法。如果过桥的人数小于Q_L时，增加一个消费者的边际成本为零，因此价格也为零。这种做法增加社会福利，使所有的过桥人都可以自由过桥，使整个P_0OQ_L部分都成为消费者剩余，达到消费的福利最大值。二是过桥收费的办法。当过桥人数达到Q_C时，需求曲线可能趋于无限大，这样就会产生拥挤现象。如果产生拥挤，过桥人数增加，大桥使用的危险增加，维修、加固等就成为必要的，这时边际成本会增加，消费者的福利也会损失，政府应该采取收费的方法，收费T应等于产生这座桥的边际成本MC，这样可能会使社会福利出现损失，但大桥的使用效率提高，达到了最佳的效果。由此造成的结果使过桥人数将为Q_G，MC$-Q_G-Q_L$部分成为政府收费时的福利损失，但大桥的使用效率提高，达到了最佳的效果。由此造成的结果是过桥人数将为Q_G到Q_L间的消费者无法过桥。

现在，如果这座桥不是由政府修建的，而是由私人来修建这座桥的话，就可能产生低效率。因为私人企业追求利润最大化的动机将会导致大桥收费水平的提高，从而消费者剩余部分减少。如图所示，这家修建大桥的私人厂商由于其所具有的垄断地位，便会按照边际成本（MC）等于边际受益（MR）定价，这时私

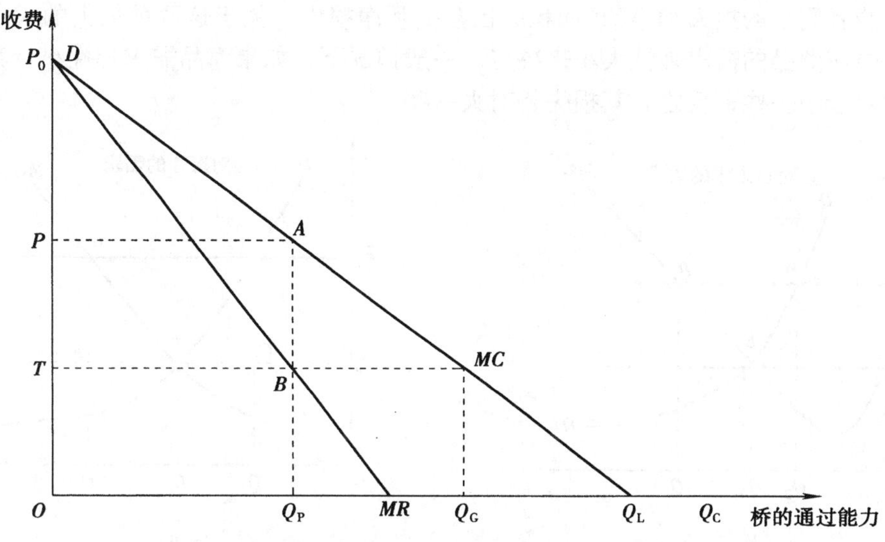

图 6—6　私人生产公共物品的福利损耗

人厂商的边际收益曲线低于消费者的需求曲线，其对消费者的收费会上升为 P。结果，过桥人数将减少为 Q_P，有 Q_P 至 Q_L 部分的消费者无法通过付费过桥。消费者剩余将减少 $PAMCT$ 的面积。这家私人厂商虽然可以获得 $PABT$ 面积的利润，但由于 $PABT < PAMCT$，因此会造成 $PAMCT - PABT = ABMC$ 面积的社会福利净损失，由私人部门修建大桥所造成的社会福利的净损失，清楚地表明了私人部门生产公共物品的低效率。

三、政府提供私人物品的福利效率分析

我们已经知道，实现社会资源配置效率最大化的条件是：配置在每一种物品或服务上的资源的社会边际效益均等于其社会边际成本，即 MSR＝MSC。这一条件，并非仅是就私人物品或服务来说的，它同样适用于纯粹的公共物品或服务。

政府提供私人物品一般是出于下述两种目的：一是为了限制该物品的使用量；二是为了实现社会公平的目的。一般说来，政府提供私人物品总是那些额外使用会导致很高边际成本的私人消费品，这样政府可以达到限制消费量、增加社会福利的目的。比如居民用水和医疗服务就是两个典型的例子。居民用水和医疗服务本身具有私人消费品的性质，本可以由私人部门来提供。可是如果人们对这两种商品产生额外的消费需求时，会导致供给方需要额外再投入大规模的固定资本的投资，如建新水厂和医院等，这样使它们的边际成本急剧上升，因此供给价格很快就会从 P_0 上升到 P_1。最后导致了图 6—7、图 6—8 中相当于 $PPAE$ 面积

的消费者剩余的损失和 ACE 面积的社会福利净损失。关于这两种损失的大小则主要由该商品的需求弹性大小来决定。一般情况下，如果商品需求弹性小，其损失相对会小一些；反之，其损失相对大一些。

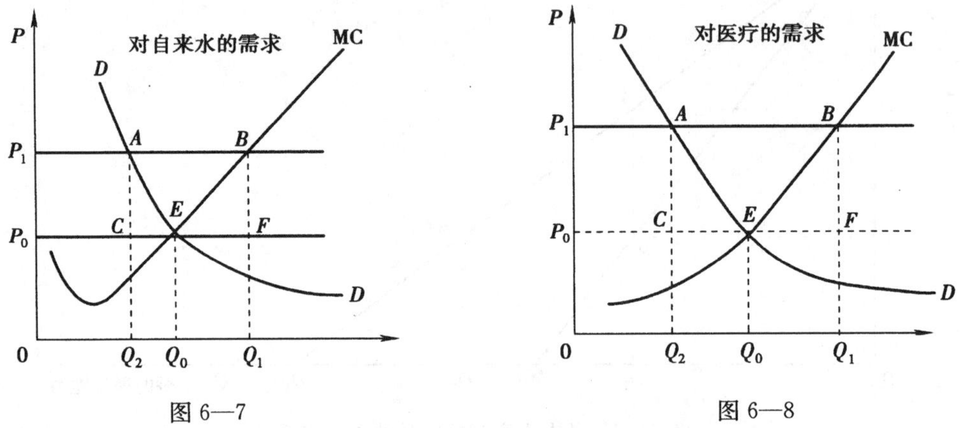

图 6—7　　　　图 6—8

现在假定政府来提供具有以上特性的私人消费品，结果会大大减少以上两种损失。假定政府对上述两种私人消费品的需求表和供给成本十分清楚，那政府可以用某种价格管制的方法把价格定为 P_0，从而把消费量控制在 Q_0 的水平上，就可避免过度消费引起的各种福利损失。当人们的需求量实际为 Q_1 时，政府的价格管制行为也不是没有任何损失，它也会带来一定的福利损失，它相当于图中的 EFQ_1Q_0，具体表现在用水量大会出现用水困难，医院看病要排队等候。不过这种损失与水价昂贵和医药费高以及水厂和医院供给过剩的福利损失相比之下就小多了。

再来看第二种情形，即政府替代私人部门的生产与分配以使人们能够公平地消费私人消费品的行为。以教育为例，教育原本属于私人消费品行为，但是在私人提供教育的情况下，人们的收入不同，因此能接受的教育水平也不同，人们由于受教育水平的差异不能在市场上公平竞争，这就扩大了人们未来的生活水平差距。为了避免这种情况，政府对所有阶层的人们提供一个近乎相同的教育服务是非常必要的。如图 6—9 所示。D_P 曲线表示穷人对教育的需求，D_R 曲线表示富人对教育的需求。在教育由私人部门提供的条件下，价格对穷人和富人是一样的，都为 P_0。但是两者之间的收入水平不同，因而同在价格 P_0 水平下，富人能得到教育 Q_R，而穷人能得到的教育仅为 Q_P，要远远少于富人得到的教育量。为了避免这种现象，政府要求穷人和富人支付不同的价格使他们获得同样的教育数量，达到社会公平的目的。这些反映在图中便有了穷人支付价格 T_P 享受 Q_{PR} 水平的教育和富人支付的价格 T_R 而享受 Q_{PR} 水平的教育的结果。政府的这种再分配教育服务的政策可能会产生某种效率上的问题，但公平教育对人们在市场上公平竞争来说，效率的牺牲是必要的。

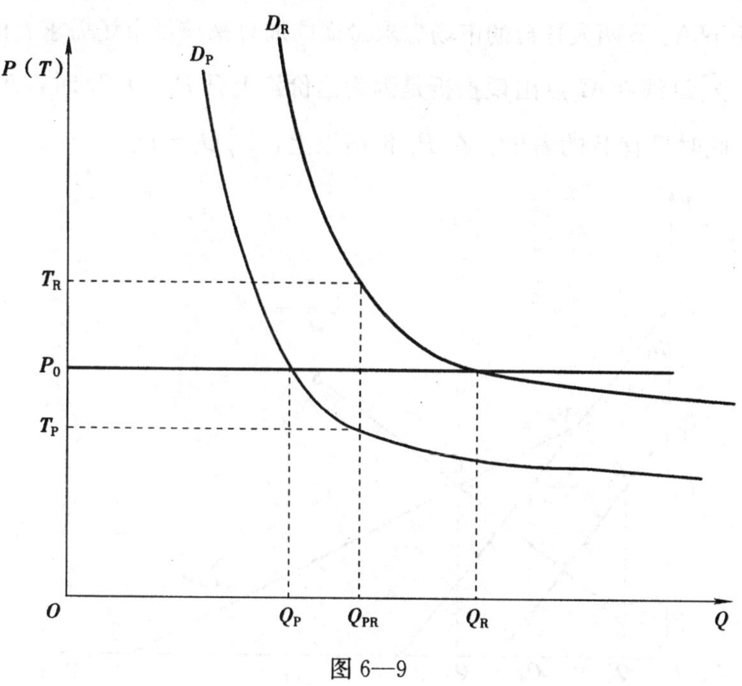

图 6—9

第三节 公共物品供给的均衡分析

公共物品是具有极端正外部性的特殊产品，当公共物品生产出来以后，正的外部性非常大，人们只享受外部性带来的效用就足够了，以致没有人愿意为消费它而付费。由于生产者难以收费或收费成本太高，使得生产成本无法收回，造成市场供给不足，因此，各国政府都面临如何提供公共品的问题。

一、公共物品供给的局部均衡分析

（一）私人物品供给的局部均衡分析

我们首先分析一下私人物品的局部均衡（见图 6—10），然后再对公共物品进行分析对比。现在假定消费者的偏好、收入与其他产品的价格是既定已知的，社会上只有 A、B 两个人。图 6—10 中 D_A 与 D_B 分别表示个人 A 和 B 的需求。不同的需求曲线反映了个人之间不同的收入与偏好。在上述假设条件下可以将各个价格水平下 A、B 两人各自的市场需求量横向加总来获得市场需求。即 $\sum D = D_A + D_B$。$\sum D$ 线在 M 点出现拐折是因为当价格上升 P_0 为 P_1 时，A 的需求量将变为 0，此时只有 B 的需求。在 P_1 价格以上，$\sum D = D_B$。

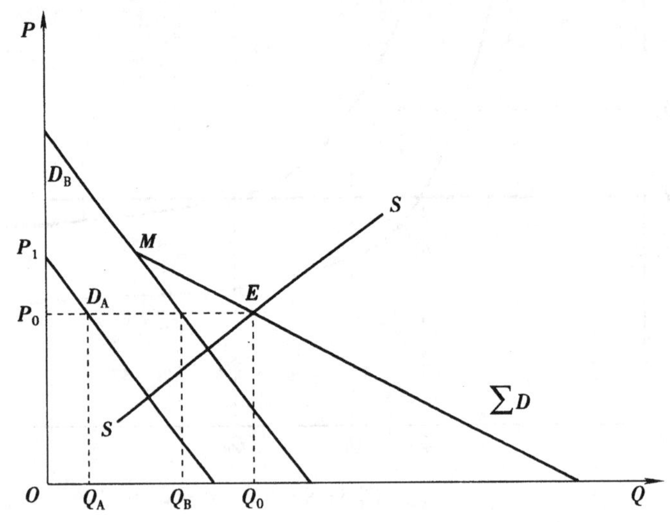

图 6—10　私人物品供给的局部均衡

如果该物品的供给曲线一定，市场均衡点为 $\sum D$ 和 SS 线的交点 E，均衡价格为 P_0，均衡产量为 Q_0，它等于 Q_A 与 Q_B 的和。其中 Q_A 为 A 的消费量，Q_B 为 B 的消费量。每个人是价格的接受者，要确定的是在某一价格水平下的总产量。在 P_0 这一价格下两个消费者的最终消费量虽有所差别，但他们的边际效用相同，都等于市场价格。在私人物品条件下，E 点的社会边际成本等于社会边际效益，实现了帕累托最优。

（二）公共物品供给的局部均衡分析

在图 6—11 中，我们对公共物品供给的局部均衡进行分析。

D_A 与 D_B 分别代表个人 A 与个人 B 的需求曲线。萨缪尔森称这种需求曲线为“虚假的需求曲线”，因为在实际生活中，个人不会表示他对一定数量的公共物品愿意付出多少价格。然而借助于一定的需求曲线，仍有助于问题的分析。公共物品在被提供以后，任何个人都可支配它。全体个人对一定数量的公共物品所

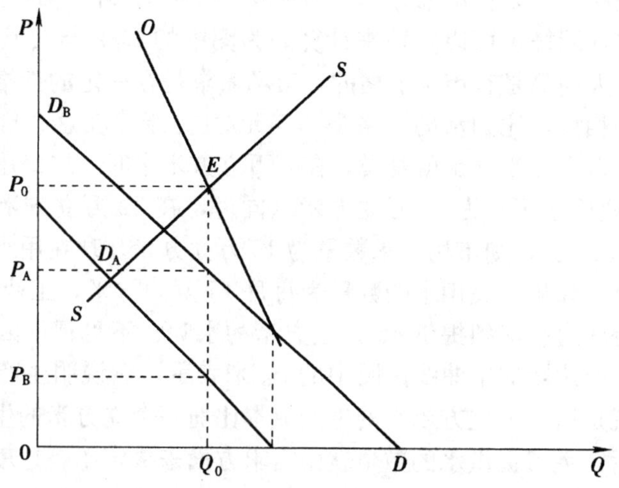

图 6—11　公共物品供给的局部均衡

愿意支付的价格由不同个人的需求曲线垂直相加而得到。这是因为从前面我们对公共物品需求曲线的分析中，可以知道在公共物品场合，每个人所能支配的是同样数量的公共物品，但他所愿意支付或者能够支付的价格量（纳税）是根据社会成员获得的平均受益程度，即社会平均边际效用决定的，这一点由公共物品本身的性质所决定。因此图中公共物品的社会需求曲线 $D=D_A+D_B$，公共物品的供给曲线 SS，D 与 SS 线的交点决定公共物品的均衡产量 Q_0，而所有个人愿意为 Q_0 的公共物品所支付的均衡价格 $P_0=P_A+P_B$。P_A 为个人 A 愿意支付的价格，P_B 为个人 B 愿意支付的价格。

因为消费者对消费既定数量的公共物品所愿意支付的价格（税收）与消费该公共物品的边际效用一致，所以所有消费者所愿意支付的价格的总和就是其边际效用的总和，即社会边际收益。因此，在 E 点上，社会边际成本等于社会边际收益，实现帕累托最优，即公共物品帕累托最优的实现条件可写成：

$$\mathrm{MSB} = \sum_{i=1}^{n} \mathrm{MB}_i = \mathrm{MSC}$$

关于公共物品的价格应看成是一种纳税。关于公共物品有效供给的局部均衡分析基本上假设以个人缴纳的税收来负担公共物品的生产成本，而不假定税是由个人受益程度决定的。

用一个假设的例子来说明公共物品供给的局部均衡。如果政府决定免费向公众供水，究竟供应多少为最佳呢？假定社会上有两类用水：一类是居民生活用水，其边际效益曲线（以货币来计量）为图 6—12 中的 D_D；另一类是工业用水，其边际效益曲线（同样也可以货币来计算）为图中的 D_I。与公共物品的市场需求决定不同，私人商品是有市场价格的，市场需求是在一定的价格上把不同类别的需求数量水平相加，比如水的价格是 0.5 元/立方米，在这个价格水平上，居民用水每月为 3 万立方米（也就是说，在 3 万立方米水时，居民用水的边际效益为 0.5 元），工业用水每月为 12 万立方米（同理，在 12 万立方米时，工业用水的边际效益是 0.5 元），则市场需求数量为 15 万立方米。现在用水是免费的，在图中价格为 0 时，如果居民用水的数量为每月 15 万立方米，工业用水每月为 30 万立方米，是否政府就必须提供 45 万立方米的水呢？不见得。因为水是有成本的，假定水的生产边际成本曲线由图中的 S_S 来表示，它说明生产水的边际成本是递增的，也就是后一个立方米水的生产成本比前一个立方米的生产成本高。有了成本函数之后，免费提供水的数量就由需求方面来决定了。这就要看每一个立方米水所能产生的社会效益，即把居民用水的边际效益与工业用水的边际效益垂直相加，即图中的 D_S 线。我们看到，D_S 线与 S_S 线相交于 E 点，在 E 点上的用水数量为 8 万立方米，这个数量就是最佳的产出数量。不到这个数量，社会边际效益超过社会边际成本；超过这个数量，社会边际效益小于社会边际成本。

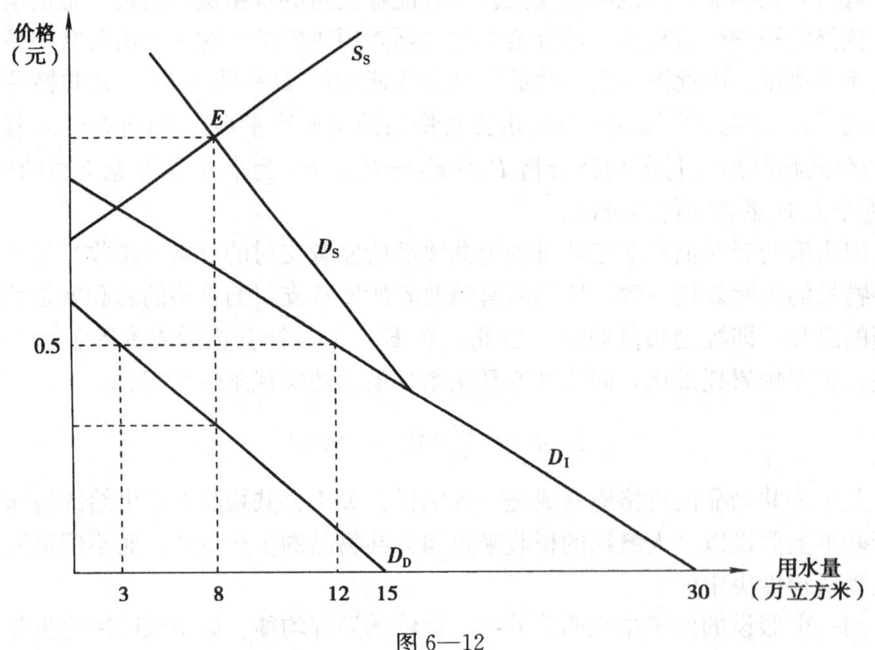

图 6—12

二、公共物品供给的一般均衡分析

前面的局部均衡分析，是在消费者的偏好、收入和其他产品价格既定的情况下，仅限于单个公共物品的情况。而公共物品有效供给的一般均衡分析，是解决社会资源如何在公共物品和私人物品之间配置的问题，它把情况扩大到了若干公共物品和若干私人物品同时存在的条件下，其基本的理论模型是萨缪尔森 1954 年在他的《公共支出的纯理论》一书中提出来的，运用了标准的几何分析法。这种分析方法有以下假设：

1. 社会上只存在两种物品——纯粹的私人物品 X 和纯粹的公共物品 G 可供消费；

2. 生产可能性的组合既定——两种生产要素 L 和 K；

3. 社会上只有两名消费者 A、B，两名消费者的偏好既定。

图 6—13 中包含了三个部分：两名消费者 A 和 B，个人 A 消费私人物品 X 和公共物品 G 的无差异曲线如图 6—13a 中的 A_1A_1'、A_2A_2'、A_3A_3'曲线表示；图 6—13b 中是表示个人 B 消费私人物品 X 和公共物品 G 的偏好，即无差异曲线 B_1B_1'、B_2B_2'、B_3B_3'曲线，X_A 代表个人 A 对私人物品 X 的消费，X_B 代表个人 B 对 X 的消费；图 6—13c 中的 FF 线是社会资源用于生产私人物品 X 和公共物品 G 时的生产可能性边界。依照帕累托最优，可以分析确定个人 B 的效用水平时使个人 A 达到最高的效用水平所需要满足的条件。

首先假设 B 的效用水平为无差异曲线 B_2B_2'，把图 6—13b 中的 B_2B_2'线向下移到生产可能性边界坐标图中，就成为图 6—13c 中的 B_2B_2'线，由图 6—13c 中的 FF 线和B_2B_2'线可以推导出个人 A 的消费可能性曲线。B_2B_2'线在P 和Q 点与 FF 线相交，生产可能性曲线具有的性质使 B_2B_2'线在 P 和 Q 点之间的部分才是个人 B 可能的消费组合。这同时表明他可能消费 G_1 至 G_2 单位的公共物品。由于公共物品非排他性和非竞争性，个人 A 必然和个人 B 一样，也会消费 G_1 至 G_2 单位的公共物品，而个人 A 可能消费的私人物品的数量应等于生产可能性曲线决定的社会所有成员可能消费的总量减去个人 B 的消费量。这样我们就能够在区域 G_1G_2 内，在图 6—13a 中画出个人 A 的消费可能性曲线 TT，这一曲线是个人 B 的消费满足以后，个人 A 可能消费的私人物品和公共物品的不同组合的轨迹。TT 线上各点的纵坐标为图 6—13c 中 FF 线的 B_1B_2 线相应横坐标所对应的纵坐标的差，B_2B_2'线与FF 线在P、Q 两点处相交，说明全部私人物品被个人 B 消费了，从而 A 就没有私人物品可以消费了。这时，对应于 B_2B_2'线上的 P、Q点，图 6—13a 上的 P'和 Q'点就是 A 可能消费的两种产品的组合。

在图 6—13a 中，当 TT 线与 A 的某条无差异曲线相切时，其切点就代表 A

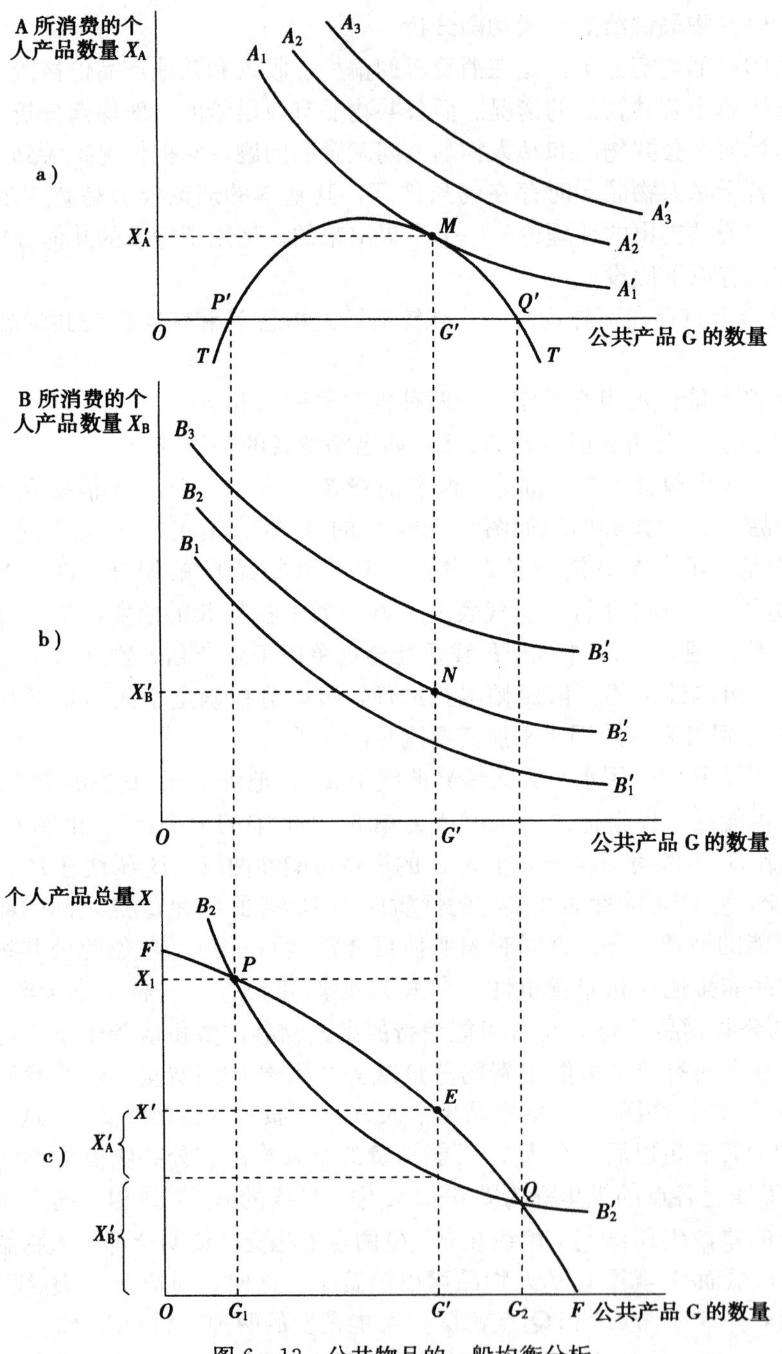

图 6—13　公共物品的一般均衡分析

所能达到的最大效用水平。切点为M。当然，M并不是个人A消费可能性曲线上的最大点。M点是满足帕累托最优条件的一个点。在M点上，个人A想改善自己的环境只有提供消费可能性曲线TT，而TT上移意味着B_2B_2'下移（因FF线已定），于是个人B的效用满足水平必然下降。可见，在M点上，要再改善A的状态必然要以损害B的利益为代价，这说明M是帕累托最优的一个点。从M点引一条垂线到图6—13c，可以发现，个人A消费X_A'单位的私人物品和G'单位的公共物品，而个人B消费X_B'单位的私人物品与G'单位的公共物品。

那么存在公共物品的情况下，达到帕累托最优的条件是什么？我们先来讨论只有私人物品的市场中，假定只有两个消费者A和B，两种产品X和Y，两种生产要素L和K，则达到帕累托最优条件是：

1. $MRTS_{LK}^{X}=MRTS_{LK}^{Y}$（劳动与资本的边际技术替代率相等）；
2. $MRS_{XY}^{A}=MRS_{XY}^{B}$（A和B两人消费两种产品的边际替代率相等）；
3. $MRS_{XY}^{A}=MRS_{XY}^{B}=MRT_{XY}$（生产的边际转换率等于消费的边际替代率）。

但是当存在公共物品的情况下，以上结论就成为：

1. $MRTS_{LK}^{X}=MRTS_{LK}^{G}$（两种生产要素劳动与资本的边际技术替代率相等）；
2. $MRS_{XG}^{A}+MRS_{XG}^{B}=MRT_{XG}$（生产的边际转换率等于消费的边际替代率之和）。

因此可以说存在公共物品的情况下，消费的帕累托最优和产品组合的帕累托最优的实现条件与只有私人物品存在的市场情况下是有所不同的。

可以看出，TT线上任意一点的斜率等于FF线上对应点的斜率减去B_2B_2'线上对应点的斜率。而在M点上，即帕累托最优点，TT线的斜率等于AA线的斜率，所以，在帕累托最优点，A_1A_1'线的斜率$=FF$线的斜率$-B_2B_2'$线的斜率。我们知道，A_1A_1'线斜率等于个人A消费X、G两种物品的边际替代率，即MRS_{XG}^{A}，B_2B_2'线斜率等于个人B消费X、G两种物品的边际替代率，即MRS_{XG}^{B}，FF线斜率就等于社会生产X、G物品的边际转换率，即MRT_{XG}，所以$MRS_{XG}^{A}+MRS_{XG}^{B}=MRT_{XG}$，即两个消费者的边际替代率之和等于边际转换率。

将这样两种物品、两人模型加以推广，可以推论出在具有公共物品、私人物品和许多消费者的经济中，公共物品有效供给的条件是每个社会成员的边际替代率之和等于产品的边际转换率。如果公共物品对私人的边际替代率代表个人通过公共物品的边际增量而获得边际效用的增加（假设私人物品可用货币计算），由于人人都消费同一公共物品，因此必须把个人的边际效用全部加总。边际替代率之和就是为了得到一个单位的公共物品，所有社会成员愿意放弃的私人物品的总和。而从另一个方面来看，边际替代率实际上是用来衡量人们对公共物品的相对效用水平，边际替代率之和就是社会成员对于公共物品的相对效用水平的总的评价；而边际转换率实际上衡量的是公共物品的机会成本。为了达到帕累托最优状态，人们从公共物品中得到的利益应等于它的客观机会成本。这与局部均衡分析所得到的个人对社会公共物品所愿意支付的价格之和应等于公共物品的边际成本的结论是相符合的。

我们可以讨论最佳社会状态——最佳的社会福利分配问题，如图 6—14 所示。首先选定个人 B 及他的一组无差异曲线，得出个人 A 的一组消费可能性曲线，并可得出一系列帕累托效率配置点，图中 LL 线即是这些点的轨迹。在 LL 上，每一个点都给出了个人的序数效用指数，同时每一点都反映了 B 的序数效用指数。如果我们把 A 和 B 的序数效用指数相应的点转化为效用面，从而得出所有帕累托最佳点的效用可能性轨迹，如图 6—15 中的 UU 线，U_A 和 U_B 分别衡量个人 A 和 B 序数效用可能性指数。然后，利用萨缪尔森和伯格逊的社会福利函数 W_0W_0——反映社会对可选择的帕累托最佳配置的道德偏好，W_0W_0 和 UU 线的切点 B 点，就是社会最理想的状态点，这就确定了公共物品和私人物品的最优组合及私人物品在个人 A 和 B 之间的最佳分配；同时，它也确定了公共物品和私人物品的一组有效价格和均衡产量；另外，它还确定了生产要素的相对

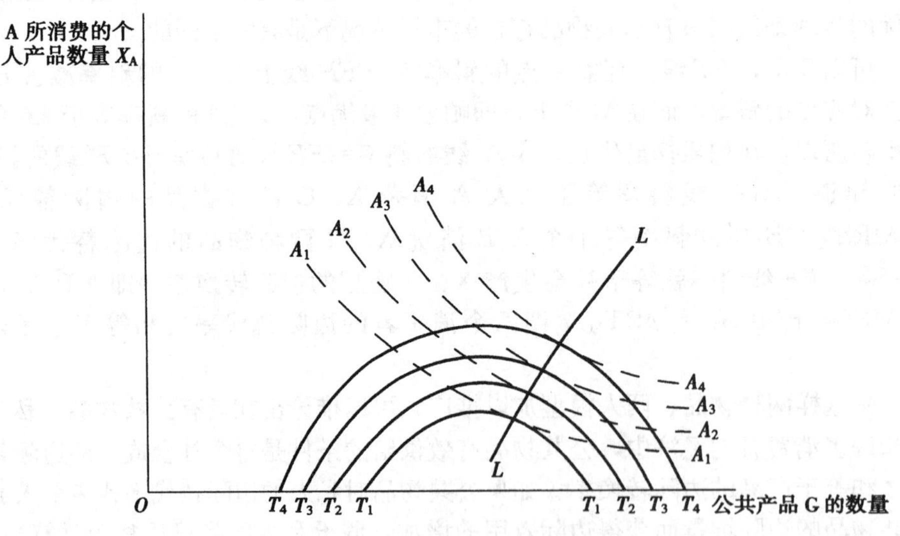

图 6—14

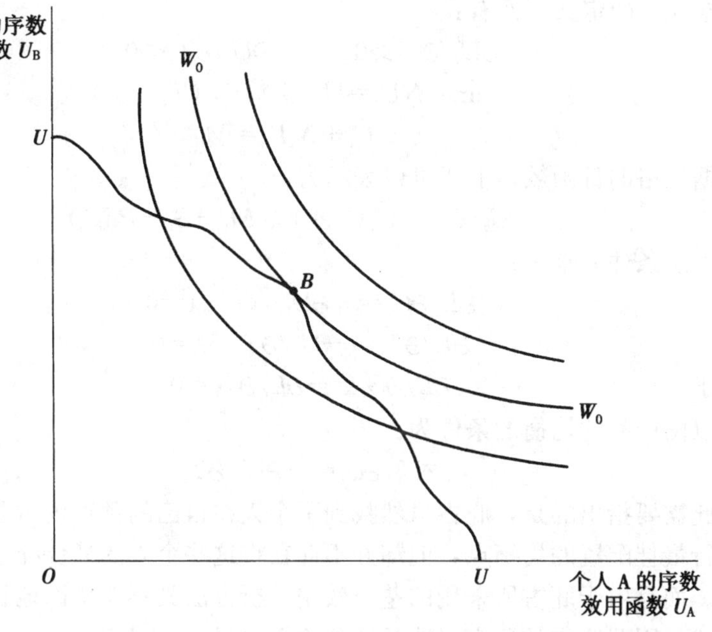

图 6—15

价格，即实际确定了社会的分配关系。

三、庇古均衡

英国福利经济学家庇古是福利经济学的创始人之一，他在研究税收的规范原则时首先提出了资源如何在私人物品和公共物品之间进行最优配置的问题。庇古从基数效用论出发，认为每个人在消费公共物品时，都可以得到一定的正效用，同时，由于每个人都必须为生产这种公共物品而纳税，又会产生税收的负效用。这种负效用被庇古定义为个人放弃消费私人物品的机会成本。

在作出以上假设的基础上，庇古认为，对于每个人而言，当公共物品消费的边际效益等于税收的边际负效益时，这一点就是公共物品的最优供给。应用一般均衡—边际原理，可以使个人预算中所有的私人物品和公共物品都达到最佳配置状态。关于这一点我们可以用数学公式做进一步的推导：

设 G_i 为个人 i 得到的公共物品；T_i 为个人 i 支付该公共物品的赋税；M_i 为个人 i 的收入；X_i 为个人 i 所得到的消费品；U_i 为个人 i 得到的效用；NU_i 为个人 i 的净效用。

假定 $T_i=G_i$，即没有政府的运作成本。

根据庇古的定义，便有：

$$\partial U_i/\partial G_i>0 \qquad \partial U_i/\partial T_i<0$$

$$\max NU_i=U_i(G_i)-U_i(T_i)$$

$$\text{s. t. } G_i+X_iP_i=M_i$$

根据拉格朗日函数，上式可以表示为：

$$L=U_i(G_i)-U_i(T_i)+\lambda(M_i-G_i-P_iX_i)$$

其一阶条件分别为：

$$\partial L/\partial G_i=-\partial U_i/\partial G_i-\lambda=0$$

$$\partial L/\partial T_i=-U_i/\partial T_i-\lambda=0$$

由于

$$\partial L/\partial G_i=-\partial L/\partial T_i=0$$

所以两产品的均衡的条件为：

$$\partial U_i/\partial G_i=-\partial U_i/\partial T_i$$

在此需要指出的是，庇古虽然找到了个人在自己的预算内对公共物品与私人物品进行最佳配置的均衡点，但却并不存在将这些个人的最佳配置结果进行加总的机制。而且由于庇古所采用的基数效用分析方法又不能明确地找到效用强度的测定方式，因此庇古的研究只能是纯理论上的研究。尽管如此，庇古的发现对于研究公共物品的最优供给问题仍然作出了重要的贡献，庇古均衡理论的提出对我们认识有关公共物品理论所必然回答的几个基本问题是有帮助的。

四、林达尔均衡

前面是从规范的角度给出了公共物品最佳供给的条件。瑞典经济学家林达尔（Erik Lindahl）从另一个角度进行了公共物品的有效供给，他认为如果每一个社会成员都按照其所获得的公共物品或服务的边际效益的大小，来捐献自己应分担的公共物品或服务的资金费用，则公共物品或服务的供给就可以达到最佳或高效率的配置，这在公共部门经济学中被称为“林达尔均衡”。同时瑞典经济学家维克赛尔也做过类似的经济研究，所以也有人称这一现象为公共物品供给的维—林模型。维—林模型是规范性的，人们试图找出民主国家选定公共物品产出的合理水平和决定人们之间税负合理分布所需的原则和决策章程。

林达尔均衡的实现，是以两个假设前提为条件的。其一，每个社会成员都愿意准确地公布自己可以从公共物品的消费中获得的边际效益，而不会隐瞒或低估其边际效益从而逃避自己应分担的成本费用；其二，每个社会成员对其他成员的偏好以及收入状况十分清楚，甚至清楚地了解任何一种公共物品可以彼此带来的真实的边际效益，因此不会有隐瞒个人边际效益的可能。

林达尔均衡模型可以从下面这个两人竞争模型中看到，如图 6—16 所示。假定社会中有两个成员 A 和 B。他们分别是参加选举的两个政党代表。每个政党的内部人的偏好是一致的。图中表示 A、B 两个人协商决定各自应负担公共物品成本的比例情况，公共物品的成本就是税价。以 O 为原点的坐标系表示 A 的行为，B 的行为由 O 为原点的坐标系来描述，将两个坐标系组合起来，就形成了一个长方形。AA 的轴线代表个人 A 对公共物品的需求，BB 曲线代表个人 B 对公共物品的需求。图中纵轴表示个人 A 和 B 负担的公共物品成本的比例，其长度为 1。如果 A 负担的比例为 h，则 B 负担的比例应为 $1-h$。横轴表示公共物品的数量，或者是公共物品的支出的规模。

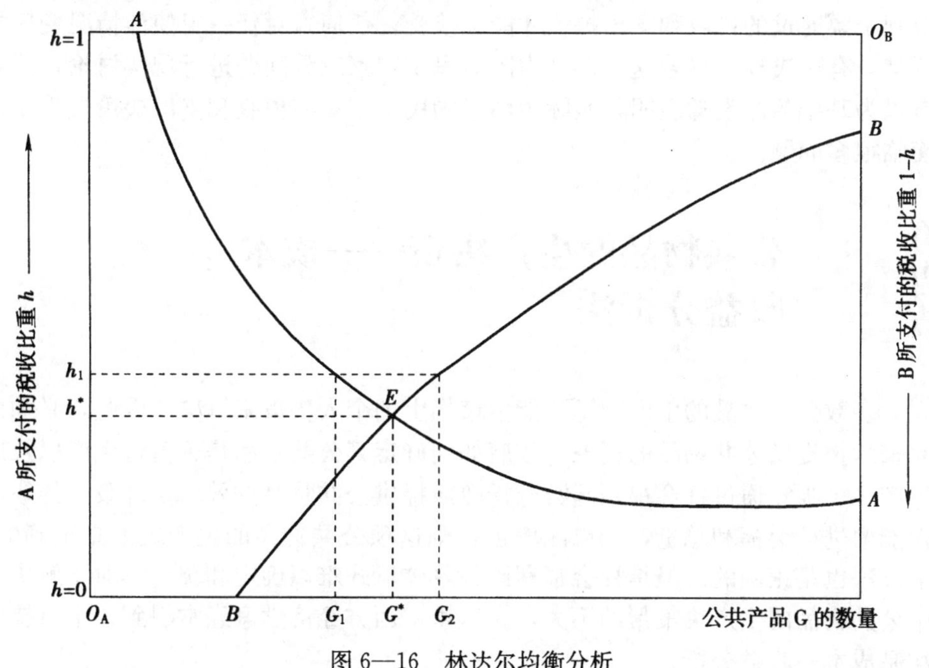

图 6—16　林达尔均衡分析

站在 A 的角度看，BB 曲线相当于他面对的供给曲线，因为 BB 曲线上的各点反映若 A 承担不同比例的公共物品成本，那么 A 可以得到相应数量的公共物品；同样道理，AA 线也可以相当于 B 的供给曲线。在 AA 与 BB 的交汇点 E，A、B 两人经过协商，A、B 双方愿意承担的成本的比例加起来等于 1，此时公共物品的产量 G^*。

这一过程可进一步解释如下：在纵轴上随便选一点 h_1，这说明个人 A 要负担 h_1 的税收比例，于是 A 就只愿意要 G_1 的公共物品数量，即只会同意 G_1 规模的公共开支；而在 h_1 点，B 要承担的税收比例为 $1-h_1$，这种税负使 B 愿意要

G_2 的公共物品数量，也就是会同意 G_2 规模的公共开支，A 和 B 两人要求不一致，这时实力较强的人就会取胜。为了解决这种不确定性，维克赛尔和林达尔假定两人的实力相当，这样双方就会较量下去，直到税负分配处于 h^* 点。AA 与 BB 线相交于 E 点。这时双方都同意公共支出的规模为 G^*，由 AA、BB 线的交点 E 所决定的均衡状态被称为林达尔均衡。

林达尔均衡的福利意义是由约翰森揭示出来的，他证明了林达尔均衡是帕累托最佳状态，含有两个阶段：第一阶段是依据某些社会公正原则对全社会福利分配进行调节。在形成了公正的福利分配之后，第二阶段就是找出合理的公共支出和税收份额。这一结果在民主国家采用一致通过的原则就可以得到。依据只有那些得到全票通过的税收和支出提议才能被接受，任何人对任一组使他情况变坏的提议都具有否决权。尽管这一模型力图对民主国家决策问题进行现实讨论，但它所有以为基础的假设却表明，实际生活中的民主国家在税收和支出决策过程中仍然面临很多问题。

第四节 公共物品的生产决策——成本—收益分析法

大多数公共物品的生产问题不能由市场上的个人决策来解决。因此，必须由政府来承担提供公共物品的任务。政府如何确定某公共物品是否值得生产以及应该生产多少呢？通过社会福利函数分析政府提供公共物品的效率，即政府的职能是否能增进社会福利总量，如果能增进，则这项公共物品的生产决策是正确的，这个方法也是正确的。但是社会福利函数具体形式难以确定和统一，对于解决实际中公共物品的生产决策帮助不大，在这里，西方经济学家经常提到一个重要的方法是成本—收益分析。

一、概念及相关问题

成本—收益分析是经济学中常用的分析工具，常用于评估经济项目或非经济项目。其含义是对可选择的行为过程获得的收益和将付出的成本进行测定，然后将成本和收益合起来加以对比分析，最后根据比较的结果决定该项目是否值得，从而为经济主体提供一个可供选择的经济决策方案。公共物品也可以看成是一个项目，并运用成本—收益分析方法来加以讨论。如果评估的结果是该公共物品的收益大于或至少等于其成本，它就值得；否则就不值得。

对公共物品的生产进行决策分析时必须注意以下两方面问题：一是社会资源在私人经济与公共经济的相互竞争中保持有效配置。因为在社会资源有限的情况下，私人经济所需的资源常常被效率过低的公共经济活动所挤占，机会成本过大，造成资源有效配置的扭曲。二是成本—收益分析保证社会资源在公共物品的生产决策项目之间和内部能够有效均衡的使用。利用成本—收益分析得到的公共物品的收益和所负担成本比率的大小，对公共物品生产支出的使用效益和社会福利需要的满足都将产生重要的影响。

对于公共物品和私人物品的生产决策，成本—收益分析法都是适用的，甚至是必需的。但是政府的活动范围和经济目的不同于微观经济主体，所以利用此方法对公共物品的生产决策分析要比对后者复杂得多，所追求的虽然也是效益最大化的目标，但是，它所追求的不是个人效益的最大化，而是社会效益的最大化——政府关心更多的因素。例如政府在修建一座水坝时，不仅考虑该项目未来盈利状况，而且还要考虑大坝建成后对生态的影响，以及可能形成旅游点等诸多问题。因此，除了追求直接的经济效益外，还必须考虑公共文化、医疗健康水平的提高、社会秩序安定的外部效益。私人经济资源配置是以市场为基础的，其成本—收益分析方法应以市场为基础，而对于公共物品生产来说，其要考虑市场、社会等多方面的因素。

因为公共物品的生产都是在市场不能起作用或不能有效起作用的地方，即市场失灵领域，所以对于公共物品生产决策的成本—收益分析不像私人物品的生产决策分析的那样是以市场价格作为尺度进行评价的。公共物品生产所产生的收益包括内在收益和外在收益，涵盖了全社会得到的满足，其总和成为社会收益，不仅包括直接的经济收益，还包括用于满足公共需要的社会福利等。对于其成本分析，既包括直接消耗的人力、物力、财力等资本，还包括对社会产生的不利影响，如环境污染、社会秩序混乱等不良因素。这与私人物品生产决策时所考虑的成本—收益内容完全不同。

二、成本—收益分析的步骤

20 世纪 40 年代，美国在公共支出的设计中，首先运用了支出项目的成本—收益分析方法，并取得了一定的成效，成本—收益分析方法已经成为可行性研究的一个重要组成部分了。下面着重介绍一下公共物品的生产决策分析——成本—收益分析的步骤。

第一步：根据公共物品生产的目标提出若干备选方案，备选方案越多，选择余地就越大。

第二步：计算公共项目和方案的收益和成本。即计算各项目在其生命周期内可能带来的收益和成本的现金流量，这是比较复杂的。收益和成本费用可以分为该项目或方案的直接和间接的收益和成本费用，可用货币测算的有形和无形的收益和成本费用。所以既要考虑直接投入的社会劳务量，又要计算由于连锁效应而引起的其他人力、物力的耗费以及增加的产量和福利。在实际分析工作中，一般详尽地计算可用市场价格估量的收益和成本，适当地计算不能由市场价格表示的无形的收益和成本。最后把这一结果用统一的价格尺度表示。以防洪工程来说，直接成本应包括建设、管理和维护该项目而投入的人力、物力的价值，直接收益则指的是该工程直接增加的商品量和劳务量，如农业产量的增加以及受灾面积的减少等社会成本得以降低的价值，这些应该构成防洪工程成本和收益的主体。至于与这项工程直接与间接关联的一切不可用货币计算的成本和收益，只能采取一些替代方法，从而进行估算。作为水利工程的一种无形效益，美化环境、减少疾病的效益无法以货币形式直接计算出来，但是当地居民健康水平的提高，则可以间接地通过人们发病率的降低表现出来，因此当地卫生防疫和医疗费用的减少就可以视为这项无形收益的货币额，这种间接的估算方法虽不能完全准确，但是毕竟使整个方案的成本和收益的测算更加全面一些。由于成本—收益计算涉及多种复杂的技术手段，因而此步骤在整个分析中也是难度较大的部分。

第三步：根据上步现金流量的结果计算各个项目或方案的收益和成本费用的比率。使用的比率与评价标准如下：(1) 成本—收益，其值的最低限是1，它表明方案的收益大于等于成本，会产生净收益或净收益为0。凡低于1的方案都是不可行的。(2)（收益—成本）/成本，即净收益和成本费用之比，其值的最低限是0，凡是负值的项目或方案在经济上都是不可行的。

第四步：确定各个项目或方案的优劣次序。计算出收益与费用的比率之后，就可以根据该比率确定各个项目或方案的优劣次序。一般来说，无论是收益和成本费用之比，还是净收益与成本费用之比，优劣次序的确定可以按照数值的大小进行，其中比率最大的就是最优方案。

第五步：进行项目或方案的选择和生产决策。要以上步排出的次序为一种依据，同时要看限制条件的情况而定。

三、成本—收益分析中应注意的问题

公共物品的成本—收益分析方法有着复杂的特点，尤其是在计算成本和收益时，涉及很多的问题，这些问题又在很大程度上影响着成本—收益分析的有效性。

（一）社会贴现率

成本—收益分析中的时间因素一定要考虑，因为大多数公共物品的建设周期都不会限于一个年份，这样任何一个项目的成本和收益都不可能只是一个数值，而要形成一系列的数值，即形成所谓由若干年的成本和收益构成的“成本流”和“收益流”。因此必须将资金时间价值因素考虑在内，也就是说，必须将若干年内发生的成本和收益通过贴现的方式折算成现值，然后才能加总和评价。贴现属于金融的范畴，指的是以未到期的票据向银行提取现金，银行按照市场利息率扣除利息，然后将票面余额以现金的形式支付给使用者。贴现利息同期票面额的比率称为贴现率。选择正确的贴现率对于公共物品的生产决策来说很重要。因为今年投入的 1 元与若干年后收回的 1 元是截然不同的，再考虑通货膨胀等因素，情况更是如此。运用适中的贴现率，是计算该项目或方案在生命周期内可能带来的成本与收益的现金流量所必需的条件之一，这样才会减少产生高估收益和低估成本的可能性。

对私人物品进行成本与收益核算时，所采用的贴现率一般是其资金的机会成本（把这项资金上马其他项目可以得到的收益率作为贴现率），但对于公共物品的生产决策来说，其贴现率的选择要复杂得多。因为一般公共物品的生产要持续很多年，而所涉及的成本与收益也是如此，再加上公共物品往往是市场不完善的领域，若是参考市场贴现率也是不全面的。一般可以把公共物品的生产项目所采用的贴现率称为社会贴现率，由于市场贴现率不能很好地反映资源的社会机会成本和收益的相对价值，因而，对于社会贴现率要考虑三个方面：一是此项生产项目对经济产生的影响以及其收益和成本由谁承担；二是要注意不同的人对同一公共物品具有不同的福利观和评价；三是要考虑福利分配的跨代问题。在计算利润现值时所采用的市场利率可能无法反映真实的社会贴现率。如果资本市场中存在扭曲，例如对于资本收入征收各种类型的税收，情况更是如此。另外，资本市场上还经常存在各种代际的外部性。从当代人可以从后代人的福利中受益的角度看问题，可以认为为后代而进行的储蓄具有公共物品的特征。因跨时代而产生的另一个问题是将来产出的不确定性。所有代际资源分配均涉及一定的风险和不确定性。由于私人风险承担的成本不同于公共部门风险承担的社会成本，竞争性资本市场对风险的贴现可能不同于公共项目所进行的风险贴现。只有合理地考虑了这些因素，用市场利息率来评估社会贴现率才具有合理性。

（二）影子价格

就私人物品而言，对其进行成本与收益评估时，计算比较简单，项目或方案的收益便是其所得的利润，成本则是厂商或个人对各种要素的支付，两者都可以市场价格进行度量。在某些理想情况下，竞争市场机制能对资源进行有效配置。在这些状态下，商品价格将以货币形态反映边际社会收益，而投入的价格将反映社会机会成本。利润最大化自然会导致资源的有效配置。有很多具有普遍意义的原因用来解释为什么市场利得无法反映社会利得，我们有必要在一开始就对这些原因加以归纳。市场利得不足以反映社会利得的最明显的情况便是当有某一项目导致收益与成本不具有市场价格的时候。这种情况很可能发生，因为一些收益具有公共物品或外部性特征，而公共物品和外部性又由于具有非排他性或非竞争性，从而无法对其进行定价。经常被引证的例子便是在卫生免疫或教育上的支出，它们提供外部效应给那些实际上并没有为受免疫或受教育付费的人。因而，在竞争性市场上提供这些服务得到的利润可能无法充分地反映这些供给所产生的社会净效益。与未标价的收益和成本相关的典型就是所谓的无形价值部分。它们是直接增加给项目使用者的成本和收益；而且由于无法计量，不具有市场价格。这类例子还包括因交通项目产生的时间节约所导致的收益；由保健支出带来的生命延续和疾病的减少；由体育娱乐设施的使用带来的收益；以及由飞机场的噪音污染而产生的成本等。即使当投入品和产出品存在市场价格时，这些价格也无法确切地反映边际社会收益和成本。但对于公共物品来说，所涉及问题要复杂得多，市场价格并不能全面地反映出社会收益和成本。即使当投入品和产出品存在市场价格时，这些价格也无法确切地反映边际社会收益和成本。如果市场存在税收扭曲、配额，或者法规条例，市场价格可能无法表示社会价值。类似地，如果投入品是从一个垄断供应商那里购买的，其价格将会偏离边际成本。在这种情况下，成本—收益分析应该测算能够反映真实边际效益和成本的一组价格。在没有市场价格可利用时，有必要对有关成本和收益进行估算，即应用影子价格。所谓影子价格，是指对那些无价可循或有价不适的商品或劳动所规定的一个比较合理的替代价格。影子价格，可以用于计算某一项目的社会利得。当在经济中其他扭曲市场上的某一项目引发了资源配置的变化时，相关的问题也同样存在。只要有可能，在计算某项目的收益时，应该考虑这些所引发的变化的净收益。这种价格并不是真正地存在于市场，它只是一种社会价格。其存在的原因是：某些物品本身就不存在价格，如由公共物品而产生的空气净化，公园建设给人们带来居住环境的改善等。总之，现实中市场的不完善性，如垄断、外部性等，扭曲了正常的市场价格，而公共物品的生产决策分析也不可能用完善的市场价格来分析。

四、对成本—收益分析方法的评价

成本—收益分析作为公共物品生产的一种分析决策工具，其目标是保证公共部门把稀缺资源有效地配置到互相竞争的公共部门项目中，尽管这种方法不能绝对精确地预测成本和收益，更不可能提供一个完善的计算框架，但确实为公共物品的生产决策提供了丰富的资料和信息，改善了决策的效益水平。

由于种种外部性的干扰和人为因素的存在，成本—收益分析方法并不是一种完美的分析方法。受成本—收益的度量方法、社会贴现率的高低以及公共物品支出方案中资源配置和分配效果内部相互作用的影响，根据成本—收益法而定的决策并不一定是最佳的方案，甚至会适得其反。另外，公共物品的生产涉及两个问题：一是公共物品的筹资来源。既然由政府免费提供，政府只能通过税收或公债的形式筹资。税收是向全体公民征收的，但公共物品的享用是对特定对象的。这可能涉及公民义务（缴税）和公民权利（享用公共物品）的对称问题。二是对公共物品的收益评价显得特别困难。由于是免费提供的，受益人不太可能直接说出或者正确说出对享用公共物品的效用评价。有的可能过分评价它的效用（比如经常使用者，为促使政府提供可能夸大它的作用），有的可能低估它的效用（比如不经常使用者），这就使公共物品的决策成为一个难题，它不能用市场货币投票的方式决定，那只能用某种政府决策程序来决定。所以，在公共物品的生产决策上成本—收益分析法所起作用也是有限的。在政府由民主选举产生的国家里，如果公共物品由选民集体决定，也会碰到困难。由选民选出的代表或议员可能会受到特殊利益集团的影响甚至操纵，其决策的结果可能不真正反映选民的大多数意见。有时一些在全社会有明显效益的公物产品项目，可能被某些特殊利益集团所阻挠。更为严重的问题是，即使某项公共物品得到大多数选民的赞同，但大多数选民从中所得到的利益可能还抵不上少数选民为之所付的代价。由此可见，对公共物品的生产决策要慎重。政府好心不一定做好事。公共物品的提供不仅要看政府的财力，而且要看该项产品究竟是作为私人产品，还是作为公共产品提供有利。由此来看，对于公共物品的生产决策一般是服务于分配目标的，而不是为达到效率目标的，成本—收益分析方法的适用性也是有限的。

【本章小结】

1. 公共物品的特性是在同私人物品特性的比较中得来的，这就是消费的非竞争性和受益的非排他性。公共物品还有其他特征，如生产具有不可分性、生产具有自然垄断性、初始投资大、规模效益大等特性。

2. 纯粹公共物品的需求同私人物品的需求显著不同。后者表现为水平相加，即某种私人物品的需求曲线，可通过加总某一时间内所有单个消费者在各个价格水平上对该种私人物品的需求曲线而得出的，前者则表现为垂直相加，即某种纯粹公共物品的需求曲线，可通过将该种公共物品的所有消费者的个人需求曲线垂直相加而得到。其原因在于，在后一种情况下，每个消费者都是既定价格的接受者，他所能调整的只是其消费的数量。在前一种情况下，每个消费者所面对的是同样数量的物品，但他所愿意支付的价格是不一样的。

3. 纯粹公共物品的配置效率是其私人边际效益的总和（社会边际效益）恰好等于其社会边际成本，即 $MSB = \sum MB = MSC$。市场的供给对于纯粹公共物品而言，往往是缺乏效率的。这是因为对于它的个人消费必然伴随着正的外部效应，从而会导致免费搭车者的出现。

4. 我们利用局部均衡和一般均衡分析揭示了公共物品的供给达到帕累托最佳状态必须满足的条件，显然这种方法比较抽象，但却陈述了现实的财政机构所面临的问题及其实质，即其经济行为和配置方法等。

5. 公共物品的生产问题不能由市场上的个人决策来解决。因此，必须由政府来承担提供公共物品的任务。政府如何确定某公共物品是否值得生产以及应该生产多少呢？西方经济学家常用成本—收益分析法解决实际中公共物品的生产决策。

【关键概念】

公共物品　私人物品　非竞争性　非排他性　局部均衡
一般均衡　庇古均衡　林达尔均衡　免费搭车者　成本—收益分析
社会贴现率　影子价格

【复习思考题】

1. 简述公共物品的概念和基本特征。
2. 请对私人部门生产公共物品所造成的福利损耗状况作出分析。
3. 用图示的方法阐述公共物品供给均衡分析的主要原理。
4. 利用成本—收益法分析评价公共物品的生产决策。
5. 区分公共物品供给的一般均衡、庇古均衡、萨缪尔森均衡和林达尔均衡。
6. 如何运用均衡方法来分析公共物品的供给决策问题，举例加以说明。

【应用案例】

海上的灯塔必须由政府来提供吗？
——分析公共物品的私人提供

案例描述：

著名经济学家科斯在 1974 年发表的《经济学上的灯塔》一文中，研究了英国早期的灯塔制度。17 世纪以前，灯塔在英国是无足轻重的。17 世纪初，由领港工会造了两个灯塔并由政府授权专门管理航海事务。科斯注意到，虽然领港工会有特权建造灯塔，向船只收取费用，但是该工会却不愿投资于灯塔。1610—1675 年间，领港工会没有建造一个新灯塔，但同期，私人投资建造了至少 10 个灯塔。但在当时的灯塔制度下，私人投资要避开领港工会的特权而营造灯塔，必须向政府申请许可证，由政府同意授权向船只收费。该申请还必须由许多船主签名，说明灯塔的建造对他们有益，同时要表示愿意支付过路费，其多少由船的大小及航程经过的灯塔多少而确定。久而久之，不同航程的不同灯塔费，就干脆付印成册，统一收费。私营的灯塔是向政府租地而建造的，租期满后，再由政府收回让领港工会经营。到 1820 年，英国当时的公营灯塔有 24 个，而私营灯塔有 22 个。在总共 46 个灯塔中，有 34 个是私人投资建造的。后来，政府开始收回私营灯塔。到 1834 年，在总共 56 个灯塔中，公营的占 42 个。到 1836 年，政府通过法规将剩余的私营灯塔全部收回，在 1842 年以后，英国的灯塔全部由工会经营了。

（本案例选自：张军．现代产权经济学．上海三联书店，1991）

案例分析：

灯塔是经济学家探讨公共物品理论时最喜欢用的一个例子。从穆勒到萨缪尔森，都认为灯塔收费困难而只能由政府经营。科斯的论文却提出了一个命题：公共物品必须由政府提供吗？

科斯的挑战有没有成功呢？关于收购私营灯塔的理由，英国当局的解释并不在于私人收费的困难，而在于私人收费过高。科斯自己说，他调查英国灯塔制度的根本目的在于证明灯塔的私人收费是可能的，从而表明从穆勒到萨缪尔森关于把灯塔看作必须由政府经营的观点是枉费心思的。

但是，正如张五常教授所言，问题并非这么简单。“我们要问，假若政府不许以特权，私营收费能否办到？”科斯似乎没有提及到这个问题。例如，有人准备在适宜建造灯塔的地方购买或租借一块土地，并在公布其计划之后，就跑到船主那里要他们签约并支付过路费。签约的船主得到灯塔的服务，当然就要按约交费，否则就会惹起官司。这样一来，收费问题似乎就解决了。但是更根本的问题是，有多少船主肯签约？科斯在文中提到了船主联合申请的步骤，但究竟有多少船主会在申请上签名？船主的签名只是帮助灯塔建造者向政府申请特许权，而特许权被批准之后，不签字的船主也要交费，在这种情况下，又会遇到收费的困难。因此张五常教授指出，在灯塔的例子中，收费困难有两种。第一种就是船主否认从灯塔中受益，从而不愿付费。这类收费的困难不太大，因为船只进入港口在航线上显然是要经过灯塔的，否认是不容易办到的。第二种困难是“搭便车”，就是承认从灯塔中受益，但不肯付费。对于这一困难，科斯没有提供解决的办法。张五常教授的主要证据就是政府给予私营灯塔一个专卖权，这意味着每一艘船只要使用灯塔都必须交付费用。这种专卖权就好像向发明者授予专利权一样，本质上是一回事。用“专卖权”来压制“搭便车”的行为，是解决公共物品收费困难的可行途径。

必须指出，无论何种收费办法都难以彻底解决收费问题。因为灯塔的自然属性决定了使用上的非排他性，要真正设计或发明一套排他的装置和制度将公共物品“私有化”，必须考虑制度设计的成本以及执行和监督的费用。在一般情况下，这些成本是昂贵的。这就是为什么公共物品的供给缺乏激励和效率的根本原因。可见，科斯的分析是在政府许以特权的前提下进行的，而政府许以特权事实上就是由政府提供公共物品。

第七章

收入分配的平等与效率

学习目标

通过本章的学习，可以了解收入分配中的平等与效率问题，即平等与效率的基本概念，二者之间的替代关系学说，在我国收入分配领域中的具体应用等。要求基本理解收入分配中平等与效率的含义；掌握平等与效率的替代关系学说；灵活运用平等与效率的替代关系学说分析和解决实际问题。

第一节 平等与效率的基本含义

平等与效率是经济学、政治学、伦理学等学科的一个基本理论问题，是经济学的内核，它对我国社会主义经济收入分配具有现实意义。所以必然也就成为众多学者和思想家关注和争论的焦点之一。

一、平等的含义

(一) 平等的含义

平等的概念，无论在社会学领域还是在经济学领域都是一个涉及范围很广的概念。追求平等一直是人类社会的美好愿望之一。不同的学者站在不同的立场上对平等概念有不同的理解，有人统计过大约有 17 种不同的释义。这不禁使人想起熊彼特说过的一句话：经济学发展得越来越复杂，越来越不能对简单的问题给予简单的回答。本书在这里所列出的平等含义只是在对学者的观点理解基础上的一种归纳总结。

自欧洲资产阶级革命以来，平等已成为现代文明不可或缺的基本价值，被认为构成人的基本权利之一。但是它并不仅仅指基本权利和自由的平等，还包括社会经济的平等。经济学特别是福利经济学中平等的含义可以大约概括为：平等是指居民能够不受任何自身条件以外条件的限制，在符合社会约定规则的前提下，对经济资源平均或接近平均占有、使用并获得收益。具体来说在收入分配中平等包括三个层次上的内容：一是收入机会上的平等；二是收入结果上的平等；三是收入实现上的平等。

第一，收入机会上的平等主要是指在市场等价交换原则下，社会提供给每一位社会成员相等的参与竞争、就业、投资、盈利等一切经济活动的机会。即在市场经济条件下，个人、企业进入市场，需要有平等的竞争规则，机会均等地站在同一起跑线上。机会均等是平等中最基本的内容，是社会公正的根本表现。机会均等是指参与市场活动的社会必要条件必须均等，其实质是强调消除生产资料的占有、信息的占有、劳动力的占有上的差异和不均，而不是指市场活动参与者自然条件均等。每一个人都能按市场竞争规则平等地去争取社会上存在的获取收入或高收入的机会。一个社会资源配置效率的高低，从根本上就决定于社会能否向全体居民提供机会均等地参与市场竞争的条件。

第二，收入结果上的平等就是个人、企业按照自己的贡献获得平等收入。应该从两个层次来理解。其一，是在收入分配中必须按照同一尺寸、同一标准分配收入，即每个个体获得的收入都与其要素投入的比例相等。如果每个个体获取的收入与其贡献（提供的劳动、资本、技术等）相称，不同的个体因同等的贡献取得同等收入，那么就是结果平等。这一点是保持市场效率的基本要求。其二，这个层次还要求防止居民收入悬殊。

第三，收入实现上的平等是指不同个体等量的收入可以购买到等量的相同商品和服务，就是实现的平等；出现个别个体可以凭借享有特殊权利而获得额外的商品和服务，这就是实现的不平等。

三层含义上的平等都是市场经济条件下权利上的平等，市场经济要求每一个经济主体都是平等的，不能有特权。

（二）平等的衡量标准

在收入分配中是否平等可用三个标准来衡量。一是劳动分配率，即劳动收入在国民收入中所占的比例；二是洛伦茨曲线与基尼系数；三是工资的差异率。收入分配越平等，则劳动收入在国民收入中的比例越大，洛伦兹曲线越接近绝对收入平等线，基尼系数和工资差异率也越小。反之亦然。下面我们着重介绍一下经济学中常用来判定社会收入分配中的平等程度的洛伦茨曲线与基尼系数。

1. 洛伦茨曲线

德国统计学家洛伦茨提出的社会收入分配平等程度的曲线。为了更好地表明洛伦茨曲线，我们用1984年美国个人收入分配和1985年中国的居民收入分配的数字来分析（见表7—1）。

表7—1

家庭收入高低序列	占当年个人总收入的（%）	累计的家庭（%）	累计的收入分配（%）		
			绝对平均	绝对不均	实际情况
最低20%	47（12.8）	20	20	0	4.7（12.8）
第二低20%	11（16.4）	40	40	0	15.7（29.2）
中间20%	17（19.0）	60	60	0	32.7（48.2）
第二高20%	24.4（22.2）	80	80	0	57.1（70.4）
最高20%	42.9（29.4）	100	100	100	100

注：（ ）中的数字为中国1985年的数字，不带（ ）的数字为美国1984年数字

根据表7—1我们可以画出反映此收入分配状况的洛伦茨曲线（见图7—1）。图7—1所示为正方形，底边表示家庭序列，左边表示收入分配序列。根据

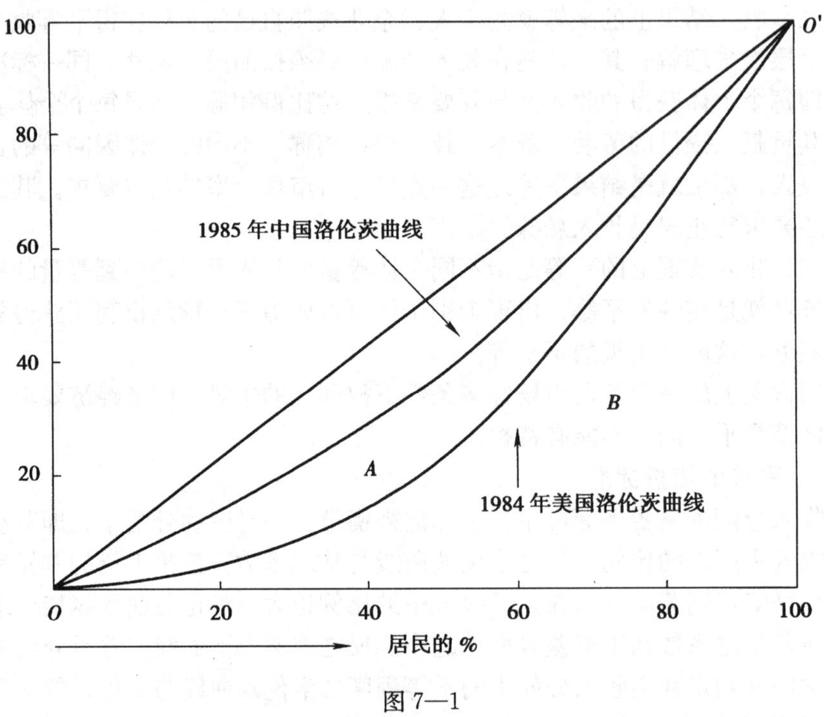

图 7—1

表 7—1 先画出美国 1984 年收入分配状况的洛伦茨曲线，分别描绘出 5 个点（20%，4.7%），（40%，15.7%），（60%，32.7%），（80%，57.1%），（100%，100%）。然后用曲线 OO' 将其连接，此曲线 OO' 即是直观反映收入分配状况的洛伦茨曲线。依照此法可以画出中国 1985 年的收入分配状况的洛伦茨曲线。洛伦茨曲线可以直观地反映一个国家或地区的居民收入分配的总体状况。一般说来，越是靠近对角线的洛伦茨曲线表示收入分配状况越平均；越是远离对角线的洛伦茨曲线，表示收入分配状况越悬殊。

2. 基尼系数

洛伦茨曲线虽然形象直观，但无法用语言较为准确全面地概括收入分配总体状况。解决这一问题的办法是计算基尼系数。基尼系数是指一个社会实际收入分配比例偏离总体平均分配状况的百分比，可用来准确概括地反映一个社会的总体收入分配状况。20 世纪初意大利经济学家基尼，根据洛伦茨曲线找出了判断分配平等程度的指标（如图 7—2）。设实际收入分配曲线和收入分配绝对平等曲线之间的面积为 A，实际收入分配曲线右下方的面积为 B。并以 A 除以 $A+B$ 的商表示不平等程度。这个数值被称为基尼系数。基尼系数的计算公式如下：

$$基尼系数=\frac{A}{A+B}$$

显然，如果 A 为 0，则基尼系数为 0，表示收入分配完全平等，绝对平均；如果 B 为 0，则基尼系数为 1，表示收入分配绝对不平等。事实上，基尼系数总在 0～1 之间取值。收入分配越是趋向平等，洛伦茨曲线的弧度越小，基尼系数也越小；反之，收入分配越是趋向不平等。

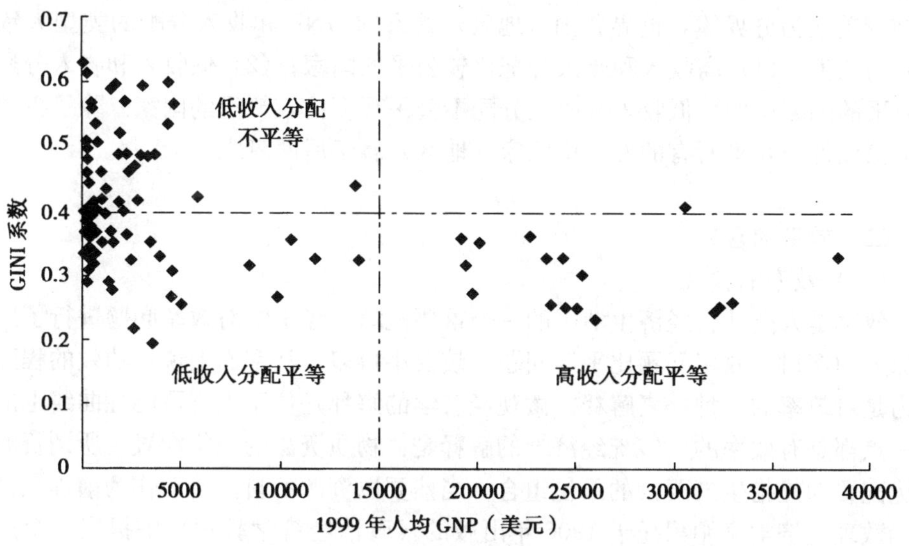

图 7—2　世界 105 个国家的人均收入和收入分配情况

资料来源：根据 World Bank，*World Development Report 2000—2001*，Oxford：Oxford University，2001 资料整理而来。

洛伦茨曲线的弧度越大，那么基尼系数也越大。如果个人所得税能使收入均等化，那么基尼系数即会变小。联合国有关组织规定：若低于 0.2 表示收入绝对平均，0.2～0.3 表示比较平均，0.3～0.4 表示相对合理，0.4～0.5 表示收入差距较大，0.6 以上表示收入悬殊。

根据世界银行的数据，中国改革开放之前的 1978 年，中国城镇居民收入的基尼系数是 0.16，20 世纪 80 年代以后，收入差距迅速拉开。据国务院研究室提供的资料：1987—1993 年我国城镇居民的基尼系数为 0.2～0.27，1994 年为 0.3，1995—1996 年连续两年为 0.28。我国农村居民个人收入的基尼系数，以世界银行的数据测算，1982 年是 0.22，1983 年是 0.25，1984 年是 0.27，1985 年是 0.30，1986 年是 0.31。而中国社会科学院研究组计算，1988 年我国农村居民收入基尼系数是 0.338。中国人民大学的社会学家李强先生测算，1994 年我国农村居民家庭人均收入的基尼系数是0.411，城镇居民家庭人均收入的基尼系数是0.434；1996年我国农村居民家庭人均收入的基尼系数是0.432 27，城镇居民家庭人均收入的基尼系数是0.400 3，城乡合计居民家庭人均收入的基尼系数是0.457 7。

图7—2反映的是世界105[①]个国家和地区1999年的人均GNP水平[②]和收入分配状况。从该图可见，以基尼系数[③]等于0.40[④]和1999年的人均GNP等于15 000美元为分界线，世界各国（地区）的人均GNP和收入分配的类型大致可以分为三类：（1）高收入和收入分配比较公平的国家；（2）低收入和收入分配比较公平的国家；（3）低收入和收入分配不公平程度比较严重的国家。除了少数发达国家以外，几乎所有的发展中国家（地区）属于后两者之一[⑤]。

二、效率的含义

（一）效率的含义

效率是人类社会经济生活中的一个重要范畴。经济学对效率问题进行了广泛和深入的探讨，效率问题比平等问题分歧要小得多。从字面上说，功效的程度被认为是对效率的一种朴素解释。微观经济学的解释是位于生产可能性曲线上的任何一点都是有效率的。传统经济学的解释是：物质资源的最优配置。所谓资源的最优配置即是指生产要素的最优组合。当然要以资源的自由流动作为前提条件。

数理经济学家帕累托于1906年出版的《政治经济学教程》中提出一个广泛接受的效率定义：对于某种经济的资源配置，如果不存在其他可行的配置，使得该经济中的所有个人至少和他们在初始时情况一样良好，而且至少有一个人的情况比初始时更好，那么这个资源配置就是最优的，也是有效率的。

平等优先论的代表人物罗尔斯以“帕累托最优”为衡量标准，对效率的内涵作了具体的规定：一种结构，当改变它以使一些人（至少一人）状况变好的同时

---

① 其他国家缺少人均收入或者基尼系数资料，故没有在图中标出。

② 这里的人均GNP是按照官方汇率折算得来的，而按照PPP计算的人均GNP和按照汇率计算的GNP之间相关系数为0.966 3。从我们的研究目的来说，主要关注各国收入水平的对比，而不是实际绝对水平，所以具体选用哪个口径的GNP，影响不大。

③ 这里的基尼系数的调查年份并不是完全一样，另外有的国家是以收入调查资料计算的基尼系数，有的国家是以消费支出计算的基尼系数。具体资料请参见World Bank，*World Development Report 2000—2001*，Oxford：Oxford University，2001，pp.283注解和pp.320－321。

④ 0.4的基尼系数是国际公认的公平和不公平的分界线。

⑤ 事实上，把衡量发达程度标志的人均收入改变为10 000美元或者是8 000美元，上述的收入水平和收入分配格局的几种类型，基本没有什么改变。

不可能不使其他人（至少一人）状况变坏时，这种结构就是有效率的；对于一批产品在某些人中的某些分配来说，如果不存在任何改善这些人中至少一个人的状况而同时不损害到另一个人的再分配办法，那么这种分配就是有效率的；对于某种生产组织来说，如果没有任何改变投资以生产更多的某种产品而不同时减少另一种产品的生产方法，这种生产组织就是有效率的。反之，对某种商品分配方式或某个生产计划来说，如果仍然存在别的方式可以改善一些人且不损害另一些人的状况，那么它们就是无效率的。

效率是一个经济学范畴，是指产出与投入之间的比例关系，即指资源配置合理和充分利用所带来的社会资源的投入产出比率高，即以最小的投入（或成本）获取最大的产出。一般地说，相对既定的产出，投入越少，效率越高；相对于既定的投入，产出越多，效率越高。任何国家经济领域的资源总是有限的。无论是资金、自然资源等物质资源，还是高质量的劳动力资源都是有限的。有效地配置和使用有限的资源来提高效率，是市场经济活动的原则。效率可以分为资源配置效率和资源利用效率。效率是一个实证性概念，它反映的是产出与投入之间的一种物质变换关系。由于生产总是社会的生产，是在一定的生产关系中进行的，因此这种物质变换关系必然受多种因素的制约。单从生产力的范畴来讲，效率的高低体现出人类利用自然、改造自然能力的大小。同时，效率又是一个多维的复合概念。从经济运行环节来看，效率可以分为生产效率、交换效率、分配效率；从时间角度看，效率又可以分为静态效率和动态效率；从空间范围看，效率又可以分为企业经营效率、资源配置效率和宏观经济效率。

我们通常理解效率就是“多多益善”，即在资源一定的前提下，提供的产品越多，说明资源配置得越有效率。但这个“多”须在人们所愿意购买的范围内。

（二）效率的标准

对效率问题的分析也是西方经济学的一条主线。但在什么是效率和如何判断效率高低问题上，经济学家们基本上都主张帕累托最优原则。帕累托最优原则认为，当社会资源在各部门的分配和使用已经达到这样一种状态：任何重新改变资源的配置方式已经不可能在不使任何一个人处境变坏的情况下使一个人处境变得更好，就意味着社会资源配置达到了最优或社会福利达到了最优化。帕累托最优条件包括：（1）交换的最优条件：任何两种产品的边际替代率对所有的消费者都相等；（2）生产的最优条件：任何两种要素替代率对所有生产者都相等；（3）生产与交换的最优条件：任何两种产品的边际转换率等于它们的边际替代率。当上述三个边际条件均得到满足时，就称为整个经济达到帕累托最优状态。帕累托认为实现最优化的途径或达到最优化的基础是完全竞争的市场经济，通过充分的竞争资源一定会实现最优配置。帕累托为此提出了一系列方程式，在竞争的市场经济中方程式有解。这一点，我们在第二章的帕累托原理部分已作了详细分析介绍。具体可参见第二章相关内容。

经济增长意味着一定的投入而获得较多的产出，或者以较少的投入获得相同的产出。如果情况相反，投入增多而产出持平或下降则说明效率没有增加或下降。用以衡量经济效率的指标一般是劳动生产率和资金利润率。二者的提高都表示效率上升，也就是说，资源得到有效的配置和使用。将有限的资源使用在急需的地方，既节约了稀缺的资源又提高劳动生产率和资金利润率，是最好的效率。

三、平等和效率原则在经济学中的重要地位

平等和效率的重要内涵在经济学的种种定义中都可以显示出来，从而可知平等与效率在经济学这个研究领域中所具有的重要作用。

经济学成为独立学科始于1776年亚当·斯密《国富论》的问世。对于国民财富的研究，处于中心地位的是在竞争的条件下个人追求私利行为的系统分析，这便是资源分配理论的基础。从这方面来讲可以将其资源分配的著作称为“效率论”。这也就是说，经济学从其诞生开始，就是研究效率问题的。

罗宾斯说，经济学是一门科学，它把人类行为作为目的与可以有其他用途的稀缺资源之间的关系来研究。这个定义中强调了经济学研究的目的是人的行为（虽然他不一定将人作为最高研究层次），而人的行为选择涉及平等与效率问题，这是人的行为的核心；与稀缺资源的关系含有体现出最优配置与否的效率及稀缺资源的使用方向的平等内涵。

萨缪尔森说，经济学研究人和社会如何作出最终抉择，在使用或不使用货币的情况下，来使用可以有其他用途的稀缺生产资源以在现在或将来生产各种商品，并把商品分配给社会各个成员或集团以供消费之用。它分析改善资源配置形式所需的代价和可能得到的利益。这个定义除了含有罗宾斯定义的含义之外，涉及到了生产、分配、交换、消费四个环节。其中，现在或将来利用稀缺资源生产商品反映资源利用效率问题；资源配置代价既是效率问题也是平等问题；可能得到的利益涉及平等问题；将商品分配给社会各成员或集团涉及平等问题。

里斯说，按广泛接受的定义，经济学是研究稀缺资源在无限而又有竞争性的用途中的配置问题。它是一门研究人与社会寻求满足他们的物质需求与欲望的方法的社会科学，这是因为他们所支配的东西不允许他们去满足一切愿望。这个定义有三大特点：一是指出了竞争性用途，这里有平等与效率的双重含义，竞争的存在会使资源流向效益高的单位，减少稀缺资源的浪费本身体现出有效率和公平

原则的兑现；二是突出强调了社会资源的有限性，进一步体现出资源配置效率的重要性；三是关于人的欲望也好，愿望也好，道出了经济学研究范围拓展到心理学和伦理学，人的行为选择是与愿望连在一起的，这就是与价值判断息息相关，因此又回到了平等问题的研究上来了。

R·里普赛和P·斯泰纳说，经济学应该研究的问题是：（1）生产什么产品与劳务和生产多少？（2）用什么方法生产这些产品与劳务？（3）产品的供给如何在社会成员中进行分配？（4）一国的资源是充分利用了，还是有一些被闲置，从而造成浪费？（5）货币和储蓄的购买力是不变呢，还是由于通货膨胀而下降了呢？（6）一个社会生产物品的能力是一直在增长呢，还是仍然没变呢？

这里所说的头三个问题属于微观经济学，生产产品和劳务的数量、方法涉及效率，产品的供给及分配涉及平等；后三个问题属于宏观经济学，资源的利用、闲置、浪费属于效率范畴，货币和储蓄的购买力反映国民福利的提高程度，反映社会生产力提高水平，反映国民收入增长幅度，它含有平等和效率的双重依赖关系，生产物品能力的增长与否还是个效率的测度问题。所以，他们在给经济学下定义时就直言不讳地袒露出平等和效率的内涵：按广泛的定义而言，经济学涉及：（1）一个社会使用它的资源并把生产成果分配给社会的个人与集团方式；（2）生产和分配一直在发生变动的方式；（3）经济体制的效率。

马克思主义认为，政治经济学从最广义的意义上说，是研究人类社会中支配物质生活资料的生产和交换的规律的科学。这里说出了经济学所研究的，主要是人和人之间的关系，而人和人之间的关系问题，无论如何也排斥不了平等的内涵。其实，就马克思主义政治经济学研究主旨之一的生产关系而言，生产关系的选择本身就是追求平等和效率的兼顾。不管经济学要解决生产什么、如何生产、为谁生产的这些具体的共性问题，还是解决与此相关的外部经济环境的净化等诸多问题，平等与效率都是其永恒的主题。

第二节 平等与效率的替代关系学说

一、“平等”与“效率”的交替

旧福利经济学家庇古就是把收入再分配和资源有效配置作为福利经济学的重要课题。庇古以后，新旧福利经济学家虽然在收入均等化是不是实现福利的必要条件问题方面还有所争议，但是把效率或资源有效配置（或保证生产和交换的最优条件）作为促进福利的手段，则是被新旧福利经济学家所普遍认同的。

西方经济学家认为，效率一词从福利经济学角度来考虑，还有许多疑难问题需要解决。第一个疑难问题是：不管生产什么东西，只要能卖掉就好，生产出来的东西能够卖掉，就等于社会生产有了效率。但如果深入一步，就会问道：是不是生产出来的任何东西能够卖掉，那就能称作有效率呢？如果生产出来的是对人的健康有危害的东西，能卖掉就意味着生产有效率吗？

第二个疑难问题是：生产得越多证明经济越有效率吗？如果也作进一步考察，那就会发现，并不一定是生产得越多越好，经济就越有效率，有时甚至可能是这种情况，生产得少些，经济反而更有效率些。

除了这两个与效率本身有关的疑难问题而外，另一个被认为不易回答的与效率有关的问题就是：效率与收入分配之间究竟存在着什么样的关系？

在福利经济学家看来，收入均等化意味着“平等”，资源有效配置意味着“效率”。福利经济学既要探讨平等问题，又要解决效率问题。但这两个目标能不能同时达到呢？尽管新福利经济学在把收入再分配摒除于福利经济学研究范围之外时已经声称，收入再分配有可能降低经济效率，但近年来，一些西方阶级经济学家在对发达国家采取社会福利政策的后果进行分析后，感到这个问题还大有深入研究的必要。

平等与效率的关系问题是美国经济学家奥肯首次提出的。在《平等与效率——重大的抉择》一书中，他明确提出了平等与效率二者之间存在着矛盾。平等与效率“是资本主义的民主的双重目标，一方面宣扬和追求一种平等主义的社会政治制度；另一方面，又刺激经济发展过程中的两极分化”。他还认为平等与效率之间的抉择是最大的社会经济抉择，是经济理论和经济效益的中心课题。平等与效率之间存在着矛盾，主要表现在：市场根据经济效率向生产要素的供给者提供报酬，这些报酬构成了人们的收入，要促使经济增长，就必须使报酬有差别，使收入有差距。这样，要做到收入均等化，就难以使社会保持高效率。因而一国的政府在制定经济政策目标时就常常会使这种矛盾表现为平等与效率的交替。平等和效率这两个政策目标是相互抵触的，二者之间存在着此长彼消的关系。如果要做到平等（即实现收入均等化）就要牺牲效率（即无法实现资源有效配置）；反之，如果要提高效率，那就要扩大收入差距，难以实现平等。这个难题就被称为平等与效率的交替问题。

平等和效率的交替被认为是很难解决的。这个问题之所以被认为难以解决，是因为平等与效率在同一层面上是一对矛盾。“我们无法在保留市场效率这块蛋糕的同时又平等地分享它。”“因为平等和经济效率之间的冲突是无法避免的。”

原因在于：在市场经济制度下，收入分配的基本依据是市场对个人贡献的评价和付酬制度。比如说："市场里的奖金为人们努力工作和作出生产性的贡献提供刺激力量。如果没有奖金，社会就要翻来覆去地探讨选用其他各种方法。其他方法中，有些是不可靠的，例如利他主义；有些是危险的，例如集体忠诚；有些是不能容忍的，例如强制或压迫。"[①] 因为效率的作用也就是市场的作用。因此，必然会导致这样的结果：市场越起作用，效率就越高，收入也就越多，平等就要受到损害。反之，市场越不起作用，效率越低，收入也就越少。以政府给低收入者的补助为例，如果采取把低收入者的收入一律提到某种标准线（由政府或社会保险基金组织补助差额），被认为是对少干活的不恰当的鼓励，会引起效率的损失。如果一律不发给补助，则又不利于平等的原则。因此效率和平等被认为不可能兼而有之，而只可能有所侧重，有所先后，这就是：为了强调收入均等化，就宁肯牺牲效率；或者，为了强调效率，就宁肯让收入差距扩大。

二、平等与效率的先后次序

（一）平等与效率的先后次序

在当代西方经济学对收入分配和经济制度的研究中，平等与效率先后次序是该领域尤为关注的问题。他们认为，平等就是社会成员在收入分配上的均等化程度，作为一种经济政策，其目的在于缩小贫富之间的差距，以消除社会的对抗性冲突；效率就是指资源的有效配置，讲求效率的目的就在于通过竞争刺激人们去追求更高的经济增长和更快的经济发展。平等和效率二者的目标不同，具有矛盾性，二者不可兼得，自然其先后次序（即价值判断）有不同的排列。对此，不同时期的经济学家有不同的看法。

1. 效率优先论。以现代自由主义经济学家弗里德曼和哈耶克为其代表。该理论认为，收入分配不等是经济普遍繁荣的发动机，收入差距扩大能促进经济增长，增长是实现平等的必要条件。

弗里德曼认为"效率第一"。平等只能通过市场竞争机制来实现。在资本主义社会中，人人都有机会得到私有财产，所以用政治或法律来限制一些人获得财产或减少一些人财产的做法，本身就是不公平的。哈耶克说，由特殊干预行动对自发过程中造成的分配状况的"纠正"，就一个原则同等地适用于每一个人而言，从来不可能是公正的。

新自由主义和货币主义经济学家在谈到福利时，认为福利首先与自由相连

① 阿瑟·奥肯. 平等与效率——重大的抉择. 北京：华夏出版社，1987

系，如果平等的获得以自由为代价，那么这种平等是不可取的；平等只能通过竞争市场机制来实现而不能靠政治组织的措施来实现。新自由主义和货币主义者主张把市场竞争放在首位，侧重经济效率的提高，而不应该采取人为的收入均等化措施，强求平等，给社会带来更大损失。

2. 平等优先论。有些西方经济学家与效率优先论者们持有不同的观点。他们认为，如果听任市场竞争机制充分发挥作用而不采取人为的干预措施，那么不仅收入不可能公平地分配，甚至资源也不可能有效地配置。他们强调“使平等优先”，强调把国家干预下的收入均等化放在首位，缩小市场的调节作用。其中以美国经济学家约翰·罗尔斯为代表人物。在《正义论》中罗尔斯主要是从分配的角度来论述平等与效率的。他认为：把收入均等化放在首位，实行平等优先。“让平等居先”，对处于不利群体中的个人，尤其应当平等分配。如果听任市场机制发挥作用，不仅收入不可能公平分配，甚至资源也不可能有效配置。即制度主义者的观点，主张平等优先，把收入均等化放在首位，缩小市场的调节范围。

依罗尔斯之见，效率原则本身不可能成为一种正义观，因为达到效率的情况有许多种，但它们肯定不可能都公正，也不可能都不公正。正如图 7—3 所示，假定一定量的产品在 X_1、X_2 之间分配，那么根据帕累托最优原则，曲线 AB 上任何一点都代表这种分配是有效率的，如 C、D 点。因为这种分配显示出 X_1 所得正好是 X_2 所失，再无别的办法可使 X_1 状况变好而不使 X_2 的状况变坏。在曲线 AB 与原点构成的区域 OAB 内的任何一点，都是没有效率的点，如 E、F 点。尽管 C、D 两点都是效率的点，但它们所代表的平等程度却不同，由于 D 点更接近于平均分配线 OP（表示平等的直线），即相对于 C 点来说更为平等，因而这种分配也更为正义。对于 E、F 点来说，虽然它们同等程度地接近效率曲线

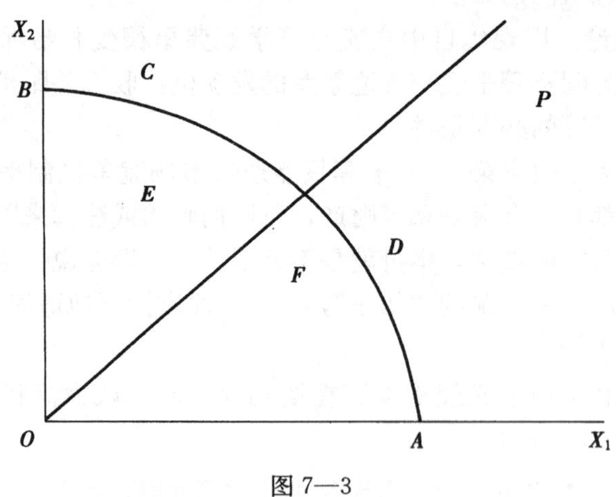

图 7—3

AB，但由于F点更接近平均分配线，因而相对于E点来说也更为正义。而对于C点和F点来说，虽然C点比F点更有效率，但C点与F点相比远离平均分配线，所以F点更能代表正义，因而也更为可取。

如果在两人中间分配的不是一种定量的物品，而是基本的权利和自由，那么，一种能够体现正义的分配——平等的分配，其意义就显得极其重要了。因为从正义的立场看，最初的分配平等与否，具有决定性意义，即使是社会的、自然的因素也不应成为最初不平等分配的理由。从契约论的角度看，平等是人们最初订立契约时最有可能达到的第一原则。罗氏还指出，由某一个人占有一切而另一个人一无所有绝不是一件无关宏旨的事，尽管这种分配可能体现了效率。如果把效率原则作为正义原则来设计社会基本结构，那么符合效率原则的安排就应当是在许多有效率的安排当中确定一种正义的安排，这是不可能的，因为它们都同等程度地有效率。因此，仅仅依据效率原则，无法来安排一种正义的社会结构。当以平等作为原则来安排社会结构时，就获得了一种合乎正义而且确定的安排方案。

3. “两者兼顾”的折中方案。既不是效率优先，也不是平等优先，而是企图找到一条既维护市场机制，又能消除收入差别扩大的途径，即设法使平等和效率两者都能有所增进的途径。

约翰·劳尔斯从福利经济学的角度考察平等问题。他认为，把新福利经济学观点运用于平等理论，所得出的结论应该是：一方面要肯定现有的分配状况是平等的；而另一方面则要照顾到“社会上最不获利的成员”的利益。他提出了两个原则：第一，“最大自由原则”，即每个人要有平等权利，有最广泛的基本自由，而且有与其他人同样的自由，除非自由妨害了基本的制度；第二，“差异原则”，即社会和经济的安排要符合每个人的利益和地位与职位，要承认差别，容许差别存在。他认为，境况较好的人有较多的希望得到收入和财富，只有这样才是平等的。而另一方面，他认为：在社会上“最不获利的成员”的利益未能提高时，那些境况好起来的人不应当否定最不获利者的利益。因此，约翰·劳尔斯的主张是一种折中的、调和的主张，即既支持了现实生活强制性干预，又强调了机会平等，为“最大自由原则”的贯彻提供了理论基础。

布坎南等人提出了另一种折中的论点，他们在分配问题上主张采用合同方法，强调分配合同的效果，反对把分配概念说成是伦理准则，因此他们赞成劳尔斯的论点。但他们认为不能把劳尔斯的主张看成是实际政策的主张，于是他们又采用帕累托的假设，包括效用不能比较的假设，并且以“自由的人们的协议会产生利益”的看法作为伦理依据。这种试图运用这种“合同原则”与来解决分配问题的做法并不排斥通过国家进行干预。他们认为，国家的职能有两个方面："保护"和"生产"，而两者之间如果能够协调起来，那就会促使福利的增加。他们认为，个人在集体选择中的作用只是决定成本和行使否决权；个人的选择，只有在大家的投票取得意见一致时，才站得住脚。但是，实际上，集体决定是不可能取得一致的。他们提出，如果能用合同方式来使大家达到一项促进福利增加的协调，当然是理想的。如果需要国家充任这种合同的执行人或公平地执行合同的仲裁人，那也是容许的，只要政策主张能够符合事实上的多数标准就行了。而且，即使某个集体判断所作出的政策决定会使某些人受损失，但只要有其他人得到利益，这也不违反帕累托最优标准。布坎南等人甚至认为，人们因对收入分配现状的不满而要求的收入重分配并非出于公益的目的，而只是个人追逐私利的一种表现，所以最好由公共合同的方式来协调分配中的矛盾。

（二）平等与效率协调模式

采取协调主张最重要的代表是美国经济学家阿瑟·奥肯。他《平等与效率——重大的抉择》一书就是该观点的主要论述。

1. 平等与效率必须兼顾。因为资本主义是一种权利平等与收入不平等的双重交错的社会结构和价值标准的社会，它既追求法律上的权利平等，又造成经济上不断加大的差距。正是这两种力量的合力促使资本主义社会向前发展。市场经济是一种以赏罚来鼓励和刺激人们去发展生产力的社会制度，它创造出有效率的经济，因而市场需要有它的地位。但市场也必须被界定在它必要的范围内。平等与效率两者齐头并进是有的，而在许多场合又是不可兼得的，如果说平等和效率都应当得到重视，那么在二者发生冲突的场合，则应当达成妥协。正因如此，奥肯认为必须采用兼顾的方法。"如果平等和效率双方都有价值，而且其中一方对另一方没有绝对的优先权，那么在它们冲突的方面，就应该妥协。这时，为了效率就要牺牲某些平等，并且为了平等就要牺牲某些效率。然而作为更多地获得另一方必要的手段（或者是获得某些其他有价值的社会成果的可能性），无论哪一方的牺牲都必须是公正的。尤其是，那些允许经济不平等的社会决策，必须是公正的，是促进经济效率的。"

奥肯认为，一个社会如果不采取在平等和效率之间妥协的做法，而是要真正去实现收入的平等，那将是一种空想，这是因为：收入的平等概念本身是不明确的。他指出，由于各个家庭的需要不同，所以要达到同等程度的福利水平，需要的是不同的家庭收入水平。反之，如果真正实现了收入的平等，那么各个家庭所得到的福利将会不一样。一个简单的例子就是城市居民和乡村居民因需要的差别而在得到同等福利方面所要求的收入水平的差别。即不能简单地利用城乡居民在收入方面的不平等来说明他们在福利方面的不平等。除此以外，奥肯还认为人们的福利并不一定来自收入，而可能是收入以外的来源，这样，即使致力于实现收入方面的平等，也不可能使人们的福利相等。

在分析了以上这些问题之后，奥肯进一步指出，强调把效率放在优先地位的经济学家们所推崇的机会平等，它的含义比收入的平等更加难以捉摸，而且在这方面很难加以度量。比如每个人的天赋能力是不一样的，各人的家庭背景也是不同的，只要承认人与人之间有这些差异，那就很难说机会是完全平等的。再如，一个穷人和一个富人都需要向别人借钱来买房产，富人很容易借到钱，穷人不容易借到钱，或者是，穷人即使能借到钱，但要按较高的利率付利息。既然实际生活中存在这种情况，那就很难说机会是平等的。奥肯由此认为，社会只有采取在平等与效率之间妥协的做法，而不可能去实现完全的机会平等。

2. 奥肯认为，在资本主义制度下，虽然平等和效率之间有冲突，但二者的妥协是可能的。这就是：既不过分强调平等，又不要不对市场的作用加以限制。这就是说，市场竞争机制在某些情况下需要加以限制，但不能限制过分；收入均等化措施需要保留一些，但也不能过度。这是因为：为了实行平等，需要政府进行干预；但政府的干预将侵犯个人自由，将产生官僚主义，所以有必要同时发挥市场的调节作用，使它能够限制官僚制度的权力，有助于维护个人自由，并且刺激工作者去努力工作，提供更多的产品，鼓励创新；反之，如果不对市场机制的过度膨胀加以适当限制，货币将成为专横跋扈的力量，低收入者将得不到保障。

3. 奥肯攻击社会主义制度，硬说社会主义不是理想的使平等和效率协调的制度。集中计划的社会主义国家在效率上遇到两个障碍。一个障碍是：工厂根据上级指示生产，实际总产值有可能并不下降，但很可能品种不齐全。例如，一个铁钉工厂，如果上级按钉子数目来衡量它的成果，它可能拼命生产小号钉子；如果上级按钉子总重量来衡量它的成果，它又可能转而生产大号钉子。另一个障碍是：生产不是根据消费者的偏好，而是根据计划者的偏好进行，因此产品不符合消费者的意愿。奥肯把上述这些缺乏效率的情况称为“官僚制度的代价”。

4. “兼顾”的关键在于“度”。“真正的问题通常在于程度。国家以什么代价用平等来交换效率”也就是要恰到好处地增进平等。平等之所得正和效率之所失相抵，保持社会效率的总和不变。大多数收入不平等的根源是机会不平等，两者成正比例。“大部分对不平等来源的关注反映出一种信念：源于机会不均等的经济不平等，比机会均等时出现的经济不平等，更加令人不能忍受。”

5. 应采取协调平等和效率的政策措施。当然这些措施在下面也将会有详细的论述，在这里先简单介绍如下：一是将大企业的一部分股票分配给工人，让工人参与企业重大决策，从而既扩大平等，又提高效率；二是实行负所得税或有限工资津贴，从而既有利于缩小收入差距，又不损害效率，不影响企业投资和扩大生产的积极性；三是增加国家的教育经费，使劳动者有受教育、接受培训的机会，纠正机会不均等，从而既有利于效率的提高，又有利于收入的均等化；四是实行“混合经济”结构，即私人资本主义经济和包括某些部门资本主义国有化在内的社会化的经济相混合的经济，从而使以利润为动机、关心效率的私人经济与不以利润为动机、关心社会福利，关心平等的公共经济两者相互补充。

在平等和效率的协调问题上，奥肯写了这样一段具有总结性的意见：关于美国的经济制度，我最有信心的预言是，如果保持和加强它的基本构架，而不是拆毁这种构架，那它就会逐渐演化并适应新的环境。这种逐渐适应新环境的能力，乃是我们目前混合制度的最大优点。改革它并促进它的演化，是可以办得到的事情；在我看来，要比拆毁它远远有吸引力。我所能看到的一些办法有损于效率；它们只会以危险的和代价高昂的官僚主义化为代价，很有限地增进一些平等。尽管支持资本主义在道德方面的理由完全没有说服力，可是效率方面的理由，在我看来是完全使人非相信不可的。

（三）关于改善平等和效率之间关系的具体措施

在改善平等和效率之间关系的具体措施上，资产阶级经济学家提出要改变以往的收入再分配的具体做法。他们认为，工作积极性和闲暇之间也存在着一种交替关系。如果累进的个人所得税税率太重，人们宁肯闲着，也不愿增加工作量，从而减少效率；如果遗产税太重，人们不仅宁肯闲着，不愿多干活，从而减少效率，甚至宁愿大量消费，不愿储蓄，从而不利于经济增长。因此，要使平等和效率协调，就需要运用专门的税收政策。例如，征收特种消费税主要会影响不同产品和劳务的替代，而不至于影响效率；而增加土地税，则可以提高建筑用地的利用率，促进建筑业发展（刺激人们拆除旧房，朝高层和地下发展），以及提高农业土地的利用率，促进农业发展（刺激人们提高单位面积产量）。再以对穷人的补助来说，如果为了促进平等，由政府补助差额，把低收入者的收入一律提高到某种标准线，以维持一定的生活水平，那么这被认为是对“闲着少干活”“干和不干一个样”的一种鼓励，会引起效率损失；而由政府提高法定最低工资率的做法，则被看做是更大的效率损失，因为这样会促使企业大量解雇或拒绝使用最低工资工人，因为企业认为按这种工资率雇佣某一类型的工人是不合算的。

为了使平等与效率二者处于协调状态，奥肯曾经设想过一种方案，即在资本主义现存经济制度之下，将大企业的一部分股票分配给工人所有，并且让工人有权参加企业重大事务的决定。他认为这种办法是既可以扩大平等，又可以增加效率的。但他认为曾经被设想为十分美妙的协调措施在美国很难实行，他认为工人不愿意采取这种办法。奥肯写道，照道理讲，雇员分享利润和参加作出决定可以加强公司雇员的忠心和刺激力。然而，总的说来，美国公司和劳工并没有选择这条道路；他们似乎喜欢他们的敌对立场，似乎总在寻求能够行得通的互相斗争的办法，而不寻求通力合作的新办法。很像两只老雄猫，它们似乎总喜欢吵架。

所以，奥肯认为只有实行一些比较次的、但阻力较少的协调措施。例如，他认为，如果改变以往的补助办法，实行所谓"负所得税"（即政府规定收入保障数额，然后根据个人实际收入给以恰当的补助金，为了不把低收入者的收入一律拉平，补助金将根据个人实际收入的多少按比例发给）；或者，实行所谓的有限的工资津贴（即政府规定每小时的工资津贴额，然后根据每个获得最低工资的工人的实际工时发放，使多干活的人多得到补助），那就可以既有利于缩小收入差距，又不影响工人的效率，也不会挫伤企业投资和扩大生产的积极性。奥肯曾建议，假定最低工资率是每小时 2 元，平均工资率是每小时 4 元，全国平均每户收入为 14 000 元，这样，政府发放的工资津贴可以定为最低工资与平均工资之差的 50%，即每小时 1 元，而让成年工人得到每小时 3 元收入，全年收入接近 6 000 元，略低于全国平均家庭收入的一半。

增加国家对教育的支出，也被认为可以促进平等和效率的协调。据说，这一方面可以提高社会的科学文化水平，提高劳动质量，提高社会的经济效率（这被称为"社会的收益"）；另一方面使低收入者收入有所增加，有助于缩小社会上的收入差距（这被称为"个人的收益"）。西方经济学家认为，通过发展教育，即使还不能实现收入均等化，但它可以促进效率和平等趋于协调，这一点是没有疑问的。

以上就是奥肯提出的使平等与效率互相妥协的具体措施。他特别强调，最迫切的事情是帮助那些收入等级上处于最低的第五层的人们，帮助他们走到丰裕社会的主流里去。相信帮助他们上升的各种规划，经过一段时间和在更为宽广的收入等级的范围里，将会产生力量。

第三节 平等与效率原则在收入分配中的应用

运用理论知识解决社会生活中的实际问题是我们学习理论知识的根本目的。在掌握第二节理论知识的基础上，第三节就是运用平等与效率原则来分析和解决实际问题。在我国，收入分配中平等与效率原则在实际应用中就转化成如何在收入分配中体现公平与效率，以及如何避免我国收入差距过分扩大。

一、我国收入分配制度的概况

在社会主义制度下，满足城乡人民的消费需要是社会主义生产的根本目的。发展经济的根本目的是提高全国人民的生活水平和质量。所以，社会产品在社会成员之间的合理分配自然成为一个社会核心问题。它既是社会发展目标能否实现的关键，又是促进社会物质财富增长的激励机制。前者是公平问题的体现，后者是效率问题的体现。换句话说，收入分配关系着公平与效率这两个政策目标，而这两个政策目标又是社会发展总目标的手段。

经济学家认为收入分配有三个标准。第一个是贡献标准，即按社会成员的贡献分配国民收入，这就是古典经济学中的分配理论。分配理论认为，国民收入应该按生产要素的价格进行分配，劳动获得工资，资本获得利息，土地获得地租，企业家才能获得利润。简单地说，各种生产要素都根据自己在生产中所作出的贡献而获得了相应的报酬。这种分配标准能保证经济效率，但由于社会各成员在能力、机遇等方面存在差异，该分配又会引起收入分配的不平等。第二个是需要标准，即按社会成员对生活必需品的需要分配国民收入。第三个是平等标准，即按公平的原则分配国民收入。第一个标准有利于经济效率的提高，有利于充分发挥每个社会成员的能力，后两个标准有利于收入分配的平等，但不利于经济效率的提高。有利于平等则损害效率，有利于效率则损害平等，这就是经济学中所谓的平等与效率的矛盾。

改革开放以来，我国实行“让一部分地区、一部分人先富起来，带动人们共同富裕”的政策，收入分配发生了巨大的变化。我国现阶段的收入分配制度是，坚持按劳分配为主体，多种分配方式并存。把按劳分配和按生产要素分配结合起来，坚持效率优先、兼顾公平，有利于优化资源配置，促进经济发展，保持社会稳定。依法保护合法收入，允许和鼓励一部分人通过诚实劳动和合法经营先富起来，允许和鼓励资本、技术等生产要素参与收益分配。取缔非法收入，对侵吞公有财产和用偷税逃税、权钱交易等非法手段牟取利益的，坚决依法惩处。整顿不合理收入，对凭借行业垄断和某些特殊条件获得个人额外收入的，必须纠正。调节过高收入，完善个人所得税制，开征遗产税新税种。规范收入分配，使收入差距趋向合理，防止两极分化。

二、效率优先，兼顾公平

（一）效率对收入分配的影响

效率在上文中是指资源配置，在我国经济生活中则一般是指经济主体的行为。从平等与效率的关系来看，只有实现个人收入分配上的平等特别是机会和结果上的平等，才能对经济主体产生有效的激励，进而导致经济主体行为的高效率。如果在个人收入分配上存在严重的机会不平等，许多人没有获得收入或高收入的机会，获取收入特别是高收入的机会成为少数人的特权，则使竞争受到限制从而导致低效率。如果存在严重的结果不平等，不同的人所获收入悬殊，则会挫伤积极性，同样会导致低效率。如果存在严重的实现不平等，则会导致不正之风盛行，丑恶现象滋生。计划体制下的“平均主义”是严重的结果不平等，“论资排辈”可谓机会不平等，“计划内外价格制”则是实现上的不平等，如此种种不平等给我国经济和社会造成了严重的危害。

（二）公平对收入分配的影响

我国学者厉以宁教授认为公平是指机会均等，只要大家都在同一起跑线上，全都按自己的能力和努力程度进行竞争，尽管竞争的结果有差异，但是出发点相同，就可以理解为公平。所以追求机会的均等、起点的均等应是社会政策的首要目标。但厉以宁又认为机会的均等分为法制上的、形式上的机会均等和现实条件的机会均等两个层次。他认为形式上、法制上的机会均等容易做到，但现实条件上，由于天赋、家庭、出身、财富继承等不同会造成现实条件上的机会不均等，政府有必要调整，但不能绝对化。对于机会均等的公平概念，厉以宁认为它要求的个人收入分配原则和效率目标要求的个人收入分配原则是一致的，即都是指个人收入要按其投入的生产资源的数量、质量、类别在企业经济收益中的贡献程度按比例分配，如此一来也会产生结果上的个人收入分配的不均等。就此而言，机会均等的公平和效率两个政策目标是一致的。

但是公平不仅只是一种机会均等的概念，公平还被理解为个人收入分配结果上的合理差距，即不能有过大的差距。一般来说，只要个人收入的分配遵循按生产资源对收益的贡献等比例分配，个人收入差距不会太大，是合理的。但由于：(1) 现实条件的机会不均等造成个人收入差距拉大。(2) 即使按生产资源对收益的贡献等比例分配，也会导致收入分配差距悬殊。故此，个人收入分配的差距是否合理就是两个标准：一是经济意义上的合理；二是社会意义上的合理。前者指只要收入是按生产资源对收益的贡献比例分配的，不管差距有多大都合理；后者是指如果个人收入差距过大，会影响现有的社会相当多人的心态平衡观念，导致社会认同度下降，社会不安定、经济发展受阻、效率下降。而且，一般来说，经济上的收入不合理（一是大锅饭，二是差距大）会导致社会上的不合理。经济上的合理，也不一定在社会上就合理，因为社会意义上的合理与否关键取决于社会多数人的主导地位的价值观念和生活处境。到此，我们可以说，公平与效率的冲突主要体现为个人收入分配结果在社会意义上的合理差距的公平观念和效率的冲突。这也正是政府制定收入再分配的社会政策的主要原因。

（三）改善分配格局的措施

收入分配政策的目标应该是既要有利于经济效率，又要有利于平等。有利于经济效率的收入分配原则是按劳分配和按生产要素分配，即按贡献标准分配，这有利于鼓励每个社会成员充分发挥自己的能力，在竞争中取胜。收入分配的基本原则是贡献标准，而收入分配的平等化问题则要通过其他政策来解决。这就是要坚持调节过高收入、保障最低收入原则。目前要把这一原则提到重要议事日程上来。

1. 税收政策

个人所得税是税收的一项重要内容，最好是通过累进所得税制度来调节社会成员收入分配的不平等状况。累进所得税制度就是根据收入的高低确定不同的税率，对高收入者按高税率征税，对低收入者按低税率征税。如美国，按收入的高低分为 14 个税率等级。最低的税率（单身年收入在 2 300～3 300 美元，夫妇年收入在 3 400～5 500 美元，有抚养人口的，户主纳税人的年收入在 2 300～4 400 美元）为 11%，最高税率（单身年收入在 5 530 美元以上，夫妇年收入在 109 400 美元以上，有抚养人口的户主纳税人的年收入在 81 800 美元以上）为 50%。其他各国的个人所得税也是实行累进所得税制度，只是具体的税率规定不同。这种累进所得税，有利于纠正社会成员之间收入分配差距过大的状况。在个人所得税方面，还要将按劳动收入和非劳动收入区分开来。对诚实劳动的收入要按低税率征税，而对非劳动收入（如股息、利息、红利等）要按高税率征收。当然，对非法收入要坚决取缔，上缴国库。除了个人所得税之外，还有其他税种：遗产税和赠予税，是指对财产的转移征收税收；财产税，是指对不动产（如房产等）征收税收；消费税，是指对某些商品和劳务的消费征收税收。遗产税、赠予税和财产税，有利于防止收入分配差距的过大。消费税，尤其是对奢侈性商品和劳务征收较高的税，是一种缩小居民收入分配差距的有效方法。

2. 社会福利政策

如果说税收政策是通过对高收入者或富人征收重税来缩小居民收入分配差距的话，那么社会福利政策则是通过给低收入者或穷人补助来缩小居民收入分配差距。因此，社会福利政策是实现居民收入平等化、缩小收入分配差距的一项重要内容。

首先，要建立健全各种形式的、各社会成员统一的社会保障和社会保险。包括失业救济金制度，即对失业居民按一定标准发放能使其维持基本生活的补助金；养老保险制度，按一定标准发放老人生活费；医疗保险制度，医疗保险包括住院费用保险、医疗费用保险以及出院后部分护理费用的保险；对有未成年子女家庭的补助；对收入低于一定标准（即贫困线）的家庭与个人的补助，即最低社会保障制度。这些补助金主要是货币形式，也可以有少量的实物。

其次，向贫困者提供就业机会与职业培训。居民收入的多少往往与个人的机遇和能力有关，政府可以通过改善穷人就业的能力和条件，来缩小贫富的差距。这方面，主要是实现就业机会的均等，尤其是要保证所有社会成员的平等就业机会，并按同工同酬的原则支付报酬。同时要使穷人具有就业的能力，包括进行职业培训，实行文化教育计划，实行半工半读计划，使穷人有条件读书，等等。这些都有助于提高穷人的文化技术水平，使他们能从事收入较高的工作。

第三，对教育事业的资助。包括设立奖学金和无息贷款，帮助学校改善教学条件，资助学校的科研等。对教育事业的资助，有利于提高公众的文化水平和素质，也有利于缩小居民收入分配的差距。

第四，建立健全各种劳动者立法。包括最低工资法和最高工时法，以及环境保护法、食品和医疗卫生法等。这有利于增进劳动者的收入，改善劳动者的工作与生活条件，从而也减少收入分配的不平等程度。

三、我国收入分配中存在的问题

在中国的改革和发展中，大家围绕“效率优先，兼顾公平”这样一个命题展开了热烈讨论。其实，目前，我们应着力解决的是特指经济效率与社会公平的突出矛盾，其中矛盾的主要方面在于社会公平。

目前，我国的社会不公平问题正变得越来越突出，主要表现有：

（一）坚持共同富裕原则

效率和公平是经济发展和社会文明进步追求的目标，它关系到经济的发展、人民生活水平的提高和社会稳定。二者相互依存、密切联系。没有效率，就没有真正公平的物质基础和前提，没有公平就没有稳定的社会环境，效率也难以提高。社会发展的根本目标是满足个人的需求，追求个人幸福和社会福利，而个人的幸福和社会的福利是以资源和财富的丰富供应为基础的，用邓小平同志的话讲是“共同富裕”。首先是要富裕，其次是共同富裕。所以在社会经济的发展过程中，必须将效率放在首位，追求社会资源的高效利用，丰富可供人们消费的财富，然后才会是追求大家的共同富裕。而不是少数人的富裕和大多数人贫穷，也就是要顾及公平。这是相对于社会资源和财富对于人们的需求是稀少的这一假设而言的。如果社会资源和财富很丰富足够人们消费，那就是按需分配了，无所谓效率优先了。

总之，当我们处于生产力水平比较低时，解放生产力和发展生产力的社会主义本质要求提高社会劳动生产率，发展是硬道理，要发展必须效率优先；当我们发展到社会主义市场经济的一定阶段，就必须效率和公平并重，以促进全面发展。

市场经济是竞争的经济，是受利益驱动的，市场的主体，不管是自然人还是法人，在市场的竞争中必须以效率优先，优胜劣汰。贯彻效率优先原则，城乡居民个人收入水平必然会拉开差距。要以收入分配的差距来刺激经济效率，是因为从市场机制的内容来说，经济效率与收入差距正相关，差距越大，其效率的刺激力就越大。但这只是从微观上来说的，而从宏观上来说则不一定。因为收入分配差距还与人们的社会心理承受力密切相关。收入分配差距如果太大，则会引起人民群众的强烈不满。如果差距的程度超越了人们的社会心理承受能力，出现贫富悬殊，两极分化，就会危及社会安定，破坏国民经济顺利发展所必需的社会条件，归根到底又会降低经济效率。这样看来，经济效率分微观经济效率与宏观经济效率两个方面，微观经济效率是市场机制的函数，而宏观经济效率则是市场机制、社会公平和社会稳定等多种因素的函数。因此，强调效率优先，并不意味着可以牺牲或放弃公平。以牺牲公平为大家追求效率所达到的效率也绝不会持久的。要使整个社会长期保持活力和效率，必须兼顾效率和公平两个方面。

但是，公平不等于不承认差别，不等于平均。应该承认因每个人的天赋、后天受教育程度、实践经验积累的不同而导致的收入分配量上的差别。这里的公平主要体现在就业机会、劳动权力和投入再生产过程中的生产要素所有权的实现上，公平总是相对的，绝对的公平是做不到的。这种相对的公平体现在一定的心理承受度上，大多数人所能认可接受的社会现实就是公平。

社会主义市场经济将效率优先与社会主义的基本经济制度相联系，而这种基本经济制度是实现兼顾公平的根本保证。因此，政府要积极发挥宏观调节的作用，承担起实现社会公平的职能。维护社会公平的主要着眼点，是从全社会利益出发，使各社会成员的收入差距不能过于悬殊，使收入差距保持在有利于协调经济利益关系，并能促进经济发展，保证社会经济稳定的限度内。为了达到这个目的，宏观收入调节活动一般是从限制过高收入着眼，又从促进低收入者增净收入着手。限制过高收入的实现机制是累进所得税制，促进低收入者增加收入的实现机制是社会保障制度。累进所得税制度所征收的过高收入者的收入，一般通过转移支付制度转为收入保障基金，成为社会保障制度的经济源泉。政府对合法收入、合法财产坚决保护，对一些人利用法制不健全或执法不严之机，从事非法经营和非法活动所取得的非法收入，政府要依法取缔。所以，税收制度、社会保障制度及连接它们的转移支付制度，加上法律制度，构成了维护社会公平的调节和实现机制。

就目前居民收入分配格局而言，国家必须加大运用经济的、法律的和必要的行政手段，积极加强调整居民的收入分配。运用财政手段通过企业税后利润分配制度，保护和支持农业发展政策，调节不同地区之间、城乡之间的居民收入分配；税收手段通过税种、税率的设置与调整，运用累进税制，调整不同行业之间、不同群体之间的分配关系，调节过高收入；法律手段通过制定和执行《工资法》《劳动就业法》《个人税收申报法》等基本法律，组成收入分配调节的法律体系；行政手段通过工商行政管理部门规范市场秩序，保护合法收入，坚决取缔非法收入；社会保障手段通过企业和个人缴纳社会保障费，建立城乡居民统一的养老保险、失业保险、医疗保险基金等，保障居民日常生活的基本需要。

共同富裕是社会主义制度优越性的突出表现。邓小平指出："社会主义的本质，是解放生产力，消灭剥削，消除两极分化，最终达到共同富裕"，"一个公有制占主体，一个共同富裕，这是我们所必须坚持的社会主义的根本原则"。社会主义制度本身是社会生产力发展要求的产物，它的建立、完善和发展，必然要进一步解放和发展生产力，使社会财富日益丰富，最终实现共同富裕。

但共同富裕不是同步、同时富裕。整个社会经济的发展，不可能齐头并进，因而整个社会成员不可能同步同时共同富裕。其原因是，首先，全社会的资源开发和利用以及经济发展条件总是不平衡的。从我国的国情看，从东到西、从南到北，经济发展程度、科学技术的力量和水平都不平衡。这就决定了全社会成员不可能同步同时富裕。其次，市场经济在全社会发展程度不同。率先发展市场经济的地方，生产经营纳入市场经济轨道，其经济发展快，经济效益好，生活水平就提高得快；反之，则经济发展慢，生活水平难以提高。第三，不同收入分配方式之间和同一分配方式范围内都存在差别。实行按劳分配，劳动者之间的个人天赋、文化程度、技术水平、劳动态度等方面都存在着差异。一部分劳动者依靠诚实劳动，对社会作出更大的贡献，取得更多的报酬。各行业、各企业以及个体生产经营者，在市场竞争中求生存求发展，在优胜劣汰中必然形成经济收入的差别；不同所有制经济之间，存在劳动收入、资金收入、资产收入、雇工经营收入的差别。合理的收入差距，冲击不合理的平均分配，有积极的促进作用。但是，收入差距过分悬殊，则是不合理和有害的。必须调节过高收入，规范收入分配，使收入差距趋向合理，防止两极分化。部分先富是逐步实现共同富裕的必由之路。在共同富裕的道路上，一部分人先富起来，必然产生积极的社会作用。一是吸引和鼓舞作用——允许和鼓励一部分企业和个人先富起来，会对更多的企业和大多数人产生强烈的吸引和鼓舞作用；二是带动和示范作用——允许鼓励善于经营的企业和勤人能人一浪接一浪的走向富裕。这就是邓小平同志的战略思想："要允许一部分地区、一部分企业、一部分农民，由于辛勤努力成绩大而收入先多一些，生活先好起来。一部分人生活先好起来，就必然产生极大的示范力量，影响左邻右舍，带动其他地区、其他单位的人们向他们学习。这样，就会使整个国民经济不断向前发展，使全国各族人民都能比较快的富裕起来。"

（二）效率和公平原则并重

著名经济学家刘国光针对在改革过程中出现的分配不公、贫富差距拉大的问题，对以往"效率优先，兼顾公平"的发展思路提出了质疑。他建议，应把公平和效率看的同等重要，不能片面强调效率而忽视公平。分配不公，必然影响社会的和谐发展，影响人们的积极性，从而降低效率。因此，他提出，应以"效率与公平并重，效率与公平优化组合"为好。刘国光认为，"效率优先，兼顾公平"意味着把经济效率放在第一位，把社会公平放在第二位来兼顾，这不符合当前形势的要求，也和建立和谐社会的宗旨不相容，应逐渐淡出并调整为"效率与公平并重"或"效率与公平优化结合"。"必须采取各种有效措施，在初次分配中就解决公平问题。"刘国光表示，目前垄断行业与非垄断行业之间、企业高管与普通员工之间的收入差距太大。很多不合理、不合法和不规范的灰色收入和黑色收入，都是发生在初次分配过程中，初次分配的混乱是导致社会不公的主要因素。在当今中国，单靠再分配中的财税手段来解决公平问题，是远远不够的。他认为，收入的不公平源于机会的不公平，而结果的不公平源于起点的不公平。所谓的公平，不是指过分追求结果的平等，即收入的平等，而是指各阶层居民都能够享受到机会的平等，也就是起点的平等。刘国光说，收入的差距主要来源于教育程度的不同。要想使中国的收入状况从目前的"金字塔型"向两头小、中间大的"橄榄型"转变，关键在于教育。

2005 年 10 月，中共十六届五中全会在北京召开，并通过了《中共中央关于制定国民经济和社会发展第十一个五年规划的建议》（以下简称"'十一五'规划建议"）。中央党校社会学教研室教授吴忠民评价"'十一五'规划建议"是我国从"先富"开始向"共富"转变，是一个执政党的"穷人致富"工程规划。

北京大学社会学系教授王思斌认为，与历次五年计划相比，"十一五"规划将缩小城乡、贫富差距等问题提高到更高的战略高度。这次"十一五"规划更加注重社会公平。这意味着改革和发展的指导思想将从"先富"转向更为实际的"共富"。以前一直倡导的"效率优先，兼顾公平"的理念，也将让位于"效率与公平并重”或“更加注重公平”。

在经济学家眼中，这一转变表示国家更加注重经济增长质量和收益分享。中国社会科学院宏观经济研究室主任张晓晶博士认为“经济增长的收益有多少为普通老百姓分享，应该是考察经济发展质量的核心”。一个公认的规律是，当一个国家的人均 GDP 从 1 000 美元向 3 000 美元迈进时，往往是产业结构剧烈变化、社会格局重新调整、利益矛盾不断加剧、收入分化加速的时期。特别是对于发展中国家究竟应当如何处理发展与平等的关系的问题，自 20 世纪 50 年代以来一直有争论，争论的焦点就在于：库兹涅茨的“倒 U 型曲线”假说。即人均国民生产总值水平和收入分配的不平等程度这两者间的关系，以一个倒 U 型的形式发展。也就是说，随着人均收入的增长，收入不平等起初也是增长的，这种不平等程度在收入达到中等水平时达到最高点，然后便开始下降。

但是，现在经济学家对库兹涅茨“倒 U 型曲线”假说真实性的怀疑也在不断加重。王思斌说，现在我们提科学发展观，也正是这个道理，经济的增长不等于经济的发展，经济的发展不等于社会进步，增长不是发展的目的，而是发展的手段。过分强调经济增长，会导致“富者越富，贫者越贫”的现象日益严重。如果不及时加以遏制的话，后果将不堪设想。农业部农村经济研究中心副主任宋洪远认为，合理调节收入分配主要指的是高收入者和低收入者，收入高者多纳税可以调节其收入；政府调节收入时一般不会对中等收入者进行调节；合理调节收入分配指的是对所有的人进行全面的调节，而不是特指一个行业或者某些阶层。北京大学社会学系教授夏学銮认为，当前提高低收入群体的收入水平，减少收入差距和利益分配不均的状况，关系到人民群众最直接的利益。今后五年会更加重视社会公平问题，这就需要更加全面、扎实地推进社会福利和社会保障体系。

【本章小结】

1. 平等（或公平）与效率问题是福利经济学研究中的一个核心问题，该问题涉及的领域较广，本章只是从经济学的角度进行了阐述。西方福利经济学中有三种不同的理论观点：“效率优先论”“平等优先论”“两者兼顾论”。

2. 平等作为人类基本权利之一，具有十分丰富的含义。体现在经济收益意义上的平等含义至少有三层理解，即收益的机会平等、收益的结果平等和收益的实现平等。

3. 效率是经济资源配置的首要原则，是投入与产出的对比关系。对效率的理解也是多方面的，如资源配置效率、资源运用效率、技术效率、生产效率、补偿效率等等。既有微观效率，也有宏观效率；既有主观效率，也有客观效率。

4. 效率与平等或公平是一切社会经济活动的两项基本准则之一，也是制定社会经济政策的两个出发点。如何理解公平与效率这两项原则的意义和影响，决定了各种社会经济政策的方向。正确处理效率与公平原则的关系，是制定合理的社会经济政策的前提。

【关键概念】

公平　效率　基尼系数　洛伦茨曲线　平等与效率替代关系学说　收入绝对差距　收入相对差距　贫困　贫困度量　共同富裕原则　社会福利政策　收入分配制度　机会公平　结果公平

【复习思考题】

1. 如何理解平等与效率的概念？

2. 简述平等与效率替代关系学说的主要内容。

3. 列举出“效率优先论”“平等优先论”“两者兼顾论”的主要观点、主要代表人物。

4. 如何理解公平和效率之间的关系？

5. 公平和效率原则是如何影响社会经济政策的制定的？

第八章

社会选择理论

学习目标

通过本章的学习，要求了解社会选择理论的基本概念、主要内容和对社会决策的影响。要求理解投票理论的概念、理论要点及其应用，理解公共选择理论的形成及对公共决策的影响，熟练掌握公共选择理论对政府行为的分析，理解政府失灵的含义及其在我国政治改革进程中的意义。

第一节 社会选择理论的起源与形成

从中世纪人们对投票选举问题的研究到20世纪50年代阿罗不可能性定理的提出，社会选择理论（包括投票理论）的发展大体经历了中世纪时期、近代和现代三个历史阶段。

一、中世纪时期对投票方法的研究（公元1200—1500年）

中世纪是迄今已知的最早开始对投票方法进行研究的时期，其代表人物主要有莱蒙·卢路（1235—1315）和尼科劳斯（1401—1464）。

莱蒙·卢路是一名虔诚的基督教徒，终身从事神学研究。在其遗留至今的大量手稿中，至少有两处记述了他对投票方法的研究（或论述）。一处是成于1282—1287年间的小说*Blanquera*，另一处是成于1299年的一篇短文。

在小说*Blanquera*中一处描写修女们选举修道院院长的地方，莱蒙·卢路详细记叙了一种形式上近似于康多西特两两比较法，而本质上是一种博达法的选举方法。莱蒙·卢路将整个选举过程分成了两个阶段，即投票人（代表）产生阶段和投票人投票选举阶段。

而莱蒙·卢路在另一篇短文中提出了一种形式上完全等价于当今各国议会（如挪威）表决中常用的“修正案表决程序”的选举方法（见图8—1）。这种方法本质上可以说是康多西特两两比较法。此外，为了表述问题的方便，莱蒙·卢路还首次提出了用半三角矩阵来描述选举过程（见图8—2）。

尼科劳斯对投票方法研究的贡献在于他也提出了一种形式上是两两比较，本质上为博达法的选举方法。但与莱蒙·卢路所给方法不同的是：莱蒙·卢路要求整个投票过程应是公开的，而尼科劳斯则建议投票应秘密进行。这大概是出于各自方法使用场合不同的考虑：莱蒙·卢路的方法用于修女们选举自己的修道院院长，而尼科劳斯的方法则用于欧洲各国选举教皇。由此可见，在莱蒙·卢路与尼科劳斯的研究（和论述）中，他们都注意到了所谓的策略投票问题。

二、近代对投票选举方法的研究（1770—1950年）

最早对投票选举方法进行系统化研究的主要代表人物有博达（1733—1799）、孔多塞、康多西特（1734—1794）、皮埃尔—西蒙·拉普拉斯（1749—1827）和

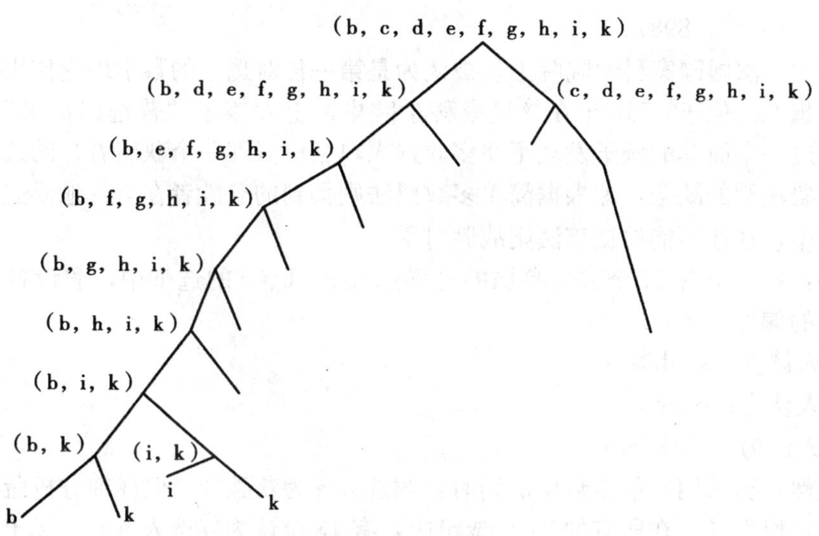

图 8—1　修正案表决程序

c	d	e	f	g	h	i	k
d	e	f	g	h	i	k	
e	f	g	h	i	k		
f	g	h	i	k			
g	h	i	k				
h	i	k					
i	k						
k							

图 8—2　Lull 半三角矩阵

达巨生（1832—1898）。

博达，法国国家科学院院士，被认为是第一位对选举的数学理论作出杰出贡献的思想家。他于1781年在《皇家科学院史》上发表了“普选回忆录”一文。文中通过一个简单的例子发现了在多候选人单席位（即一个获胜者）的选举中简单多数票法则的缺陷，即根据简单多数票法则得到的获胜者在与其他候选人的两两比较中，往往不能根据该法则战胜对手。

例：在一个有21个成员参加的对候选人a、b、c的选举中，假设各成员对候选人的偏好如下：

8人认为：a＞b＞c；

7人认为：b＞c＞a；

6人认为：c＞b＞a；

显然，当采用简单多数票法则时，候选人a为获胜者。但仔细分析所有成员的偏好可以发现：在所有的21个成员中，有13位认为候选人b和c优于候选人a。

对于简单多数票法则的这种不足，博达给出了两种修正方法：一是要求投票人给出偏好序而不仅仅是自己的最佳方案（候选人），并通过对偏好的赋值计算产生获胜者；二是对每对方案（候选人）作两两比较，并根据两两比较的结果产生获胜者。

虽然博达针对简单多数票法则的不足提出了两种修正方法，但这两种方法在本质上却是相同的，它们都等价于今天人们所熟悉的博达法。值得注意的是在博达法提出不久，该方法曾一度（1784—1800）被用于法国皇家科学院新院士的增选选举中。

康多西特是法国国家科学院院士，著名数学、经济学、哲学和社会科学家。康多西特对投票选举理论的贡献主要体现在《有关简单多数票法则所做决策的概率的应用分析》（1785）一文中。在该文中，康多西特发现了对投票理论研究产生深刻影响的“投票悖论”。

假设有一个三人小组（成员为A、B、C），他们面临三种选择方案（记为x、y、z）。各人有自己选择的优先顺序，在此基础上得到集体选择顺序的一个简单而明显的办法就是“少数服从多数”。

现在假设三个投票人各自选择的优先顺序见表8—1。其中，A、B、C行的1、2、3分别表示A、B、C对x、y、z投票挑选的优先次序。由表列可知，A最喜欢x，其次为y，最后为z；B最喜欢z，其次为x，最后为y；C最喜欢y，其次为z，最后为x。

表 8—1

	x	y	z
A	1	2	3
B	2	3	1
C	3	1	2

现在运用“少数服从多数”原则来投票表决，显然，多数人认为 x 比 y 可取（第一和第二个人）、y 比 z 可取（第一和第三个人）。这样集体的选择顺序就是 x＞y＞z。现在，如果人们接受“传递性”的要求——这是一个被普遍接受的逻辑一致性条件，就有 x＞z。但这个组织中的多数人认为 z 比 x 可取（第二和第三个人）。可见，“少数服从多数”法则在这里导致循环的集体选择顺序 x＞y＞z＞x。若要克服循环，就得破坏传递性条件，而这又为人类的理性思维所不容。

此外，康多西特还首次将概率引入投票理论的研究中。

拉普拉斯，著名数学家。他应用概率的方法对偏好序的赋值问题进行了研究，提出了偏好集结中偏好序的赋值方式，即对偏好序中的各方案应按等差数列赋值。在研究偏好序的赋值问题的基础上，他提出了按各方案所赋总值（即每个成员对该方案赋值的加总）的大小对方案进行排序的方法。事实上，该方法等同于博达法。此外，他还发现：在该方法的应用中，成员很容易通过谎报偏好（如将对自己最偏爱的方案构成最大威胁的方案排在最后）对选举结果进行操纵。

达巨生，著名学者、数学家和逻辑学家。达巨生对选举和委员会问题进行了大量的研究。他对简单多数票法则和各种赋值法（如博达法）进行了比较分析，指出了它们的不足，提出对赋值法进行修改。另外达巨生曾给出选举程序的矩阵描述，并提出了一种解决投票悖论的方法。

除了上述学者外，E·J·南森、弗朗西斯·高尔顿等对投票理论的研究也作出了很大贡献。

三、现代对社会选择理论的研究（1951 年至今）

社会选择理论的形成，除了前面所提到的博达、康多西特、拉普拉斯、达巨生等人的工作外，还源于功利主义的创始人边沁等人对社会福利判断的规范分析。由于功利主义的分析框架是建立在效用的可测性与可比较性的基础上，而这一理论依据受到诸多质疑，从而使得功利主义在对个人福利的计集结和社会福利的判断中具有不可操作性，出现了所谓的“信息危机”。为了克服这种危机，以伯格森（1938）、萨缪尔森（1947）等人为代表的新福利经济学摒弃了传统个人福利分析中的效用基数论，而采用效用序数论，由此构成了社会福利判断的新框架——通过对个人序的集结得到社会序。这种框架与投票理论所研究的模型结构是一致的。从此，传统的投票理论和新福利分析——两大社会选择理论的基本来源——由于问题的基本模型结构的统一而结合，形成了现代社会选择理论的雏形。

在现代，对社会选择理论的研究和发展贡献最大的当属经济学家肯尼思·约瑟夫·阿罗和邓肯·布莱克。布莱克在其于 1958 年发表的名著《委员会和选举理论》一书中，首次提出了委员会决策问题，并对委员会的投票选举问题进行了深入、系统和全面的研究，构造了投票选举理论研究的基本理论框架。

美国著名经济学家、1972 年诺贝尔经济学奖获得者肯尼思·约瑟夫·阿罗，在其于 1951 年发表的名著《社会选择和个人价值》一书中，从研究如何获得最大的社会福利出发，提出了著名的阿罗不可能性定理。不可能性定理的提出，标志着现代社会选择理论真正形成。本章将在第二节详细说明阿罗不可能性定理。

第二节 阿罗不可能性定理及其应用

阿罗在 1951 年称他的定理为一般可能性定理，因为他证明了另一个定理——对两种选择方案这一特殊情形而言的可能性定理。然而对于一般可能性定理的回答却是否定的。因此被人们称为不可能性定理或一般不可能性定理。用简单的语言叙述，阿罗不可能性定理是说：试图找出一套规则（或程序），来从一定社会状况下的个人选择顺序中推导出符合某些理性条件的社会选择顺序，一般是办不到的。

阿罗的这一贡献是开拓性的，而且已为世人所公认。他也主要由此项成果而荣获 1972 年诺贝尔经济学奖。下面我们对此不可能性定理的内容作一基本介绍。

一、阿罗不可能性定理的内容

为了表述明确，阿罗定义的社会状况非常简单，在这里，各类变量都是可以完全描述清楚的，并假定所考察社会中的每一个人对所有可达到的社会状况都有一个确定的选择顺序。当然，这是为了使讨论的注意力集中在社会选择上。

应该注意的是，虽然阿罗是在社会状况的约定下讨论他的定理，但他的讨论可以应用到任何选择问题中。无论是对社会状况的选择，还是对若干候选人的选择，或若干活动方案在某一委员会中的选择等等。这里，隐含的两个基本要求是：(1) 进行选择的人数大于1；(2) 公共的选择顺序基于个人的选择顺序。

阿罗是用反证法来证明他的定理的。先假定有一个程序或规则可从个人的选择顺序中推导出社会选择顺序，他要求这个规则满足下述五条准则：

1. 选择者个人处在一种理性状态。对于任何一组给定的个人偏好来讲，社会选择必须产生一种社会秩序，这种社会秩序又具有完全性或完备性以及可传递性。这里完全性是指：对于任何两个不同的可供选择的社会状态X与Y，任何人或者认为X比Y好，或者认为Y比X好，或者认为X与Y一样好。这些方案是社会秩序维持的全部方案，对它们的选择必须是完全明确的。所谓可传递性是指：如果某人认为社会状态X比社会状态Y好，社会状态Y比社会状态Z好。用数学语言表示选择者个人处于一种理性状态的情况为：A>B，B>C，则A>C，否则无效。

2. 与选择方案无关的因素不影响选择内容的变化。即其他因素变化不影响对已有选择顺序的变化，这种选择只受个人对于这些状态的偏好顺序的影响。如果选择只是在X和Y之间作出，这时如果X和W之间的关系变化了，则该变化与X和Y之间的顺序无关。

3. 适用帕累托最优原理。社会成员都认为X比Y好，则社会选择的顺序必定表示为X比Y好；若社会大多数成员认为X与Y没有差异，而一部分认为X比Y好，那么，社会选择顺序必然表现为X比Y好，只因为这时达到了帕累托最优状态。

4. 所要作出选择的因素都处于选择的同一区间之内。即用数学语言表示为社会选择得以产生的定义域必须包括所有可能的个人偏好顺序，这就是说，我们不能通过限制个人偏好顺序的定义域来产生某一社会顺序。

5. 不存在个人独裁。即不存在某个个人认为X比Y好，而全体社会成员的选择也必须认为X比Y好，从而将其他个人的偏好排除在外的那种情况。

然后阿罗证明了同时满足上述要求的程序将会推导出逻辑上循环的社会选择顺序，也就是实际上无法找到一个能符合所有这些标准的投票规则，即阿罗在其《社会选择与个人价值》一书中提出的不可能性定理，亦即投票悖论。

所谓投票悖论，就是指如果存在着至少三个可由社会成员以任何方式自由排序的备选方案，就可能出现循环的选择结果。即采用少数服从多数的投票规则，最终的选择结果可能不是唯一的，而是依赖于投票过程的次序安排，不同的投票次序会导致不同的集体选择结果。如果人们事先知道这种关系，就会在投票之前选择对自己有利的投票顺序。阿罗认为在以民主方式进行社会选择或称公共选择的过程中，最常用的方式是多数投票规则。多数投票规则要求：一项提案在付诸执行以前必须拥有 $n/2$ 以上的拥护者（n 是投票者的数目）。

问题在于，多数决策规则能够符合上面五个准则吗？这也就是说，多数决策规则是一个好规则吗？假定有三个人 1、2、3，每个人共同面临 A、B、C 三种选择方案，A 代表政府高水平的财政预算，B 代表中等水平的财政预算，C 代表低水平的财政预算。每个人的偏好顺序以他对于这三个选择方案的排列顺序表示出来。表 8—2 代表这三个人的偏好顺序。

表 8—2

选择顺序 / 选择成员	第一选择	第二选择	第三选择
个人 1	A	B	C
个人 2	B	C	A
个人 3	C	A	B

现在，让我们按多数投票规则来考察一下，当我们试图让这些个人偏好转化为群体投票决策时会遇上什么问题。为了要找出哪一个选择是多数结果，我们要对 A、B、C 三种选择方案进行比较。

(1) 比较 A 与 B，个人 1 与个人 3 认为 A 比 B 好。

(2) 比较 A 与 C，个人 2 与个人 3 认为 C 比 A 好。

从理论上讲，既然如此 C 好于 A 也应好于 B，这是从可传递性的角度来看问题的，即 C 比 A 好，A 比 B 好，C 应该比 B 好。但实际上再比较 B 与 C 时，个人 1 与个人 2 都认为 B 比 C 好。可见，这种选择就不具有稳定性，用多数原则来选择社会偏好顺序也就有它的困难，得不出一个符合多数人要求的唯一结果。如果人们草草地认为 C 是最佳方案的话，那么由多数人选出的方案就不代表多数人的利益了，这就是阿罗的投票悖论，又称阿罗不可能性或投票循环之谜。

阿罗不可能性定理的意义并不仅限于指出设计新的选择程序之路，而且引起了一种理论观念上的变革。西方传统的理论都把经济决定视为经济体制的内在功能，对其进行了深入的研究，而把政治决定视为外部因素，拒绝对其内在的规律和机制进行探讨。阿罗定理却恰恰是把人类行为的这两个方面重新纳入统一的轨道，对其进行深入的理论探讨。

二、阿罗不可能性定理的应用

面对阿罗不可能性定理，作为个人来讲要在这样的选择中获胜，使符合自己利益的选择结果成为公共选择的结果，一般不首先选择自己的最优顺序，而是联合一个合作对象，将其中某一选择顺序给否定掉，然后来达到自己的选择目的。因此在实际中要解决投票悖论有很多基本的方法：

1. 偏好结构的调整——从双峰偏好到单峰偏好

不难发现，造成投票循环是因为存在双峰偏好。在图 8—3 中，个人的选择有两个峰值点。所谓峰值，是指如果把关于公共产品量或公共支出量的议案按顺序，比如按数量大小排列，则其中必有一种议案所获得的偏好较大，这种偏好较大的议案成为峰值。一个图中有两个峰值点表明选择者的选择并不是唯一的，所以存在不可传递性，也就无法作出唯一的选择。再看图 8—4，其中任何一个选

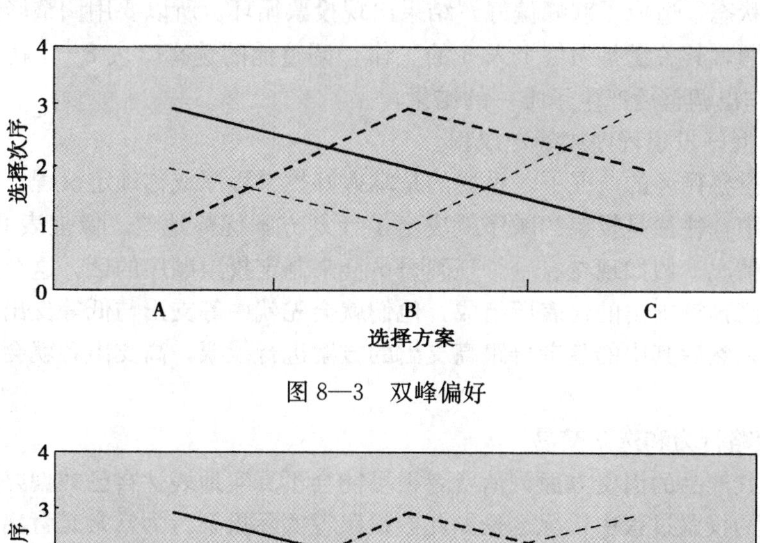

图 8—3　双峰偏好

图 8—4　单峰偏好

择者都只有单峰偏好，说明偏好具有一贯性，也可传递，这样必然会有一个选择的结果，作为单峰偏好的选择顺序用表 8—3 表示。

表 8—3

选择顺序 选择成员	第一选择	第二选择	第三选择
个人 1	A	B	C
个人 2	B	C	A
个人 3	C	B	A

在个人偏好为单峰偏好的情况下，最佳选择的方案就是 B。

(1) A 与 B 比，B 有个人 1、个人 3 支持，结果选 B。

(2) B 与 C 比，B 有个人 1、个人 2 支持，结果仍是 B。

我们通过表 8—2、表 8—3 的比较，就能发现表 8—2 中是个人 3 的选择处在非理性状态，造成了双峰偏好，结果出现投票循环。所以要用调整峰值的办法来解决问题，其关键是做好个人 3 的工作，调整他的选择。表 8—3 就是在个人 3 的选择作出调整后产生了唯一的结果。

2. 掌握好投票程序或确定议程

出现投票循环的情况下，重要的是掌握好投票程序或称确定议程。在确定议程的过程中，往往是投票的顺序就决定了计划方案优势地位。像上表 8—2 中提到的投票情况，假如现在有一个规则委员会来制定投票顺序的话，这个规则委员会若是由高预算支出的代表所组成，他们就会先就中等支出与低等支出两个方案进行投票，然后其中的胜者再跟高支出的方案进行投票，高支出者就会是最终胜出者。

3. 策略行为和选票交易

在公共产品的消费方面，消费者很可能会不真实地表达自己的偏好问题。在公共政策的投票过程中情况也是如此。投票者实际投票行为常常是背离其真实的偏好，这就是投票者的策略行为。从理论上来讲，一种投票规则对偏好强度越敏感，给策略行为提供的机会也就越大。策略行为的另一个方面是所谓选票交易，在简单多数规则下，获胜的多数将得到的利益可能少于失败的少数而付出的代价。在这种情况下，少数人便可能试图进行选票交易，以防止这样的情况发生。这时的选票交易可能有两种情况：一是一些人收买另一些人，使他们投票赞成自己所赞成的方案；二是两方面达成某种协议，在一类问题上甲方支持乙方，换取乙方在另一类问题上支持甲方。在这类交易不损害第三方的情况下，选票交易有助于增进帕累托有效性，实现帕累托最优。

策略行为和选票交易，实际上也是一种互惠合作的交易问题。例如一个县要建高速公路进城，另一个县要建水利工程，还有一个县要搞旅游业。其每一个方案单独表决可能都通不过，因为市政府的财力有限。但若有人提出相互帮助，先将某一个县的方案通过，然后逐个相互支持，就可能使每个方案都获得通过，并在若干时期里都有了实施的可能。

互惠合作是公共部门类似于交换或交易的东西。在很多情况下，它将导致结果的改善，提高资源使用效率。

这种行为当然也可能被不良的利益集团所控制，给社会带来危害，这是我们所需要警惕的。

4. 利用偏好强度不同的选择

在简单多数决策模型中，没有考虑个人表示对几个问题的偏好强度的状况。在那种情况下，我们只是按一人一票并将它投在自己所相对偏好的方案上。但在市场上，消费者可以表示自己的偏好强度，即他可以对自己中意的物品支付较高的价格，这较高的价格就显示了消费者的偏好强度。这种偏好强度的不同，既体现在不同的消费者对同一商品有不同的偏好程度，还体现在同一消费者对不同消费品的偏好呈现非规则性，这一点在不同消费者之间又有不可比性。这样我们可以模仿市场价格机制设计出打分投票制。假定有 3 个投票者，每人被给予 100 分，允许每人将分分别打在 A、B、C 三个不同的选择方案上，对每个选择方案打多少分就显示了投票者的偏好强度，其结果可以用表 8—4 说明。

表 8—4

方案 / 选择成员	方案一	方案二	方案三
个人 1	70	20	10
个人 2	10	50	40
个人 3	50	40	10
积分总和	130	110	60

投票结果，方案一得了 130 分，是三个方案中得分最多的一个。这一做法的好处是投票结果一般不会出现循环。因此可以保证方案选择具有传递性。当然，这种方法也不是无懈可击的，一方面两个方案得分可能是相等的，那就需要进行第二轮投票来决出胜负；另一方面对一个人来说他明知只有投票得分最高的才能当选，分数有可能集中在某一方案上，而不是分散使用，那样就再次落入循环的

老路上去。打分投票，根据个人偏好强度投票只能说是一种思路与可供选择的方法，股份制企业中一股一票，就是根据市场经济的资本偏好强度来决定的，实施的前提是股份分散程度高、不易串谋等。

5. 中位投票人理论

所谓中位投票人，是指对某一议案或公共产品需求量持中间立场的人，他正好把另外偶数个投票人分为兴趣或意愿刚好相反的两组。

我们举一个例子来说明这一问题。假设有甲、乙、丙、丁、戊共5位选民对其所在地区财政预算支出水平进行表决，这5个人关于最佳财政开支规模的极大偏好值分别是：甲主张500万元，乙主张1 000万元，丙主张1 600万元，丁主张2 000万元，戊主张3 000万元。所谓极大偏好值是指离自己主张财政开支规模越近越满意。显然，中位财政支出水平1 600万元和其他几种财政支出水平相比，离这五位选民的最大偏好值的距离总和最小。1 600万元的财政支出水平，再往上增加，虽然丁和戊两位选民赞同，但甲、乙、丙三位选民反对，不可能；往下减少，虽然甲和乙两位选民赞同，但丙、丁、戊三位选民反对，所以它最有可能成为这五位选民赞同的最佳的选择。

中位投票人定理认为，在个人偏好满足单峰偏好的简单多数规则下，在投票中赢得胜利的将会是为中位投票人所最为赞成的方案。中位投票人在经济上一般被解释为拥有中间收入或财产的居民，也就是中间阶级或中产阶级。需要说明的是，这里的中间阶级或中产阶级是根据人们的收入情况来划分的，而不是由资本的拥有状况来决定的。

任何一个政治家，要想获得极大量的选票，必须使自己的竞选方案与纲领符合中位投票人的意愿。在一个社会中，走极端的总是少数人，但不管多好的方案都会有人反对与支持，要想方案赢得支持，就要争取这些处在中间状态的社会成员的支持。换言之，如果一个社会中中产阶级越多，那么整个社会就越是不可能出现走极端的选择，政治就越稳定，社会经济生活也就越有条件理性化。

6. 用脚投票

将生活在同一个社区内的公民作为分析的例证。对公共产品的消费或公共决策作出决定，为达到帕累托最优，用最为简单的方式来解决，就是用脚投票。

用脚投票需要有以下假定：

(1) 所有公民具有完全的流动性；

(2) 完全了解所有社区的特点；

(3) 存在着充分的社区选择范围，包括公民期望得到公共产品的可能数量；

（4）各社区之间没有利益上的溢出效应；

（5）在个人收入方面，没有地理上的限制。

假定（1）和假定（4）倾向于在各自的目标不相抵触的地方有意义。社区越大，脱离的代价越高，因而流动性越小，所以退出小的社区比退出大的社区的选择更合理。但另一方面，社区越小，提供任何特定公共物品所带来的利益越可能溢出到其他社区里去，引起各社区间的外部效应和非帕累托最优配置。

用脚投票来解决公共选择的问题也是有条件的：其一，用脚投票是通过将个人聚集在各个趣味相同的政治组织里来实现帕累托最优的。即通过强加一个默默无声的一致性规则，使得所有个人都具有相同的无差异曲线。其二，当相对于全体人口的数量，公共产品的数量不多，或者对公共产品组合有截然不同的偏好的数量不大时，就可以在实际上假定它基本上满足了这一目标。鉴于社会选择的任务是显示不同的个人对公共产品的偏好，而用脚投票缩小了社会选择的范围，因而部分地解决了社会选择的问题。

用脚投票在我们的现实生活中已变成一个很简单的道理：如果搞不好、不公平，我就离开。

第三节 公共选择与社会选择

美国著名经济学家、1986 年度诺贝尔经济学奖获得者詹姆斯·布坎南对公共选择和社会选择这两个现代理论做了区分，认为公共选择理论有两项中心的要素：一是将政治视为交易的概念，二是所谓的经济人模型。其中第二项基本上和社会选择理论有共通之处，后者是在个人追求效用最大化的价值上建立社会选择的基础。而社会选择理论与公共选择理论重大的差异在第一项上，社会选择理论没有把政治化为复杂的交易。在现实的应用中来说，公共选择理论更多在政治领域如政权更迭、选举过程中发挥作用，而社会选择理论则比较多的应用于社会事务的决策过程。

公共选择理论产生于 20 世纪 40 年代末，60 年代末 70 年代初形成一种学术思潮，它运用西方主流经济学（新古典经济学）的基本原理和方法来研究政治问题或集体选择问题。

公共选择理论的主要代表人物有美国著名经济学家、1986 年度诺贝尔经济学奖获得者詹姆斯·布坎南，美国著名经济学家戈登·塔洛克、丹尼斯·C·缪勒、查尔斯·罗利等人。英国北威尔士大学的经济学教授邓肯·布莱克（1908—1991）被尊为“公共选择理论之父”，他于1948年发表的《论集体决策原理》一文为公共选择理论奠定了基础；他在1958出版的《委员会和选举理论》被认为是公共选择理论的代表作。

公共选择理论认为，人类社会由两个市场组成，一个是经济市场，另一个是政治市场。在经济市场上活动的主体是消费者（需求者）和厂商（供应者），他们之间交易的对象是私人物品；在政治市场上活动的主体是选民、利益集团和政治家、官员，选民和利益集团是政治市场上的需求者，政治家和官员是政治市场上的供应者，他们之间交易的对象是公共物品。在经济市场上，人们通过货币选票来选择能给他带来最大满足的私人物品；在政治市场上，人们通过民主选票来选择能给他们带来最大利益的公共物品、政治家、政策法案和法律制度。前一类行为是经济决策，后一类行为是政治决策，个人在社会活动中主要是要作出这两类决策。

西方主流经济学主要研究经济市场上的供求行为及其相应的经济决策，而把政治决策视作经济决策的外生因素，认为政治市场与经济市场是彼此独立、互不相干的。主流经济学认为：在经济市场上，个人受利己心支配追求自身利益最大化；而在政治市场上，个人的动机和目标是利他主义的、超个人利益的，政治家是谋求社会利益的。而公共选择理论认为，在经济市场和政治市场上活动的是同一个人，没有理由认为同一个人会根据两种完全不同的行为动机进行活动；一个人在菜市场上的行为动机和他在投票箱前的行为动机没有什么两样，一个人无论是做总经理还是当部长或当清洁工，他的目标都是追求自身利益最大化。政治、经济截然对立的“善恶二元论”是不能成立的。“经济”和“政治”是相互依从、相互影响的；正确地理解“经济”必须对“政治”有一定的了解，同样，理解“政治”必须能够理解“经济”。公共选择理论用经济学的方法和基本假设来统一分析人的经济行为和政治行为，创立了一个将经济学和政治学融为一体的新政治经济学体系。

下面对公共选择理论在公共事务中的作用原理进行详细的说明。

在一个民主制的国家里，其决策过程中有两种不同的多数决策形式：一是直接民主制，社会选择直接取决于选民的投票；二是代议民主制，有一些公民被选出来反映各部分公众的利益，然后由这些代表进行社会选择。

一、直接民主制

直接民主制是指每一个人都通过投票参与集体决策的决策模式，公共产品的需求是由所有投票人直接投票决定的。直接民主制的实现方式有如下几种：

（一）全体一致规则

1. 全体一致规则的定义

所谓全体一致规则，是指对一个行动方案进行表决时，只有在所有参与者都同意，或者至少没有任何一个参与者反对的前提下，才能通过的一种表决方式。此时每一个参与者都对将要达成的集体决策结果享有否决权。

全体一致投票规则运用的一个最有代表性的例子就是联合国安理会决议。任何决议的实施都必须事先得到安理会五个常任理事国——美国、俄罗斯、英国、法国、中国的一致认可（即不反对）。如 1990 年海湾战争爆发时，联合国安理会就是否出兵干涉进行过投票表决，结果以四票赞成、一票弃权而获一致通过。另外，还有如企业的重大决策必须要董事会全体成员一致同意才可通过等等。

2. 全体一致规则的优缺点

全体一致规则既有利也有弊，总体来说，有如下几项优点和缺点。全体一致同意规则的优点表现为：

（1）由全体一致规则得出的集体行动方案，对于所有参加者来说都具有一个特点，即可以符合帕累托改善和帕累托效率。我们知道帕累托最优状态是指在这一状态下，任何一方经济福利的改善都必须以使他方经济福利的受损为代价，也就是说在不损害任何一方的利益的前提下，每一个参与者的经济福利都无法再增加。而我们看到在全体一致规则下通过的方案正是所有参与者都认可的方案，而且每个参与者在不影响任何其他一方的前提下自己的福利都无法再增加；否则，会有更好的方案会被通过。从此角度看，全体一致规则是最符合帕累托效率原则的社会选择规则，也是最民主的社会选择规则，理应受到最高评价和广泛推广。

（2）在全体一致规则下，由于每一个参与者都享有最终否决权，个人选择至关重要，任何成员都不能把自己的意愿强加给别人，也不能将自己的利益凌驾于别人利益之上，同样也不会接受不利于自己的决策。所以每一个参与者都会认真对待自己的投票，不会轻易弃权和随意投票，而会很真实地依个人意愿去表决。

全体一致同意规则的缺点表现为：

（1）全体一致规则容易出现“免费搭车”的心理和现象。因为公共物品具有非竞争性和非排他性，所以可以由许多人同时消费一单位公共物品。在这个时候，这一单位公共物品的生产成本就应该由这些共同消费者按其主观评价来共同承担。而每个消费者的主观评价是多少，则会取决于每个消费者的自利行为。一般而言，消费者不愿如实表露个人偏好，由于每个人都怕别人少说、自己多说，从而自己多负担成本，结果可能是大家都少说自己的主观评价，甚至都说自己的主观评价为零。经济学家把公共产品消费中的消费者隐藏自己真实偏好、希望别的消费者出钱购买自己免费消费的心理，称为“免费搭车”心理。当一个人发现需要表决的方案是一公共物品时，就会出现“免费搭车”的现象。

(2) 全体一致规则最明显也是至关重要的一个缺点是其决策成本太高，以至于许多时候它得不出任何决策结果。因为全体一致规则要求每个参与者都认可，所以通常需要反反复复地协商和讨价还价。在参与者人数较少的情况下，还能忍受这一过程，但如果参与决策的人数很多，则很可能难以达成一致同意的结果。

3. 全体一致规则的适用范围较小

由于全体一致规则的上述缺点的限制，使它的适用范围一般仅限于那些较为重要的且参与者人数又不太多的决策。如联合国安理会的决议，欧共体部长理事会的决策，原关贸总协定的决策等。

（二）多数投票规则

当参与决策的人数很多时，人们通常退让一步，寻求一种能按多数人意志进行集体决策的多数投票规则。

1. 多数投票规则和简单多数规则

多数投票规则是指一项集体行动方案必须由所有参与者中超过半数或超过半数之上的某一比例，如 2/3，60％等的认可才能实施。

如果我们以参与者中刚好一半的人数为取舍标准，规定所有参与者中有一半以上的人同意，或者反对的人数低于所有参与者的一半，某议案就作为集体决策结果，那么我们就称此种决策遵循的是简单多数投票规则。类似地，如果我们以超过半数以上的某个比例如 2/3、4/5 等作为决策的标准，则我们就称之为比例投票制。可见，简单多数投票规则是多数投票规则中的最基本的一种。

2. 多数投票规则的特点

多数投票规则相对于全体一致规则有如下优缺点：

(1) 多数投票规则选择的结果不是帕累托最优的。这是因为，任何一项符合多数投票规则的决策，虽然增进了多数人的利益，但是同时也减少了少数人利益，这显然不是帕累托最优的。

(2) 多数投票规则必然产生外部成本。由于多数投票规则产生的集体决策不是所有参与者一致同意的，因此必然有一部分人的偏好与决策结果不一致，这就会产生外部成本。所谓外部成本，是指当参与者的个人偏好与集体决策结果不同时其所承担的个人福利的损失。一般来说，多数投票制的通过比例越小，外部成本越高。

(3) 由于在多数投票规则下单个参与者的意见可能被归属于少数派而被忽略，所以无形中就使选民不重视自己真实意愿的表达，会轻易地弃权，或被别人收买。尤其在存在特殊利益集团的条件下，个人更容易被这些集团收买而服从他们的利益，产生投票交易行为。我们可以举一个简单的例子来说明。

假设选民需要花费时间和精力去了解候选方案（人），记为成本 C；一项集体行动方案通过给大家带来的共同利益，记为收益 D；由于特定方案的通过给自己带来额外利益，记为 B；但该特定方案通过的可能性只有 P（$0<P<1$）。这样，综合考虑，个人从某项集体决策活动中得到的净收益为 R，$R=P\times B+D-C$。每个人都会精明地计算，只有在净收益 $R>0$ 时，他才会参与投票，否则宁可弃权。当他宁可弃权时，如果有某个特殊利益集团给他一些利益，他便会赞成他们的方案。所有多数投票规则有时得出的结果是不符合民主的，尤其是在实行民主政治的初期，全民的民主意识淡薄，这时很容易被特殊利益集团所操纵，变成一种特权政治。

（4）多数投票规则的结果有时是不唯一的，受投票议程安排的影响，会出现票决循环的现象，也就是说不同的投票次序会导致不同的投票结果。这就更为少数人通过控制投票程序从而控制投票结果提供了可能。

（5）多数投票规则最突出的优点是相对于全体一致同意规则更容易作出决策。也就是说，多数投票规则的决策成本要比全体一致同意规则的决策成本低得多。所以，如果从简便的角度，简单多数票制最适宜，也最容易被人们所采用，如果从民主的角度，多数比例越大越民主，越趋近于符合帕累托最优原则。

3. 多数投票规则的适用范围

多数投票规则虽然不是帕累托最优的，但以其简便易行在许多场合被采用。它一般适用那些参与决策的民众较多的场合。它又依表决方案的重要程度，选择不同的多数比例。如许多国家的国会表决，包括许多公司的董事会表决都采用多数投票规则。

（三）多数投票规则的变异形式

在前面两种规则的基础上，可以根据实际情况和需要进行某些改进，从而设计出另外一些更为实用的投票规则。

1. 加权投票规则

简单的一人一票的投票规则，强调的是各个参与者之间的平等权利，然而它在有些情况下却是不合理的。例如，世界各国的海岸线长度是不一样的，各国对海洋资源的依赖程度自然不同，因此在保护海洋资源的问题上，承认各国之间的利益差别也是合情合理的。

加权投票规则正是依参与者的利益差别，将参与成员进行重要程度分类，并分以数量不同的票数，相对重要的分得的票数多，否则就少。然后各成员以其拥有票数投票表决，最终以票数的多少裁决结果，而不是实际赞成的人数和国家数。

加权投票规则的应用较为普遍，如过去由九国组成的欧共体曾经采用过这一规则。英国、法国、原联邦德国、意大利各持10票，比利时与荷兰各持5票，丹麦与爱尔兰分别拥有3票，卢森堡拥有1票。那么总票数就不是9票，而是57票了。另外，世界银行也是依据各国提供财政援助的份额不同，分配不同比例的选票，美国比中国提供的援助多，自然在世界银行的发言权也大。

2. 否决投票规则

否决投票规则是指首先让每个参与者提出自己认为可供选择的一整套建议或方案，汇总后每个成员再从汇总的方案中否决掉自己最不喜欢的那些方案，此时各个成员投票的次序可以随意确定。这样，最后剩下的没有被否决的方案就是全体成员都可以接受的集体选择结果了。

否决投票规则有如下优点：第一，可以促使每个参与成员都认真对待自己的提案，且在提案时尽量照顾到其他成员的利益。因为谁都希望自己的提案获得通过，如果不考虑别人的利益就有可能遭到否决。这样有利于各参与者之间的沟通和真实意愿的表达。第二，有利于促使最终结果趋近于帕累托最优。在否决投票规则下，每个成员都能充分选择自己认为合适的供选方案，所有供选方案中最不为某个或某些成员所喜欢的方案又被否决了，因此除了留下来的没有被否决的方案之外，其他任何方案都不可能更接近于帕累托最优。当然如果留下的方案不止一个，仍需借助其他投票规则来决定。

否决投票规则的局限性在于它隐含要求参与集体行动的个体必须在利益和兴趣上具有共同性；否则，可能无法作出最终选择。而往往参与决策的人数越多，各方的利益冲突越大，实行否决投票是不能作出最终决策的。

3. 排列顺序记分投票方法（也称博达计数规则）

每个人按其偏好对候选方案（人）排列顺序，并注明顺序号码，最优选择定为1，次优选择定为2，依此类推。然后，将所有候选方案（人）的顺序号加总，如果某个方案（人）的得分较低，那么说明参与者对它（他）的偏好超过其他方案（人）。

例如有A、B二人对x、y、z三种方案选择。我们首先假定只有x和y两种方案，且A将x的序号定为1，y的序号定为2，B的偏好正好和A相反。这样x的得分为3；y的得分也为3。两个方案没有最优结果。但当我们将z方案引入投票中，A将x定为1，y定为2，z定为3。B将y定为1，z定为2，x定为3。x的总得分为4，y的总得分为3，z的总得分为5，显然，这时y为最优选择。

通过上例我们看到，排列顺序记分法的好处是可以真实地征求每个人的意见，尤其是当候选方案（人）较多的时候，便于找出最优选择。但它的缺点是受候选方案（人）数量的影响，最优选择结果是不确定的，也就是说可以通过增减方案，从而得到所希望的方案。

二、代议民主制

在经济规模很大、构成一个集体的人数很多的情况下，直接民主制往往成本过高。我们已知民主程度的高低是与酝酿成本成正比的，越想得到更多的民主，其支付的成本自然也就越大，因而社会通常会采取代议民主制的公共选择方式。所谓代议民主制，是指通过选举，委托专门的代表来行使管理国家事务的权力的一种制度安排，在这种方式下，公众并不直接对政府政策本身进行投票，而是选举代表，由这些代表来决定政府采取的行动。在现实生活中，选民的意愿在多数情况下正是通过选民代表来表达的。下面将分别介绍代议民主制中的三类主要参与者即政党、选民和利益集团的特点。

（一）政党行为

公共选择理论认为，政党是通过合理的方式以普通选举来获得政权、支配政府的人的联合体。或者是说，执政党是为了再次当选而行动，在野党则是为了在选举中击败执政党夺取权力而行动。因此，可以认为在代议制民主中，政党的目的并不是为了实现自己的政策而要在选举中获胜，而是为了在选举中获胜并实施其政策。在政党政治下，政治间的竞争也就是政党间的竞争，竞争的目的不过是上台执政并最终控制政府和社会资源的分配；同时，政党的官员们所追求的也不是社会福利最大化，而是由选票最大化带来的收入、名誉及权力等好处。具体到实际的竞选过程中，如果把政党的政治纲领比喻成一揽子公共产品的话，投票人对公共产品的偏好则集中反映在各自所支持的政党的竞选纲领和施政纲领中；而各政党为了赢得选票，取得竞选胜利，往往会在其竞选纲领中承诺为大多数选民提供他们所希望的公共产品。

然而，在现行的民主政治体制中，旨在最大限度地赢得选票进而取得政治上支持的政党，其行为方式和结果却不得不受到选举规则诸种政治体制的影响。公共选择理论研究发现，在选民和政党的复杂博弈中，政党的数目受选举规则的影响，也即政治中存在多少个政党，是与选举规则有着密切联系的。具体可以从两个方面说明：

1. 多数投票制下的政党数目

公共选择理论认为，在多数制下，每个政党都会争取过半数选票以确保当选，那么，如果一个选区只选举一个代表，就会产生两党民主制，或者会促使党派合作而形成两个政党联盟；在这种情况下，如果政党数目很多，那些小规模的政党就难以获得足够的支持，就会在一次次的竞争过程中，或自行消灭或与其他党派联合成一个大党。戈登·塔洛克则认为，在适用过半数规则的与一区一票制的国家，一个选区有可能只存在两个政党，但在国家范围内，却有可能存在两个以上有活力的政党。这是因为，在一个选区因规模过小而自动消灭的政党，在另一个选区则有可能获胜。

2. 比例代表制下的政党数目

比例代表制指的是同时允许有多个代表，即由获票数最多的几位候选人当选，在席位分配中，各参选政党的席位多少根据得票的多少而定。那么，在席位数与所获选票总数成正比的情况下，就有可能产生多数党。此时政府将由多数派党或几个政党联盟组阁。

此外中间投票人定理表明，政党要想当选，必须探求中位选民的偏好来获得最多的选票而当选，由此，各个政党的竞争会导致一个代表大多数人意见的政治纲要。但关键问题在于，比例代表制下所选议员和代表虽能广泛代表不同阶层的利益，但其最终的结果还是反映议员中中间投票人所代表的那一阶层利益，社会福利的最大化和公平原则并没有得到最终的保障。

（二）公共选择者的行为

这里所说的公共选择者，指能从政府实施的政策中获得利益的人，即拥有自己的效用期待并能最终实现的人。根据理性经济人的原理，投票者往往会通过判断从各政党的政策中所获利益的差异，即从所谓的政党间的期待效用差，来选择能够给予他们最大效用的政党。

然而，并不是所有的投票者都能从选举活动中获得好处，公共选择所作的决策既可以是提供社会的总福利，也可以是对社会资源进行再分配，而同一项公共决策不可能实现两个目的。这时就出现了投票者是否会真正表达其偏好，从而进行投票的问题。公共选择理论研究发现，人们在投票过程中，往往不是真实地反映他们的偏好，而是有自己的策略选择。具体说来，主要有两种行为方式：一是隐瞒偏好，即人们会通过隐瞒或从低报告自己对某项公共产品的偏好，以此来减少承担或逃避公共产品生产的成本费用；二是策略性投票，即投票者个人或联合体在投票时所做的有利于自己的各种选择。因此，在将个人偏好转化为社会偏好的过程中，研究公共选择者的行为就显得十分重要。

（三）利益集团的影响

从经济学的角度理解利益集团，利益集团被定义为具有同样嗜好的个人群体。如 1912 年成立的美国商会、1898 年成立的美国全国制造商协会、北欧国家的渔业协会、日本的经营者团体联合会、英国的律师联合会等，在各个国家的政治和经济舞台上都是不可忽视的力量。

利益集团形成的原因何在？可以从三个方面来解释：

1. 信息成本

从选民的偏好表达的角度看，由于每个选民在就某项备选方案进行投票之前，为了选择能够带来更高效用的方案，他试图对各项方案进行信息收集，以便比较。由于信息的多样性，每个单独的选民收集信息的成本是高昂的。如果组成利益集团，利益集团的成员可以分摊信息成本和交易成本。利益集团的这项信息共享功效吸引着其成员。

2. 稳定性

从政府或者说是候选人的角度看，之所以他们在政治活动中为利益集团的活动留出空间，是因为利益集团的存在和发挥作用对他们同样有利。由于中位选民的投票偏好很难确定，参加投票的人数也很难确定，而利益集体的存在具有一定的稳定性，其成员偏好具有一定的可预测性，所有候选人往往会对利益集团的大量要求作出反应，以求获得选票的最大化。利益集团正是利用了中位选民定理在现实操作中的某种缺憾来扩大自己在政治过程中的影响力。利益集团力图影响公共政策的一种方式是，让候选人意识到，通过在其政纲中支持某些立场，他们可以从这个利益集团中赢得潜在的选票。尽管利益集团成员的偏好相对于分散的选民而言同样不可琢磨。但是，对政治家有利的是，利益集团在一定程度上代替他们完成了将部分选民的偏好加总的工作，利益集团的总体偏好是易于把握的，候选人总是可以知道不同利益集团之间的偏好差异性。而各利益集团试图通过减少候选人对其成员投票方式的不确定性，来增进其全体成员的福利。

3. 交易效率

从政治过程的角度看，既然政治过程可以理解为交易过程，在交易过程中缺乏必要的约束导致了利益集团成长生存的空间。对经济交易过程进行比较就会发现，在经济过程中，“无论是受到尊重还是依靠强制实施的私人所有权，以及包含有保证契约得以实施的程序的适当的法律和制度”，这些是对经济行为的约束，由此保证了交易效率。而在政治交易中，尤其涉及到公共产品的供给时，即使能够规定所有权，所有权也不会得到尊重。官员和机构可以以全体人民的名义来决定分配标准。评价一种行为是否符合政治角色赋予行为者的权限是极端困难的。这种无约束状态刺激了利益集团通过自身活动获得更多的利益。

利益集团在社会选择中发挥作用的途径主要有两个方面：通过对立法机关实施影响和对行政机关实施影响。

在西方国家中，针对立法机关的立法过程的特点，利益集团往往充当说客的角色，鼓励议员将该利益集团支持的立法草案早日送上立法议程，或者在一读或二读的过程中要求议员投赞成票或者否决票。对美国利益集团的研究表明，利益集团对国会的工作有三项：(1) 设法在国会的两院里争取几个或更多的能够为自己说话、出力的议员；(2) 积极参与拟定有关的法令，协同友好的议员，力争使法令的内容能够符合自己的要求；(3) 在国会制定法令的过程中，尽量做好争取人的工作，以求在投票表决时能够得到多数的支持，通过自己所要的法令，否决自己不要的法令。

对行政机关的影响力主要是向其施加压力，将自己打扮成广泛民意的代表，迫使政府改变或者修改决定以实现本集团的利益。一些实力较强的利益集团对行政部门的影响力更大，他们能够影响行政部门和一些分支机构负责官员的人选和任命，充当行政部门的顾问成员，积极卷入政策的制定过程。

当然并不是所有的利益集团都能够给社会选择行为施加影响，利益集团的影响力也是有局限的。利益集团的影响力大小，与这个利益集团在候选人或者政府官员心目中的重要性直接相关，并从而决定着该利益集团成员从中所获收益的多少。奥尔森理论阐述了以谋求集体财富为目的的集团规模问题，尤其是论述了大集体中的"搭便车"现象。他指出，大集团的影响力往往不如小集团，这是由于小集团的利益更为集中的缘故，并得出结论：如果要想保持利益集团的活力和影响，必须对搭便车者采取措施，即对应负担而不负担集体行动所需成本的成员予以制裁，对积极参与配合集体行动的成员则予以奖励。

第四节 公共选择理论的实践意义

公共选择理论对非市场决策的研究主要是建立在考察西方的民主社会政治运行情况的基础之上。对于其他的社会形态和政治形态而言，其研究成果也同样具有参考价值。因此，对于我国的政治决策过程以及未来政治制度的改革和完善，这些理论同样有借鉴和指导意义。

一、坚持法治，建设法制社会

公共选择理论认为政治过程其实就是持不同偏好（或意见）的人按多数裁定原则相互妥协的过程。这一认识和我国的政治生活部分一致，如共产党领导的多党协作制就是不同党派相互协商，参政、议政，人民代表大会制就是各人大代表通过人民代表大会反映意见，按多数通过原则达成协议。按照这一认识，关于改善政治生活的主张就是改善政治协商的规则或制度，而不是靠圣人先哲改善政治。

这一认识在我国是经过惨痛的历史教训得出的。十年动乱期间，砸破“公检法”，践踏宪法，结果是我们国家政治生活一片混乱，没有规则，没有约束，造反有理，革命有理，给人民生活和社会经济发展都造成了巨大损失。历史给我们提供了丰富的政治素材，靠人治可能会出现“文景之治”“开元盛世”等短暂的文明，但不努力改善和健全规则、制度，这些文明只能是昙花一现。要实现国家的长治久安和社会、经济的可持续发展，只能通过不断完善政治规则和政治制度，实行法治。所以坚持法治、建设法制社会应该成为我国政权建设中的一个指导性原则。

二、坚持和完善民主集中制

公共选择理论关于直接民主制的分析表明，全体一致原则虽然符合帕累托最优，但受决策成本太高的限制，可行性和操作性几乎为零。多数通过原则和加权投票原则等虽然在单维项目、单峰值偏好的假定下可以找到票决均衡点，但一般都不符合帕累托最优原则，而且阿罗不可能性定理也证明了在符合基本逻辑和民主的原则下，无法找到一个规则能将个人偏好顺利转化为集体偏好。这些分析都说明，完全的民主、绝对的民主几乎是不存在的，以民主为基础加以适当的集中才是切实可行的。这对我国政治生活中广泛起作用的民主集中制是一个很好的理论说明。

民主集中制的本质意义是在充分发扬民主的基础上，有所集中，形成一个集体意见，然后贯彻执行。尤其是当出现票决循环时，进行适当的集中更是十分必要，否则形不成统一的集体意见。但是凡是能以多数通过原则决定出均衡方案的，都应该坚持多数通过原则，要坚决反对借民主集中之名，搞“一言堂”“家长主义”或其他独裁专制之实。另外，即使针对票决循环出现的现象，也要按照效率原则，征求专家意见作出决策，反对想当然的“拍脑袋”决策，也就是坚持决策科学化原则。总之，正如党的十四大四中全会的决定所说的那样，继续坚持和完善民主集中制，使其成为我国政治生活中广泛起作用的一项基本政治制度。

三、坚持和完善人民代表大会制度

公共选择理论表明，只要遵循统一的多数通过原则，对于单维项目和单峰值偏好而言，当选政治家的意见和其代表的利益就是中位选民的意见和利益，这说明代议制民主和直接民主在选择结果上是一致的，但代议制民主和直接民主相比，决策成本却低得多。可以预见，政府每件事情都靠直接征求全体公民的意见，需要多么高昂的费用，更不要说决策时间的及时与否。所以人民代表大会制度比直接征求全体人民的意见的方法更加经济、快捷，但结果一样。

公共选择理论中的中位选民理论表明，实现差额选举比实行全额选举更容易具有稳定的倾向。当候选人有两个时，每个候选人都会不断修改自己的意见和方案以尽量符合中位选民的意见和利益，以便得到多数选票。当候选人只有一个时，则其没有竞争对手，便不会积极主动地调整自己的意见和方案。所以差额选举比全额选举更具有稳定的倾向，更能充分表达民意，符合多数通过原则。而且分析表明两个候选人足以说明问题。这就证明人民代表的选举应继续坚持差额选举，逐步取消全额选举。

另外，公共选择理论关于利益集团的论述表明人们可能在不同的基础上结成不同的利益团体，进而去影响政府决策，争取共同的利益。多元论指出，政府决策的形成往往是大多数利益集团主张的均衡结果。这样的结果是可以反映广大选民意志的，是一个良性均衡。而很多情况下利益集团会和当选代表以及政府官员结合在一起，形成所谓“铁三角”，不惜牺牲广大选民的利益，以维护小团体利益。以上公共选择的主要理论向我们揭示，随着市场经济的深入发展，利益主体多元化是个趋势，共同利益集团的出现也是必然的，应该让共同利益集团能够在权力机关，通过民主程序表达其正当要求，维护其正当利益。但同时应警惕“铁三角”的形成，以防损害整体利益，维护局部利益。尤其是要适当限制政府职能部门的职权，以防利益集团直接和政府官员勾结形成“铁线”损害广大人民利益。这就要求人民代表大会在坚持以行政区域分级选举人大代表的同时，适当增加行业代表、少数民族代表、不同性别代表、不同年龄代表等，注重代表结构的优化，以使人大代表能真正代表各地区、各阶层的利益。同时，要求人民代表大会的职权要适当加强，政府职能部门的职权适当限制。

四、促进我国行政决策民主化

我国行政决策是指国家行政机关或行政人员为发挥行政管理职能、处理国家公共事务而进行的一种决定政策、对策和方案的活动和行为，也称为公共决策。国家行政机关拥有行政权力，而行政人员代表国家行使这种权力。行政权力本身的特点是要求集中，因为普通公众关注的是行政效率，即要求官员对大量的行政事务进行有效的处理和解决，所以行政决策的民主化并不是指行政权力的分散，而主要是指在决策制定过程中的民主化。这也就是说要有多种偏好表达渠道和足够的行政透明度，使得所有国民既能够享受知情权，又能够通过一定的渠道表达自己的偏好，并使这些偏好进入最后决策者的考虑范围。此外，行政决策民主化需要防止“长官意志”，也就是要求决策者在了解民众偏好的基础上，通过民主程序来加总民众偏好并依据这样的社会偏好进行决策。

按照我国宪法的规定，政府官员往往是由同级人大选举产生，或者是由上级政府机关任命，因此在比较长的时间里对于政府官员的监督是一种间接的监督。目前，作为行政决策民主化的一个重要步骤就是在农村实行村长直接选举制：由一个村的成员直接选举村长和主要干部，参选的方式为自由报名，发表竞选演说。这是一个重大的转变，在农村实行的这种基层民主一旦发展成熟，其经验将逐步推广。

以三峡工程为例可以看出我国决策民主化的先兆。三峡工程从提出设想到最后实施经过了40年的时间，第一阶段的决策活动主要局限于在水利部和中央领导层进行讨论，其中包括中央政治局1958年1月和3月在南宁和成都两次会议上的讨论。到第二阶段，中央决定对三峡工程重新进行讨论。从1985年开始，人大和社会各界人士开始逐步加入讨论中，纷纷表达自己的意见。1986年6月中共中央和国务院联合发出了《关于长江三峡工程论证工作有关问题的通知》，成立了14个专家小组，非水利水电系统的专家占51.7%，这些专家小组的论证成为最终决策的重要依据，最后形成的议案吸取了相当多的反对意见和修改意见，使得最终决策在科学性上有了保证，也充分体现了决策过程的民主性。最终，在1992年4月3日，全国人大七届五次会议对三峡工程的议案进行表决。该议案获得1 767张赞成票，177张反对票，664张弃权票。

【本章小结】

1. 社会选择理论是福利经济学的一个重要组成部分，是研究如何将个人偏好集合为集体偏好的规则并最终提高社会福利水平的学科。社会选择理论的目标是解决各种资源配置的公共决策问题，它以效用理论为基础，包含各种投票理论、集体行为规律等理论。

2. 公共选择理论又称为公共部门经济学，是运用经济学方法来研究政治活动和政府决策等的交叉学科之一。它有两个基本假设，即政治过程交易化和经济人模型假设。前者说明了政治活动过程适用于市场法则；后者说明了政治活动主体是理性的，以个人利益最大化为目标。

3. 公共选择理论不仅研究了政治活动规律，而且对政治活动主体进行了深入的剖析，并对政治决策的形成提出了富有建设性的理论成果。另外，还对与市场失灵相对应的政府失灵作出了有效的分析，并对政府运作的效率提出了一系列改进策略。公共选择理论成果对我国政治体制改革与完善具有极为重要的借鉴意义，深刻理解公共选择理论对建立我国民主政治、加强法制建设、提高人民福利水平是不可或缺的。

4. 社会选择理论与公共选择理论虽然研究对象不尽相同，但却有异曲同工之妙。它们均涉及到集体选择问题，均研究如何达成集体偏好及实现集体决策的效率状况。

【关键概念】

社会选择　公共选择　多数票规则　一致同意规则
阿罗不可能性定理　集体非理性　投票交易　博达计数规则
否决投票规则　加权投票规则　单峰偏好　中位投票理论
直接民主制　代议民主制　利益集团　多元论　人民代表大会制

【复习思考题】

1. 阿罗不可能定理的内容是什么？其意义何在？
2. 试说明阿罗不可能性定理在实际中的应用。
3. 公共选择理论主要借用经济学中的哪两个分析范例来分析政治行为？
4. 试比较分析全体一致原则和多数表决规则各自的优缺点。
5. 在代议民主制下，利益集团是如何作用于政府行为的？
6. 结合实际，运用公共选择理论的有关思想和方法，简要分析目前我国公共经济决策的现状。
7. 请分析说明民主集中制与代议民主制的异同点。
8. 阐述一下如何提高我国政府公共决策的效率。

【应用案例】

岳阳市长二次选举才通过

据《潇湘晨报》报道，2003 年 1 月 3 日晚上 8 时 30 分，湖南岳阳市市委中心礼堂内，大会执行主席陈志刚宣布罗碧升以 335 票（实际到会代表人数为 416 票，无记名投票）当选市长。富有戏剧性的是，50 小时前（2003 年 1 月 1 日下午6时30分)，在同样的会场，市长候选人罗碧升的票数未过半。“上届市长罗碧升当时坐在主席台上，他是此次岳阳市长的唯一候选人，他获得203票，而实际到场的人大代表431人（应到代表人数432人），因未能超过半数，市长落选。”短短50个小时，赞成票何以从203票飙升到335票？两次选举后出现的掌声和沉默——两种截然不同的反应，也让人们十分好奇这50个小时的迷局。

1月6日晚上，一位与会代表接受采访说，绝对不存在贿选的可能，“1月2日上午，有关方面到各个代表团征求代表的意见，是否愿意进行重选。”另一位与会代表告诉记者：“1月3日上午，大会主席团派人来我所在的代表团征求意见，要求重新选举市长，并可以提出新的候选人。”此后，陆续有代表到主席团联名提名罗碧升当候选人。来自岳阳市人大的消息证实了上面的说法，其具体过程如下：1月2日上午12时收到重选提议书，主席团立即进行了研究。1月2日下午，岳阳市市委和大会主席团向湖南省委和省人大作了紧急请示，得到答复是：可以另行选举，省委同意再度推荐罗碧升为候选人。1月3日上午8时35分，大会主席团又打电话到全国人大作了咨询，全国人大法工委行政法室副主任王世瑚答复说：“代表要求进行重选是可以的，但必须按法律程序进行。”1月3日下午3时，主席团会议作出决议：另行选举市长，并根据省委推荐，重新提名罗碧升为市长候选人，在下午5时30分之前，代表联名20人以上可以另行提名市长候选人。下午5时40分，大会主席团宣布：现在各代表团对是否确定罗碧升为正式候选人进行了表决，结果是：1票反对，2票弃权，并且代表们没有提出新的候选人，因此决定在1月3日晚上7时进行重选。一位人大代表说：“表决时采取的是现场举手的方式。”

1月9日上午，记者找到了最先提出重选的代表。该代表在罗碧升第一次落选后，感到非常意外，心情非常沉重，“开大会前是有市长的，开大会后如果突然没了市长，这对于有530万人口的岳阳市而言，没有一个当家人是不利于稳定和发展的。”该代表仔细阅读了《地方组织法》，并咨询了有关专家和部门，觉得进行重选不会和法律抵触，1月2日上午10时，他第一个在重选提议书上签了名。第二个签名的代表是平江县的一个镇长，他说：“重选市长是必要的，是第一位的，选谁当市长是第二位的。”第四位在重选提议书签名的企业界代表也表示了同样的看法，他说：“如果不能通过人大代表选举产生市长，很有可能就是上面委派，不管怎么样，重选产生的市长总比委派的在法律上站得住脚，也更令人民信服得多。”1月2日上午，有23位代表在重选提议书上签了名。1月2日上午12时许，一位来自企业界的代表将提议书提交到大会主席团。在这50个小时中，还发生了这样一个小插曲：1月2日，人大按照既定程序开会，在分组讨论时，罗碧升到各个代表团作了巡回演讲，从几个不同渠道证实，罗碧升讲这番话的过程中，颇动感情，不少人大代表当场哭了。一位代表说："罗碧升第一次落选后表现出来的冷静和成熟，让我重新认识了他，并最终投了他一票。"

在选举风波之后，罗碧升第一句话就是："我现在成了 2003 年中国第一位新闻人物。"接下来，他对自己作了如下的评价："我这个人有'三太'：做工作太急、太躁，批评人太狠，从客观上讲，履行岗位职责太急了点，从主观上讲，也是我修养不够。"罗碧升的哥哥双目失明，现在呆在农村老家，靠他每个月寄钱养活，他的姨侄女在华容县城以擦鞋为生，他的一个亲姨侄从小残疾，要求照顾，罗没有答应，"你好好务农，我不能安排。"罗碧升说："即使最后真的落选了，我也坦然，因为我不是因为贪污腐败犯错误被拿下来的。"一位熟悉罗碧升的代表告诉记者，罗碧升从不配秘书，已伴随他 5 年的"坐骑"是一辆很普通的桑塔纳 2000 轿车。

所有的代表都对罗碧升的勤政给予了肯定。一位代表说，罗碧升在第一任市长期间，几乎没有双休日，经常在双休日召集部下开会、谈工作，有时直到晚上 11 时都在办公室工作，"但这也引起了部分官员的不满。"一位交通系统的官员说："虽然勤政是对每个官员的基本要求，但也不能在双休日和半夜三更地吵别人，又不是什么紧急事，况且双休日和下班时间是国家法定休息时间，勤政是个人的事，干吗要影响别人的休息时间呢，这于法于理都说不通。"市政府一位不愿意透露姓名的官员说，罗碧升在落选之后，曾交代他有两件事记得要办，一是岳阳市粮食包装厂有 100 多户困难职工，要解决经济适用房；二是两个破产企业中，有 3 个职工得了尿毒症，要医院组织检查，"能够换肾尽量换，采取募捐的形式来筹款。"还有一个插曲是，在岳阳市本次人大会议之前，湖南经视播放了《人大主任》这个电视连续剧，该片主要讲述的是一个人大主任如何扳倒一位腐败市长的故事，在岳阳当地收视率极高。该电视剧刚播出 4 集就因十六大召开停播了一段时间，十六大后继续播出，刚好在岳阳市 12 月下旬播完。一位代表告诉记者："此次人代会上代表们所表现出来的行使权力的激情，不能说与此片的播出没有关系。"

第九章

人口发展与应用经济福利

学习目标

通过本章的学习，要求认识到福利经济学是从经济学研究的范畴分离出来并使之成为独立研究的领域，是从宏观经济和人口因素的角度展开对经济福利的影响研究。要求掌握本章设立的能够反映经济福利状况的指标，以及经济福利与人口发展的关系。要求深入理解经济福利指标的类别和确定，了解经济发展、人口发展以及经济福利等之间的关系和我国社会经济福利的实际发展状况。

第一节 经济福利指标的确定

一、生活福利水平与消费水平的区别

通俗地讲，经济福利一般是指人们由收入状况决定消费所得到的利益。人们在现实生活中不仅从物质消费中得到利益，而且还从精神文化消费中得到利益，由此获得幸福与满足、快乐与健康。但是，为分析经济福利水平就必须确定一些可量化的指标，以此作为政府部门制定经济发展战略决策和提高经济福利水平的目标。因此，我们可以选出一些与经济福利有关的，并能直接或间接的用货币尺度来衡量的分析指标。

我们对经济福利的分析可以从生活福利水平和消费水平两个方面入手。生活福利水平涵盖的范围较为广泛，其中包括收入水平、生活环境及条件、文化教育及卫生医疗水平、各种社会保障制度等带给人们的不同利益，而消费水平则只是从狭义的个人消费状况分析经济福利水平。个人消费是人们生存和发展的必要条件，满足个人需求的物质资料称作个人消费品。因此，消费水平主要与个人的利益有关，而生活福利水平主要与整个社会经济发展程度有关，在使用这两个概念时还是应该有所区别。与之相对应的是消费标准和生活福利标准。那么，“水平”与“标准”有何区别呢？所谓“水平”是指某事物客观发展所达到的高度或程度，消费水平和生活福利水平是指被个人或群体消耗各种物品的总和。所谓“标准”是用来衡量事物的准则，消费标准和生活福利标准就是指个人或群体所期望达到的水平，是一种衡量指标。无论生活福利水平或消费水平达到或高于其标准的则继续享受其利益，低于其标准的则应该采取措施给予提高。消费标准和生活福利标准一般由政府部门或权威机构制定。无论消费水平、生活福利水平，还是消费标准、生活福利标准都是可变的。制定的消费标准或生活福利标准应根据消费水平或生活福利水平的提高作相应的调整和修改，以反映人们感受到的经济福利水平的变化。

二、消费水平指标和生活福利水平指标的确定

我们用一些具体的消费水平指标和生活福利水平指标来分析人们的经济福利状况是比较科学的。但是，消费水平和生活福利水平提高会受一些因素的影响。因此，在选择一些与消费水平和生活福利水平相关的指标时，应把国内生产总值

增长、收入分配形式以及人口规模视为对这两个指标起主要影响的因素。

在传统的分析方法中，人们认为消费水平是反映经济福利状况的首选指标，这一方面是因为该指标更接近实际情况，比较可靠；另一方面是因为消费状况比现有收入水平更能反映人们较长期经济福利水平。对消费水平的量化分析是选择一些与人们生活紧密相关的指标，这就涉及吃、穿、住等方面的实际支出状况，具体可从以下几个方面进行分析。

（一）消费支出状况

有消费需求就要有货币支出，而收入水平是决定消费结构的重要因素。一个家庭的收入水平越低，其总支出中用于食品消费的比率就越大。随着收入水平的上升，用于食品消费支出的绝对数也在增长，但在家庭总消费支出中所占的比率是下降的，这是客观变化的规律。用计算食品消费支出占总收入的比率，就是恩格尔系数。人们对衣着消费及其他基本生活消费支出占收入的比率趋于上升或基本稳定后，也会随之出现下降趋势，直到生活中非必需消费支出比率逐渐上升。如：高档耐用消费品、旅游、教育、保健及文化娱乐等消费支出会占越来越大的份额。恩格尔系数主要是以食品消费支出占总收入的比率来反映消费水平的。因此，恩格尔系数越高，消费水平越低；反之，恩格尔系数越低，消费水平越高。联合国粮农组织根据恩格尔系数值的高低，大体上将居民消费支出所反映的生活状况分为贫困、温饱、小康和富裕四个发展阶段。恩格尔系数在60%以上为绝对贫困，50%～59%为温饱，40%～49%为小康，30%～39%为富裕，恩格尔系数降到30%以下为最富裕。绝对贫困往往是生活处于最差状态，缺衣少食、居住条件极差，生病得不到医治，不识字又没有受教育的机会，这种状况是最不令人满意的。

由于消费结构与收入水平有很大关系，因此，收入水平低的家庭总是在最基本的生活需求支出较大。世界银行曾对某些发展中国家的家庭收入和支出的调查资料进行过分析，发现收入差别对教育和医疗保健支出比率有一定影响（见表9—1和表9—2）。最明显的特征是，收入越低的家庭往往在教育和医疗方面的支出越少。因此，两者之间一般成正比。

表9—1　　发展中国家不同收入档次用于教育支出的比率　　（%）

国家	年份	收入档次				
		1（最贫困）	2	3	4	5（最富裕）
亚美尼亚	1996	7	17	22	25	29
科特迪瓦	1995	14	17	17	17	35
尼泊尔	1996	11	12	14	18	46
尼加拉瓜	1993	9	12	16	24	40

续表

国家	年份	收入档次				
		1（最贫困）	2	3	4	5（最富裕）
巴基斯坦	1991	14	17	19	21	29
坦桑尼亚	1993	13	16	16	16	38
越南	1993	12	16	17	19	35

资料来源：《2000/2001 年世界发展报告与贫困作斗争》，世界银行，2000 年

表 9—2　　发展中国家不同收入档次用于医疗保健支出的比率　　(%)

国家	年份	收入档次				
		1（最贫困）	2	3	4	5（最富裕）
保加利亚	1995	13	16	21	26	25
加纳	1994	12	15	19	21	33
印尼	1987	12	14	19	27	29
肯尼亚	1992	14	17	22	22	24
蒙古	1995	18	20	19	19	24
越南	1993	12	16	21	22	29

资料来源：《2000/2001 年世界发展报告与贫困作斗争》，世界银行，2000 年

（二）饮食结构

食物是人们生存的物质保证，维持生命存活必须要有最基本的食物来满足生命的代谢需求。但是，从提高饮食质量、增强体质、延长寿命的角度讲，就不能只求吃饱，还必须追求食物的营养构成。因此，食物的质量是至关重要的。在发展中国家，营养不良是人口健康状况欠佳、人口过早死亡的一个重要原因。贫困人口的膳食特征是食物单一，维持生命的食物消费以谷类为主，肉类食物、蔬菜、豆类制品的摄入量都很低。以人体摄入营养热量的最低标准为 2 300 卡路里来看，到 20 世纪 90 年代，人均国内生产总值达到 2 000 美元以上国家的人口摄入食物的热量都超过这一标准，而人均国内产值在 1 000 美元以下的国家，其人口摄入食物的热量均低于这一标准。事实上，随着社会经济的发展，生活水平的提高，人们对食物消费构成有一个从谷类消费量降低到食物质量提高的过程。从人们饮食消费结构的变化进行分析，应重点关注人均肉、蛋、奶等高蛋白食物及蔬菜、瓜果消费量的增长情况。

（三）住房状况

住房作为最基本的生活资料之一，是家庭成员休息、生活的地方。因此，对住房舒适性的要求会越来越高。住房是否舒适的一个主要因素与住房面积有关。住房面积越大，室内生活空间越大，这就意味着对住房的支付费用越高。观察住

房状况是以人均住房拥有量（几间）或人均住房面积来衡量消费水平的。此外，还要看住房内是否有厨房、厕所等完善的生活设施，做饭使用何种燃料（如柴、煤、煤气或天然气等），以及住房的建筑材料构成（如建房用的是土坯、石头、砖瓦，还是钢筋混凝土等），这已成为分析住房状况的重要方面。但是，现在又进一步提出健康住房的理念，而世界卫生组织对健康住房是有许多要求的。这包括对使用装修材料会引起人体过敏症的化学物质浓度要很低；整幢建筑要有性能良好的中央换气系统，特别是应保证那些高气密性、高隔热性的住房能定时换气；厨房或吸烟处要有局部排气设备；室内全年温度应保持在 17～27 摄氏度，湿度保持在 40%～70%；二氧化碳浓度要低于 0.1%；悬浮粉尘浓度要低于 0.15/平方米；室内噪声要小于 50 分贝；每天室内日照时间在 3 小时以上；住房要便于老年人和残疾人的生活及对他们的护理；要有足够的人均建筑面积以确保个人生活的私密性；新建住房因含有害挥发性物质须经一段时间的通风换气后才可入住等。由此可见，住房状况已开始向健康住房的理念延伸，它包括了与居住环境有关的各个方面。

（四）家庭耐用消费品的数量和种类

人们生活中需要的消费品种类很多，但是，其中能反映消费水平提高的是家庭拥有耐用消费品的数量和种类。所谓耐用消费品是指价格相对较高、使用时间较长的商品，只有收入水平提高了，才能增加购置耐用消费品的支出。毫无疑问，随着需求的增长和收入水平的提高，家庭购买耐用消费品的数量和种类会逐渐增多。国家统计局 2000 年的家庭耐用消费品统计达 35 种之多，但大致可分为高档服装、家具、家用电器、中高档乐器、健身器材、移动电话以及摩托车和家用汽车等几大类。其中有些耐用消费品在今天看来已不足为奇，而有些耐用消费品已由奢侈品变为生活必需品。在新的形势下，一般选择最能代表时代性的耐用消费品来衡量消费水平。例如，家用小汽车、电脑、电冰箱、大屏幕彩电、移动电话等的家庭拥有量来反映时代的消费水平。

我们可以把生活福利水平视为个人消费水平的向外延伸，这是从社会经济发展的角度分析经济福利水平。因此，生活福利水平指标涵盖的范围更广，其中涉及到国内生产总值、实际收入分配水平，属于社会投资为大家共同享有的福利设施建设状况、卫生环境状况、各种社会保障措施的发展状况等，分析生活福利水平可以选择下面一些指标。

1. 人均国内生产总值（或人均国民生产总值）

国内生产总值（GDP）是经济学中经常使用的宏观经济分析指标，主要有收入法和支出法两种统计方式，而汇总的国内生产总值收入量和支出量是相等的。人均国内生产总值是从宏观上反映与收入水平有关的重要指标。用人均国内生产总产值作为分析经济福利水平的指标只考察初次分配水平。很显然，人均国内生产总值是以人口数量为分母计算的，因此，它与人口规模有关。如果以人口规模为变量计算的人均国内生产总值越大，说明生活水平越高，反之则越低。用国内生产总产值与总人口之比反映一个国家的生活福利水平，尽管这是一个很粗略的指标，但是有利于国家间的比较，使彼此间的差距一目了然。例如，世界银行 2000—2001 年发展报告的数字显示，丹麦的人均国民生产总值已达到 32 030 美元，居世界第 7 位；瑞士的人均国民生产总值为 38 350 美元，居世界第 3 位；而中国当时的人均国民生产总值只有 780 美元，排在世界第 140 位。

我们应该注意到这一指标的局限性。由于人均国内生产总产值是以国内生产总值除以总人口数的平均值，这种人均计算法仅说明宏观收入水平的变化，无法反映出社会存在的贫富差距及分配不公，这就很难正确评价人们真实的生活福利水平。因此，人均国内生产总值掩盖了个人之间实际收入分配水平的差距。这种宏观经济收入的平均化，很容易将生活福利水平质的差别转变为简单的量的差别，如果仅用这一指标说明各国间生活福利水平的差异，显然还是不够的。

另一方面，在很早以前就有学者对用人均国内生产总值反映经济收入总量的变化持批评态度。因为，国内生产总值的增长往往是以牺牲环境、生态受破坏为代价的，而人们在生活中也会深受其害。但是，我们只看到经济总量产出或经济总收入的变化，却忽视了生态环境受破坏的程度，从而产生了对国内生产总值增长的质疑。按照国外学者的观点，在人均国内产值提高的过程中，生态环境破坏指数也在上升，当人均收入达到 8 000 美元时，生态环境破坏指数才会下降。然而，随着科学技术的进步及对环境保护的重视，这一转折点可能会提前出现。由于不同时期各国或各地区的生产力发展水平不同，对环境破坏的类型也就不一样。发展中国家以农业为主，过度砍伐森林，植被受到严重破坏，导致土地沙化严重。例如，1988 年布基纳法索耕地退化引起农作物、牲畜减产，使国民生产总值损失 8.8%；1989 年哥斯达黎加大量砍伐林木，造成国民生产总值损失 7.7%。而工业化国家的发展主要是造成了对环境的污染。例如，1981 年美国为控制大气污染，使国民生产总值损失 0.8%～2.1%；1985 年控制水污染，使国民生产总值损失 0.4%。1990 年德国大气、水、土壤的污染及生物多样性的破坏，使国民生产总值损失 1.7%～4.2%。1990—2001 年我国的经济高速发展，环境破坏也在加剧，单位产值氮氧化物排放量是美国的 61 倍，二氧化硫排放量是日本的 69 倍，我国到手的每一笔收入都要比发达国家消耗更多的资源、造成更大的污染。有些专家认为，如果把中国环境污染因素考虑进去，中国的平均经济增长率会下降两个百分点。由此可见，无论是国内生产总值还是国民生产总值的增长都隐含着生态环境破坏对其造成的损失。我们在发展经济的过程中，应该重视环境保护，把绿色国内生产总值作为反映生活福利的指标。

2. 实际人均收入分配水平

在现实生活中，人们的实际收入水平是千差万别的，由此导致对生活的满意度也就不同。但是，从理论上分析，在人均收入随国内生产总产值不断增长而提高的过程中，实际人均收入分配水平的差距会缩小，人们的生活水平也会逐渐提高。判断实际人均收入分配水平一般采用洛伦茨曲线和基尼系数的分析方法。本书前面部分已讲过，洛伦茨曲线是通过计算，用直观的图形表示实际人均收入分配水平。在正方形坐标图上，不同人群的收入水平占社会总收入的百分比曲线越接近对角线，表示实际收入分配水平越平均；反之，越是远离对角线，实际收入分配则越不平均。基尼系数是用计算出的数值反映实际人均收入分配水平。基尼系数 $G=A/A+B$，其取值范围在 0～1。如果 $G=1$，则表示实际收入分配绝对不平等，这意味着占社会总人口 99.99%的人所获得的收入为 0，全部社会收入都分配给一人所有；如果 $G=0$，则表示实际收入分配绝对平等，即在社会总人口中，每 1%的人所获得的收入也占社会总收入的 1%。因此，基尼系数越接近 0，表示收入分配越平均；越接近 1，则表示收入分配越不平均。例如，表 9—3 列出几个发达国家和发展中国家实际收入比率差异分布及基尼系数情况，虽然有调查年份的差别，但大致反映出 20 世纪 90 年代各自国家当时的实际收入分配状况。在发达国家中，日本的基尼系数最低，实际收入分配水平相对较为平均，而美国的基尼系数则最高，其实际收入分配状况是最差的。在发展中国家，印度和越南的基尼系数较为接近，菲律宾的基尼系数则最高。

表 9—3　　不同国家的收入分配百分比分布和基尼系数

国家	调查年份	基尼系数	收入百分比份额分布						
			最低的10%	最低的20%	第二个20%	第三个20%	第四个20%	最高的20%	最高的10%
加拿大	1994	0.315	2.8	7.5	12.9	17.2	23.0	39.3	23.8
美国	1997	0.408	1.8	5.2	10.5	15.6	22.4	46.4	30.5
英国	1991	0.361	2.6	6.6	11.5	16.3	22.7	43.0	27.3
法国	1995	0.327	2.8	7.2	12.6	17.2	22.8	40.2	25.1
德国	1994	0.300	3.3	8.2	13.2	17.5	22.7	38.5	23.7
日本	1993	0.249	4.8	10.6	14.2	17.6	22.0	35.7	21.7

续表

国家	调查年份	基尼系数	收入百分比份额分布						
			最低的10%	最低的20%	第二个20%	第三个20%	第四个20%	最高的20%	最高的10%
印度	1997	0.378	3.5	8.1	11.6	15.0	19.3	46.1	33.5
菲律宾	1997	0.462	2.3	5.4	8.8	13.2	20.3	52.3	36.3
越南	1998	0.361	3.6	8.0	11.4	15.2	20.9	44.5	29.9

资料来源：《2000/2001年世界发展报告与贫困作斗争》，世界银行，2000年

3. 医疗事业发展水平和医护人员数量

这是从公共医疗卫生事业发展状况关注生活福利水平的指标。人人拥有身心健康是生活中的一种快乐与幸福，但患病、伤残也是不可避免的。长期以来，我国一直把医疗卫生事业视为一种福利事业来发展，这其中包括改革开放前实行过的公费医疗制度，而改革完善医疗制度，仍然是把提高医疗水平、降低患者的医药费负担摆在首位。医疗条件的改善和医护人员的增加，是患者能及时就医并得到细致医疗服务的必要条件。衡量医疗条件改善的程度是各类医院、卫生院、疗养院的数量增长情况，以及医疗床位数、每万人配置的医生、护士增长情况，这都与患者就医的难易程度有关。其中最能综合反映这一状况的是医疗卫生的公共开支占国民生产总值的比率，高收入、高福利国家往往是公共医疗卫生的开支较高。例如，根据世界银行公布的数字，1990—1998年高收入国家医疗卫生公共开支占国民生产总值的6.2%，而低收入国家仅占1.3%，同期我国的医疗卫生公共开支占国民生产总值的2.0%，虽然略高于低收入国家的水平，却又明显低于高收入国家的水平。

4. 交通运输业发展状况

交通运输业的发展程度与人们的出行有关，同时也会影响到乘坐交通工具的费用支出状况。现代化的生活水平必须要有现代化的交通条件，虽然总体上难以用人均量化进行分析，但是，以人为本发展交通运输业，使交通运输工具的种类、数量增多，达到人流、物流通畅。能否为人们的工作、学习、购物、旅游、探亲访友提供便利、快捷的交通工具是交通业发展的重要方面。而且，交通运输业越发达，可供选择的交通工具越多，人们乘坐交通工具的费用支出会越低。世界银行的报告一般是以铺设公路的长度，公路、铁路运输量，航空客运量为测定交通运输发展状况的指标。

5. 环境卫生状况

人们感受到的环境卫生状况涉及的是一种社会生活环境，这与每个人的身心

健康密切相关。空气中有害物质含量及成分、噪音程度、水质洁净度，以及城市生活垃圾的清运，生活污水的净化处理等都会决定着人们对周围生活环境的满意度。我国在这些方面已建立起相应的检测指标。例如，有些大城市每天都公布空气质量状况报告，对有害气体及颗粒悬浮物进行监控，以及对大江、大河的水质进行检测等。世界银行报告中测定居民生活用水质量状况，采用获得水源改善的人口比率，测定环境卫生质量采用获得环境卫生设施的人口比率。

6. 各种社会保障制度的建立与发展状况

建立和完善各种社会保障制度是为了充分发挥社会的救助功能。它可以对需要救助人群的生活、就医提供基本的保证，对生活困难及意外伤害提供资金上的帮助和支持。社会保障制度的建立和发展，能切实体现出这种福利事业所发挥的社会效益。用于各种社会保障的资金是取之于民、用之于民。这些资金在国民收入中所占比例、社会保险费人均占有率、参加医疗保险人数、参加意外灾害保险人数、参加失业保险人数等，都可作为评估指标。特别是在我国人口老龄化问题日显突出的时候，面对大量增加的老龄人口，建立和完善养老保险制度，使他们安度晚年尤其重要。老龄人口作为一个需要特殊照顾的群体，他们的生活福利应主要体现在“老有所养、老有所医”等方面。

7. 婴儿死亡率

所谓婴儿死亡率是指出生后不满 1 周岁的婴儿死亡率。由于婴儿的体质较弱，容易生病，如果再因为缺少营养，医疗条件差，死亡率必然会很高。因此，国际上通常十分重视婴儿死亡水平，通过观察婴儿死亡率即可以反映医疗水平发展状况，又可以测定生活福利水平。事实表明，凡是收入水平和福利水平较高的国家，其婴儿死亡率都比较低。例如，根据世界银行报告的统计，1998 年世界婴儿死亡率的平均水平为 54‰，其中低收入国家高达 68‰，中低收入国家为 59‰，而高收入国家的婴儿死亡率仅为 6‰，其差距十分明显。

8. 人口的受教育程度

教育作为政府为民提供的一种福利事业，首先体现在实行义务制的初等教育，使所有家庭的学龄儿童都能上学，在此基础上不断提高受过较高教育的人口比率。由于受教育程度与受教育年限有关，因此，根据不同情况采用不同的评估方法。如在评估普及初等教育方面所达到的水平有学龄儿童入学率、小学升学率、初中升学率。在反映人口受教育程度时，可采用每万人达到中、高等教育水平的人口比率评估指标，以及平均受教育年限的评估指标等。

9. 文化用品的需求状况

文化用品是一种满足人们精神生活和知识需求的消费品，是衡量生活福利水平不可缺少的一项指标，其中包括人们对各类书籍、报纸、杂志等的需求程度，甚至还可以包括电视收视率、看电影的次数等。对文化用品的需求程度虽不及生活必需品那样强烈，但在生活富裕之后，对它们的需求会呈上升趋势。这也恰好说明人们消费层次的逐渐提高，在物质生活得到满足之后开始追求对文化用品的精神消费。

根据消费水平和生活福利水平两种不同含义的划分，并确定相应的多项指标，对一个国家的经济福利发展状况进行分析，具有重要的现实意义。当然，这些分析方法还可以补充和完善，目前最需要探讨的是如何将各项指标纳入一个科学的综合评价体系，使我们对经济福利水平的分析更加一目了然。

第二节 人口增长与经济福利水平

一、人口增长对经济福利的影响

从人的社会属性的角度讲，人口是具有一定数量和质量的人所组成的社会群体，是社会经济生活的主体。对每一个人来讲，提高经济福利水平就是尊重人的价值，对于整个国家而言，则是关系到人口与经济协调发展、创造和谐社会的问题。

经济福利给予的对象是由人组成的社会群体，因此，我们在研究制定经济福利预期要达到的水平时，人口增长问题就被摆在十分突出的位置上，不仅要考虑到社会经济发展决定人口的经济福利水平，还必须认识到引起人口增长的主要因素对经济福利水平的反作用。

引起人口增长的主要原因是出生率和死亡率的变化，这两个基本变量的变化趋势及程度，决定着人口增长速度和人口规模。很显然，在一般情况下，当出生率长期高于死亡率时，人口增长呈上升趋势；反之，出生率长期低于死亡率则导致人口增长趋于降低。影响出生率和死亡率水平变化的因素是十分复杂的。出生率一般是由社会经济的发展水平、文化教育的普及和提高程度，以及生育观念的转变等因素所决定的。而死亡率的下降则直接取决于社会经济发展创造出的各种条件，这其中包括医疗水平的提高、卫生环境的改善对预防和治疗各种疾病能力的提高；食物与营养、劳动与休息的调节对增强身体健康、延长人体寿命所起的作用等。就一般情况而言，死亡率会早于出生率呈现下降的趋势。在这个问题上，世界各国大致分为两种情况。第一种情况是发达国家的出生率和死亡率都已降到很低的水平，人口增长率十分缓慢。第二种情况是许多发展中国家的人口出生率依然较高，下降速度过于缓慢，而死亡率的下降幅度相对较大，人口仍保持较快增长。因此，人口增长率高、人口规模大的国家要提高经济福利水平有一定的难度。其不利因素首先是人口增长太快会降低原有人口的消费水平。人出生后首先是纯消费者，人口过快增长，实际上就是消费人口过快增长。在社会经济发展滞后的情况下，过快的人口增长只能使人们的消费在低水平上徘徊，改善和提高经济福利水平也就无从谈起。其次，人口过快增长会影响到用于扩大物质再生产的资金积累。经济福利水平是建立在一定物质基础上的，只有国内生产的财富增加了，人们的福利水平才会提高。第三，人口过快增长必然要加大对人口的投资，这主要表现在对婴幼儿的哺育、青少年的培养和教育投资的增加，由此造成社会生产性投资的减少。在一般情况下，国内生产总值与投资规模成正比，在物质生产投资减少、国内生产总值增长缓慢的情况下，提高经济福利水平是很困难的。

在人口数量大、出生率高的早期经济发展阶段，人们的生活状况往往处于较低水平，人口的增长与基本的消费需求同步上升，消费结构主要以食物及一些生活必需品所组成，这是一种以保证最基本需求为目的的经济福利。新中国成立后的很长一段时期，面对人口增长的压力就曾实行过粮油按人定量供给及低租金福利分房制，以使生活资料中最基本的两大需求得到满足。产生这种现象的根源是我国当时的经济基础十分薄弱，生产力水平低，国内生产总值增长缓慢，而人口增长又失去控制造成的。

经济福利水平绝不是空洞的概念，必须通过生活福利水平和消费水平指标使之具体化的反映出来，人们不仅在现实生活中能够感受到这种变化，而且可采用一些相关的量化数据进行理论分析。生活福利水平和消费水平一方面是由社会经济发展所创造出来的物质基础决定的；另一方面又会受到人口增长因素的影响。人口增长处于静止状态是相对的，当社会经济发展受到人口增长的因素制约时，人们的经济福利水平不仅难以提高，甚至还可能出现降低的现象。

人口规模影响人均国内生产总值。国内生产总值通常是各物质生产部门劳动者一年内新创造的价值总和。从价值形态看，它等于一个国家一年内所生产的社会总产品的价值（即国内生产总值）减去同期所消耗的生产资料的价值；而从实物形态看，它等于一国生产的社会总产品减去消耗掉的生产资料后的剩余部分。在劳动生产率和生产资料消耗已定的情况下，人均国内生产总值与人口规模及劳动人口所占比率有很大关系。新增劳动力创造的价值能促使国内生产总值上升，而纯消费人口增加有可能抵消国内生产总值的增长。因此，国内生产总值以人均计算更能反映真实情况。从提高经济福利水平的角度讲，人口数量与国内生产总值的关系使我们更加注意人口规模的自变量对人均国内生产总值的影响。

劳动力数量影响收入分配水平。在对经济福利的分析中，收入分配水平占极其重要的位置。从根本上说，劳动力的供给状况是由以往的生育水平决定的，人口的增长也就意味着劳动力数量的增加，而社会经济的发展速度和规模决定着对劳动力的需求状况。因此，劳动力的供求矛盾直接关系到劳动者的收入分配水平。当劳动力的需求大于供给时，有利于收入分配水平的提高；相反，劳动力供给大于需求则会使收入分配水平降低。

人口发展状况决定着国家对各类医院、疗养院设置的数量及分布。在现代社会生活中，大力发展医疗保健事业充分体现了对人的生命价值的重视，有病能及时治疗、人人享有健康是公共福利水平发展程度的最好体现。随着生活水平的提高，人们更加注重疾病的预防与治疗，而综合性医院、专科性医院、卫生院的数量及分布，医护人员的配置，都与人口数量有一定关系。

社会公用设施的建设与发展是反映生活福利水平不可忽视的重要方面。社会公用设施为大家共同享有，它给人们的生活提供了方便条件，也创造了优美的生活环境。但是，社会公用设施的建设与完善同样受到人口规模、人口增长速度，以及家庭数量等人口因素的影响。

人口增长因素还会影响社会保障事业的发展。作为一种经济福利，各种社会保障是解决人们后顾之忧及意外事故发生的紧急保障，它使个人或家庭在经济上遇到困难时能得到一定帮助，凡是参加不同社会保障的各类人员都可享受到相应的待遇。但是，各种社会保障水平的提高往往受到人口因素的制约，人口规模大、增长率高，提高社会保障水平，扩大社会保障的覆盖范围就会遇到很大困难；而生育水平持续降低，人口老龄化，又会加重在业人口的社会养老负担。

教育事业在提高人口文化水平的过程中同样会受到人口增长因素的影响。提高人口的文化水平，重点是普及基础教育，不断提高受过中高等教育的人口比率，同时大力发展各类职业教育。因此，青少年人口数量、人口规模、人口增长速度决定了实施人口教育目标的难易程度和国家对教育投资的规模。适度的人口增长对教育作为一种大众化的福利事业的发展是有利的。

人口增长因素对消费水平同样产生影响作用。因为在人口增长快、年青人口比率高的情况下，必然会增加基本生活必需品的需求，改变消费结构会有一定的困难。只有人口与经济协调发展，人们对非生活必需品需求的增长才能代表消费水平真正的提高。

二、提高经济福利水平的重要因素

发展社会经济，提高经济福利水平是一项非常复杂的系统工程，必然会受到许多因素的影响和制约。但是，其中起重要影响作用的因素是人口出生率、投资率和教育水平。

很显然，经济福利水平与人口增长因素有关。人口增长速度取决于出生率和死亡率水平，而出生率的高低对其影响恐怕是最大的。因为医学的发展已经使人口死亡率降到较低的水平，出生率降低迟缓所形成的人口增长压力对经济福利水平的影响显得十分突出。当然，发达国家和发展中国家出生率的差别，对经济福利的影响是不一样的。许多发达国家的经济福利水平虽然较高，但出生率长期处于较低水平，人口增长缓慢，老年人口比率随之迅速上升，在业人口劳动收入分配中用于支付养老金的数额出现逐渐增长的趋势，这会影响到他们的收入水平。因此，某些发达国家为解决劳动力短缺问题，保持原有的经济福利水平不致降低，开始实行鼓励生育的政策。相反，许多发展中国家却仍然面临着不断的人口增长所带来的就业压力，在改善经济福利状况的同时，实行生育控制的政策。所以，不同的出生率水平所形成的人口状况，对经济福利影响的表现形式是不一样的。

在面对人口增长压力的国家中，要改善经济福利状况，就必须降低出生率，这是从控制人口增长的角度，解决经济福利水平低的问题。降低出生率所带来的明显效果是缓解生活必需品的消费增长，降低少儿人口抚养比率，减轻政府对青少年人口教育投资的负担，从而把更多的资金用于扩大再生产，为提高经济福利水平创造条件。

另一方面，从劳动力供求关系决定收入水平的角度分析，也必须把出生率作为重要的因素来考虑。收入水平决定消费水平，这是反映经济福利状况最基本的因果关系。在社会经济发展的初期，除了受生产力水平的制约，收入水平低往往是由于劳动力供给过剩造成的。新中国成立后的较长一段时间就曾实行过低工资多就业的政策。解决劳动力迅速增长的问题，就必须从源头降低生育水平，使每年进入劳动年龄的人口逐渐减少，达到劳动力供求趋于平衡，以利于提高收入分配水平。

为提高经济福利水平创造物质条件还必须不断提高投资率。在社会生产总量低，有效供给不足的情况下，要想从贫困中摆脱出来，就必须增加资本积累，提高物质生产的投资率。在发展生产并注重效益的过程中，投资率越高，经济发展的速度就越快，改善经济福利状况所需要的时间就越短。提高投资率不仅使生产规模扩大，而且还可以带动相关产业的发展，刺激对劳动力的需求。从人口与经济协调发展的角度看，如果从事物质生产的人口比消费人口增长慢，提高投资率可促进生产人口的增长；从就业的角度看，如果劳动力需求低于劳动力供给，刺激劳动力需求增长的有效办法同样是提高投资率。所以，在社会经济发展的过程中，面对人口增长的压力，在降低出生率的同时，国家提高物质生产的投资率对改善经济福利状况会产生积极的效果。

教育对改善经济福利状况所起的作用是无法替代的。人口的受教育程度往往与收入水平和健康状况有一定的相关性。根据世界银行2000年世界发展报告公布的数字显示，1998年世界低收入国家15岁以上男女人口文盲率分别为30%和49%，同期5岁以下儿童死亡率为107‰；而高收入国家15岁以上人口文盲率为零，5岁以下儿童死亡率仅为5‰；最贫困国家5岁以下儿童营养不良率达到50%，而富裕国家的这一比率不到5%，差距是十分明显的。教育在改善经济福利状况过程中所起的作用是潜在的，通过提高人们的受教育程度所发挥出来的劳动技能，不仅会提高他们的收入水平，而且生活条件的改善能增进他们的身体健康。教育水平的提高，至少在两个方面影响营养状况。首先，更高的受教育程度可以使人们更清楚地认识到营养对人体健康的重要性；其次，受教育程度的提高可以帮助人们获得更多的营养知识，改变膳食结构，使饮食习惯更加科学、合理。

重视教育，提高人口的文化素质对推动社会经济发展，改善经济福利状况十分重要，我们应该将教育投入视为改善经济福利状况的重点发展环节。教育的重要作用是提高国民的文化素质，在普及初等教育的基础上，不断提高中高等教育的人口比率，这有利于把消化吸收发达国家先进的科学技术用于迅速发展本国的生产力，为尽快提高经济福利水平创造丰厚的物质基础和有利条件。而且，人口的受教育程度对出生率水平也会产生影响。在一般情况下，出生率随人口受教育程度的提高而降低，因为受教育程度较高的人倾向于少生、优生，人口的文化水平普遍提高必然会促进出生率逐渐降低，这对缓解人口增长压力，提高经济福利水平将起到重要的作用。

第三节 对我国经济福利水平的分析与评价

2003年中国的人均国内生产总值达到9 030元，按当时的汇率计算已超过1 000美元，这是中国人均国内生产总值增长的一个里程碑。近20多年来，中国的人均国内生产总值飞速增长，1980年仅为460元，1990年上升为1 634元，增长了3.6倍；2000年达到7 078元，和1990年相比，又增长了4.3倍。中国的人均国内生产总值突破1 000美元以后，意味着消费结构将发生更大的变化，对住房、家用轿车、文化教育、医疗保健等方面的需求将有明显的提高，以前的奢侈消费品将成为生活必需品，而高收入人群会把手中的货币用于各种投资，以求更大的收入。人均国内生产总值超过1 000美元所带来的消费需求将开始向发展型和享受型的生活方式转变，对生活的满意度会逐渐上升。

一、我国家庭收入水平和消费水平变化的分析与评价

反映居民生活状况应该从收入和消费两个方面进行分析。消费水平的高低是由收入水平决定的，人们在现实生活中不断重复的各种需求总要先获得收入，然后实现消费目的得到满足，这是生活周而复始的循环过程。但是，随着收入水平的不断提高，消费水平上升、消费结构改善是必然趋势。我国最近20多年的社会经济迅速快速发展所带来的成果，使城乡居民家庭收入状况大为改观，1995年城乡居民家庭人均收入增长率达到历史最高点（见表9—4）。而城乡之间的居民家庭收入仍存在很大差距，无论是居民家庭人均收入的绝对数，还是增长率，农村家庭都低于城镇家庭，消费能力必然受到限制。

表9—4　　我国城乡居民家庭收入状况

年份	农村居民家庭平均每人纯收入		城镇居民家庭平均每人全部年收入	
	元	增长率（%）	元	增长率（%）
1990	686.31	72.61	1 516.21	102.45
1995	1 577.74	129.89	4 297.02	182.22
2000	2 253.42	42.83	6 295.91	47.13
2004	2 936.40	30.31	10 128.51	60.87

资料来源：2001年和2005年《中国统计年鉴》

我国的家庭消费水平是在20世纪80年代实行改革开放后迅速上升的。根据生活必需品消费支出的恩格尔系数的变化来评价（见表9—5），我国城镇居民家庭生活大约在1995年以前长期处于温饱水平。但是，从1996年开始已进入生活小康型，仅隔3年之后，于2000年又进入初步生活富裕型。在这样短的时间里，城镇家庭生活恩格尔系数不断降低，这反映了在收入水平提高的过程中，用于食品消费的支出在减少，消费结构发生了变化，消费能力有了明显提高。相比之下，农村居民家庭生活消费恩格尔系数虽然也在降低，但仍明显高于城镇，现在已达到初步小康型的生活水平。

表 9—5　　我国城乡家庭生活恩格尔系数的变化　　（%）

年份	农村居民家庭恩格尔系数	城镇居民家庭恩格尔系数	年份	农村居民家庭恩格尔系数	城镇居民家庭恩格尔系数
1978	67.7	57.5	1996	56.3	48.8
1980	61.8	56.9	1997	55.1	46.6
1985	57.8	53.3	1998	53.4	44.7
1989	54.8	54.5	1999	52.6	42.1
1990	58.8	54.2	2000	49.1	39.2
1991	57.6	53.8	2001	47.7	38.2
1992	57.6	53.0	2002	46.2	37.7
1993	58.1	50.3	2003	45.6	37.1
1994	58.9	50.0	2004	47.2	37.7
1995	58.6	49.2			

资料来源：2004 年《中国统计年鉴》

随着我国城乡家庭食物必需品消费支出不断减少，有些非生活必需品消费支出的比率开始上升（见表 9—6、表 9—7）。其中城镇和农村家庭居民的医疗保健、交通通讯和娱乐教育文化服务的消费支出比率明显上升。由于城镇家庭对商品房需求的增长，用于居住消费的支出比率不断上升，农村家庭这一消费比率则有些降低。由此可见，我国城乡家庭居民的消费结构已得到一定程度的改善，人们的生活质量有了提高。但是，在恩格尔系数平均水平下也掩盖了生活差别的存在。例如，2000 年我国城镇最低收入家庭的生活消费恩格尔系数为 49.5，处于小康生活标准的边缘；高收入家庭生活消费恩格尔系数为 34.6，达到生活富裕型的中间水平；而最高收入家庭的生活消费恩格尔系数为 30.8，已接近生活最富裕型。

表 9—6　　城镇居民家庭平均每人消费品支出构成　　（%）

消费品分类 \ 年份	1985	1990	1995	2000	2004
食品	52.25	54.25	49.92	39.18	37.73
衣着	14.56	13.36	13.55	10.01	9.56
家庭设备用品及服务	8.60	10.14	8.39	8.79	5.67
医疗保健	2.48	2.01	3.11	6.36	7.35
交通通讯	2.14	1.20	4.83	7.90	11.75

续表

年份 消费品分类	1985	1990	1995	2000	2004
娱乐教育文化服务	8.17	11.12	8.84	12.56	14.38
居住	4.79	6.98	7.07	10.01	10.21
杂项商品与服务	7.01	0.84	4.28	5.17	3.43

资料来源：2000 年和 2005 年《中国统计年鉴》

表 9—7　　农村居民家庭平均每人消费品支出构成　　（%）

年份 消费品分类	1985	1990	1995	2000	2004
食品	57.79	58.80	58.62	49.13	47.23
衣着	9.69	7.77	6.85	5.75	5.50
家庭设备用品及服务	5.10	5.29	5.23	4.52	4.08
医疗保健	2.42	3.25	3.24	5.24	5.98
交通通讯	1.76	1.44	2.58	5.58	8.82
娱乐教育文化服务	3.89	5.37	7.81	11.18	11.33
居住	18.23	17.34	13.91	15.47	14.84
杂项商品与服务	1.12	0.74	1.76	3.14	2.21

资料来源：2000 年和 2005 年《中国统计年鉴》

对于像中国这样的发展中国家来说，消费水平的提高通常是具体反映经济福利状况改善的较好指标之一。首先，表现在我国城镇家庭的食物消费结构已发生了很大变化，食物消费单纯以粮食为主向多种食物消费转变。根据国家统计局的数据显示，1985—2000 年我国家庭年人均粮食消费量大幅降低（1985 年人均消费粮食 138.8 千克，2000 年降为人均消费粮食 82.3 千克），而肉类、家禽、鸡蛋、水产品的人均年消费量明显上升，人们消费食物的质量有了提高。其次，是我国家庭中不同使用功能的大件耐用消费品拥有量开始上升，生活奢侈品变为生活必需品。随着住房条件的改善，城镇家庭每百户拥有的沙发、组合家具、沙发床、电风扇、洗衣机、电冰箱、彩电和影碟机的数量明显上升，每百户家庭用于休闲娱乐的照相机的拥有量也显著提高。相反，像缝纫机这样落伍的耐用消费品拥有量却在降低。当然，由于我国城镇居民家庭收入的差异，消费不平等的现象依然存在。在食物消费方面，蛋白质高的食品及瓜果的消费量与收入水平有关。统计资料显示，人均收入水平越低的家庭对这类食物的消费量越少，而有些价值较高的耐用消费品的拥有量与收入水平成正比的关系也十分明显。事实表明，收入水平低对消费档次的提升有很大的制约作用。第三，我国城镇家庭住房状况得到改善，人均居住面积扩大，这是我国自改革开放以来生活水平迅速提高的一个重要方面。在过去很长时期，我国实行的是住房公有制，随着经济体制的深入改革，住房开始商品化，许多家庭购买了住房，成为家庭消费投资最大的固定资产。党的十六大提出的全面建设小康社会宏伟目标的关键是看住房，为此，国家也制定小康人均住房标准。目前，我国农村家庭人均居住面积已由 1985 年的 14.7 平方米提高到 2000 年的 24.8 平方米，城市家庭同期人均居住面积已由 5.2 平方米提高到 10.3 平方米。今后，我国的家庭住房设计将进一步以人为本，向住房空间设计合理、室内生活设施齐全、功能细化、符合环保要求的方向发展。

为满足人们对居住环境的要求，现在又提出了健康住宅的理念。2004 年国家住宅与居住环境工程中心提出了《健康住宅建设技术要点》，对健康住宅的标准作了具体的规定。那么首先要知道什么是健康。根据世界卫生组织的定义，健康是指人在“身体上、精神上、社会上完全处于良好的状态，而不是单纯地指没有疾病”。把住宅与健康联系起来更加突出住宅设计与建设以人为本的思想。健康住宅要确保居住者广义上的健康，包括居住者自身的生理和心理健康、居住环境的人文与社会健康、短期居住与长期居住的健康。从健康住宅本身看是由许多因素构成的，不仅包括居住环境状况与温度、湿度、通风、噪音、光照和空气质量等客观因素有关，还包括人们的主观心理因素，如房间的空间布局、私密保护、视野景观、感观色彩、材料的选用等。由此可见，健康住宅是一个综合概念。仍在讨论中的《健康住宅建设技术要点》也提出了一些量化标准，如其中规定起居室净面积应不少于 16.2 平方米，卫生间面积不少于 4.5 平方米；卧室与书房白天噪音不高于 40 分贝，夜间不高于 30 分贝；每天日照时间不少于 2 小时；居住地绿化率应大于 35%，医务和保健人员的配备不低于居住区人口的 1/2 000等等。健康住宅的核心理念是首次将物质环境内容和人们内心感受的非物质环境内容结合起来综合评价，提出了以居住区环境健康作为人们心理感受评价的物质基础，以人们心理满意度作为居住环境健康评价的重要指标。

二、对我国生活福利水平的分析与评价

在生活福利水平特定指标的分析中，人们首先感触到的最核心问题是收入分配状况。社会经济发展的最终目标是满足人们不断增长的生活需求，从而真正体现出经济福利水平的逐渐提高。在这个发展过程中，社会产品在个人之间是否合理分配，始终是社会最为关注的问题。在以货币为交换媒介的商品社会里，货币收入则体现了收入分配的状况。我国在改革开放前的收入分配状况长期处于低水

平，而那时的国内生产总值增长也很慢。在由计划经济向市场经济转型的过程中，劳动者的生产积极性得到充分发挥，社会经济总量迅速增长，收入分配总体水平开始提高，但个体收入分配的差距也开始扩大，来自国家统计局的资料已证实了这种现象的存在。城镇家庭年人均收入从 1985 年的 821.40 元提高到 2002 年的 8 177.40 元，即增长了近 9 倍，而城镇家庭收入分配占社会总收入比率的分布却不平均（见表 9—8）。

表 9—8　　中国城镇家庭收入分配的分布及基尼系数

年份	基尼系数	最低的 20%	第二个 20%	第三个 20%	第四个 20%	最高的 20%
1985	0.263 4	11.05	13.71	18.43	25.14	31.67
1990	0.283 0	10.52	13.13	18.22	23.35	32.73
1995	0.329 6	9.35	11.93	17.49	25.91	35.33
2000	0.387 7	7.62	10.41	16.88	26.99	38.10
2002	0.477 7	5.47	8.30	15.29	27.18	43.75

资料来源：历年《中国统计年鉴》

虽然，每 20%的家庭收入占社会总收入的比率随家庭收入等级的提高而上升，但是，1985—2002 年分别以 20%家庭表示收入等级的前三种类型占社会总收入的比率却在降低，而后两种 20%的家庭收入类型占社会总收入的比率在上升。因此，计算出的基尼系数也在提高。用洛伦茨曲线表示收入分配状况的差距也在扩大（见图 9—1）。2002 年农村的收入分配基尼系数为 0.428 3，接近同期城镇的水平。这表明无论以基尼系数还是以洛伦茨曲线来分析我国的实际收入分配状况，其贫富差距在逐渐扩大。我国自改革开放后，在收入分配方面带给人们的感受既有收入水平提高的喜悦，又有收入差距扩大的隐忧。世界许多国家经济发展的经验表明，当基尼系数超过 0.4 时，如果不采取措施加以控制，就容易导致社会发展出现紧张的局面。

但是，有学者认为，收入分配差距扩大是不可避免的，最终会逐渐走向合理化。在人均收入水平较低基础上的收入水平增长的初期，会出现收入分配不平等程度扩大的现象，直到人均收入水平提高到一定阶段后，这种不平等的差距才会缩小。目前，我国人均国内生产总值已达到 1 000 美元，正处于收入差距扩大期，度过这一关键期，收入分配将走向合理化的轨道。不可否认，收入分配存在一定差距，有利于社会经济的增长，但收入分配两极分化可接受程度以及经历多长时间，取决于社会反响和政府的积极干预政策。

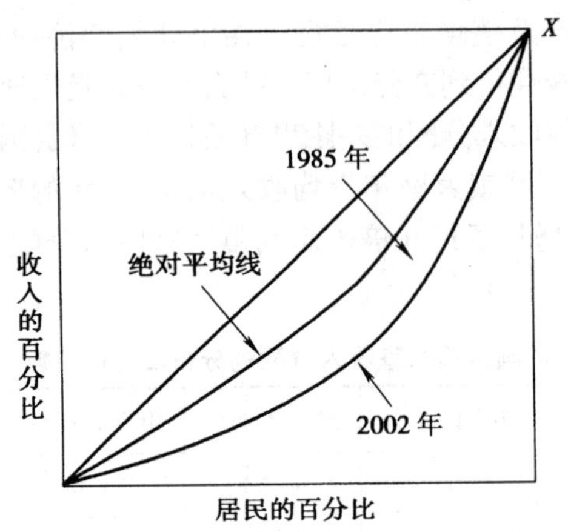

图 9—1　中国 1985 年和 2002 年收入分配状况的洛伦茨曲线比较

近年来，我国医疗卫生事业的迅速发展也体现出居民生活福利水平的巨大变化。随着人们更加重视身体健康，国家加快了卫生医疗事业的建设，为人们的医疗保健提供了便利条件。各类医院、卫生院、疗养院（所）、妇幼保健所（站）、药品检验所（站）、卫生防疫机构、医学科学研究机构大量增加。其中每万人拥有的医院床位数由 1985 年的 21.1 张提高到 2000 年的 23.8 张，每万人的医生数由 13.3 人增加到 16.8 人。我国妇幼保健所（站）的迅速增加，为妇幼身体健康起到积极的作用。1949 年我国仅有妇幼保健所（站）9 个，到 2000 年已增加到 2 598 个，1990 年我国的婴儿死亡率已降到 4.8‰，2000 年进一步降到 3.0‰，婴儿死亡率的降低实际上就意味着婴儿存活率在提高。

我国的城镇公用设施建设明显加快。城镇公共交通迅速发展，公路建设网状化，铺设公路里程在延长，客运线路在增加。每万人拥有的汽（电）车由 1985 年的 3.9 辆增加到 2000 年的 10.8 辆，出租车由 1990 年的 11.1 万辆增加到 2000 年的 82.6 万辆，人们出行更加方便。在与人民生活紧密相关的自来水生产能力、人工煤气生产能力、城市供热能力及城市污水日处理能力都有了长足的发展和提高。家庭生活用水普及率由 1985 年的 81.0%提高到 2000 年的 96.7%；使用煤气做饭的普及率由 22.4%提高到 84.2%；城市集中供热面积由 1990 年的 2.1 亿平方米提高到 2000 年的 11.1 亿平方米。特别是近年来国家投巨资，铺设西气东输管道，城市家庭不仅用上了天然气，而且进一步净化了空气。我国在城镇建设和发展过程中，更加重视绿化、美化环境，绿化面积、公园数量逐渐增加。

我国的各种社会保障事业仍在发展和完善的过程中。城乡已先后建立起居民最低生活保障标准，参加失业保险、医疗保险、养老保险、人身意外伤害保险、家庭财产保险等各类保险的人数在增加。国家、集体和民办的各类福利院的建立也都体现了国家及各级组织对需要帮助的人提供经济福利的重视程度。

我国政府对提高人口的文化水平历来十分重视。教育事业的发展使人人享有受教育的权利，人人都有受教育的机会。从普及基础教育方面看，全国的学龄儿童入学率已接近100%，小学升初中的比率达到95%以上，初中升高中的比率在50%以上。为了顺应社会经济的发展，职业中学、各类中等专业学校也迅速发展起来，不断培养出有一技之长的学生，为他们今后的生活打下良好基础。职业中学毕业的学生从1980年的64.8万人增长到2000年的237.4万人，同期各类中等专业学校毕业生从39.2万人增长到277.3万人。在总人口中，达到中、高等文化水平的比率逐渐上升。每万人中有高中和中专文化水平的人数已从1964年的132人上升到2000年的1115人，每万人中有大学以上文化水平的人数从42人上升到361人，人口文盲率已从33.6%降到6.7%，这一切说明我国人口的总体受教育程度在提高。

随着我国文化事业的发展，居民的精神享受也在提高。2000年的广播人口覆盖率已达到93%，电视人口覆盖率达到94%。供人们学习阅读的书籍、刊物的种类及印刷数量都在显著增加。图书类型由1978年的1.5万种增加到2000年的14.3万种，杂志类型由930种增加到8 370种，报纸类型由187种增加到2 007种。广播、电视、各类书籍、报纸和杂志作为传播文化知识的载体，大大丰富了人们的精神生活。

总之，随着我国社会经济持续发展，物质基础更加丰富，人们享受到的经济福利水平还会不断提高。

【本章小结】

1. 把经济福利与人口发展结合起来进行分析研究具有很强的实际意义，从而使我们加深了对这个问题从抽象概念到具体内容的认识过程。简单地讲，经济福利就是指人们在消费和生活的各个方面所得到的利益。

2. 对经济福利的分析可以从消费水平和生活福利水平两方面入手，其中又具体涉及诸多方面。随着社会经济的发展，经济福利水平必然会提高，但是，人口与经济是否协调发展对经济福利水平是个制约因素。如果人口增长速度快于经济增长速度，改善经济福利状况会存在一定困难，而对经济福利水平提高起重要影响作用的因素是人口出生率、投资率和教育水平。

3. 近十几年来，我国的经济福利水平有了明显提高。城市居民收入中用于食物支出的比率（即恩格尔系数）迅速降低，而用于医疗保健、交通通讯、娱乐教育、住房等方面的支出比率明显上升。我国的人均住房面积逐渐提高，生活环境不断改善，人们的受教育水平在提高，人口文盲率明显降低。我国的医疗卫生事业已有了长足的发展，看病就医更加便利，而各种社会保障制度也相继建立起来，解决了人们的后顾之忧。所有这一切都是社会经济迅速发展给予人们的切身利益。

【关键概念】

消费水平　生活福利水平　人口增长　消费结构　恩格尔系数
洛伦茨曲线　基尼系数　人均 GDP　人均消费支出

【复习思考题】

1. 经济福利水平状况应从哪些方面进行分析？
2. 消费支出具有怎样的变化规律？
3. 经济福利水平与人口发展是什么关系？
4. 经济福利水平可以用国民生产总值衡量吗？
5. 反映总体经济福利水平的指标有哪些？分别举例加以说明。
6. 我国城乡社会经济福利结构的差别表现在哪些方面？影响因素有哪些？

【应用案例】

对我国改革开放前后经济福利状况发生巨大变化的历史，一般 50 岁左右的人都深有感触。

李某今年恰好 50 岁。20 世纪 60 年代初，他们一家 5 口人住在一间 12 平方米的平房里，如此算来，人均面积仅 2.4 平方米。这间砖瓦、土石结构的老房子阴冷潮湿，下雨时偶尔还会从屋顶滴下水来。做饭用煤球火，由于没有厨房，冬天把炉火放在屋里，既做饭又取暖，夏天则把炉子搬到外面的屋檐下做饭。那时，厕所、自来水都是街区内几十户人家共用的。

在李某童年的记忆里，他的母亲起初没有工作，全家人的吃喝开销都靠其父每月 30 元的工资收入，生活十分拮据，家中除必需生活用具外，无其他财产。20 世纪 70 年代初，李某参加了工作，他的母亲也得到一份有固定收入的工作，家中经济状况开始有所好转。因上班需要先后购置了两辆旧自行车、一块手表和一台半导体收音机，并于 70 年代末买了一台黑白电视机，几年之后又换成彩电，全家人的生活也多了一些娱乐。

最让全家人高兴的是1983年分得一套三居室住房，从此与生活不便、居住拥挤的平房彻底告别。他们的家由平房搬进楼房，居住面积一下子扩大到近50平方米，人均面积近10平方米。室内有厨房、厕所、自来水，做饭用的是煤气，现在又换成天然气。为便于洗澡，他们还安装了热水器（以前是每隔数日去公共浴池洗澡），随后又买了电冰箱和洗衣机，家中生活设施齐全，生活条件大为改观。在我国实行住房向商品化改革后不久，李某的父母决定将其住房买下，从此获得了住房的所有权。他们的三居室虽然还谈不上真正意义上的健康住房，但室内生活空间相对较大，每天日照在7小时以上，室内光线充足，楼下不远处是社区花园，为人们休闲娱乐提供了场所，出行、购物也比较方便，他们已感到心满意足。现在，李某兄妹三人也有了自己的住房。随着收入水平的提高，各自家中都购置了一些满足不同需要的高档耐用消费品，其中一人还买了小汽车。他们现在的消费水平、生活条件和过去相比已大不一样。李某全家人的生活变迁是我国改革开放后经济福利水平迅速提高使许多家庭获得更多实际利益的一个缩影。

参考文献

1. 蔡昉，张车伟等著. 人口，将给中国带来什么. 广州：广东教育出版社，2002

2. 刘燕华，周宏春主编. 中国资源环境与可持续发展. 北京：经济科学出版社，2001

3. 胡代光，高鸿业主编. 西方经济学大辞典. 北京：经济科学出版社，2000

4. 金日坤. 人口经济学. 延边大学出版社，1993

5. 环球时报，2004—07—28

6. 黄恒学. 公共经济学. 北京大学出版社，2002

7. 孙来祥. 规范经济学与社会选择理论. 北京大学出版社，1990

8. ［美］丹尼斯C·缪勒. 公共选择理论. 杨春学等译. 北京：中国社会科学出版社，1999

9. 罗云峰，肖人彬. 社会选择的理论与进展. 北京：科学出版社，2003

10. 戴文标. 公共经济学导论. 上海人民出版社，2002

11. 朱柏铭. 公共经济学. 杭州：浙江大学出版社，2002

12. 郭伟和. 福利经济学. 北京：经济管理出版社，2001

13. 樊勇明，杜莉. 公共经济学. 上海：复旦大学出版社，2001

14. 夏亚良. 公共问题的经济解读. 广州：广东经济出版社，2002

15. 刘汉屏. 公共经济学. 北京：中国财政经济出版社，2002

16. 张向达，赵建国. 公共经济学. 北京：中国商业出版社，2001

17. 姜杰，马全江. 公共经济学. 济南：山东人民出版社，2003

18. 王勇. 论行政决策的民主化和科学化. 地方政府管理. 1999，10

19. 马得勇. 罗尔斯论平等与效率. 科学经济社会. 2001，2

20. 宋圭武. 公平、效率及二者关系之我见. 中国政治学网，2004—05—27

21. 康晓光. 观点：解决收入分配不均. 中国经济时报

22. 厉以宁，吴易风，李懿. 西方福利经济学述评. 北京：商务印书馆，

1984

23. 马从辉. 论收入分配原则中的效率与公平. 经济与管理研究. 2003, 7

24. 贫富鸿沟挑战中国发展收入分配政策亟待调整. 中国新闻网, 2004—03—16

25. [美] 阿瑟·奥肯. 平等与效率——重大的抉择. 王忠民, 黄清译. 成都: 四川人民出版社, 1988

26. 邹东涛, 岳福斌. 如何做大下一个"面包"——对我国收入分配制度建设的几点认识. 中国财经报, 2002—05—24

27. 孟祥仲. 对平等与效率关系的再认识——读阿瑟·奥肯的《平等与效率》札记及引发的思考. 山东经济. 1995, 1

28. [英] C·V·布朗, P·M·杰克逊. 公共部门经济学. 张馨等译. 北京: 中国人民大学出版社, 2000

29. [美] 奥尔森. 集体行动的逻辑. 陈郁, 郭宇峰, 李崇新译. 上海人民出版社, 1995

30. [美] 詹姆斯·M·布坎南. 民主财政论. 穆怀朋译. 北京: 商务印书馆, 1999

31. [奥] 黄有光. 福利经济学. 周建明等译. 北京: 中国友谊出版公司, 1991

32. [英] 尼古拉斯·巴尔, 大卫·怀恩斯主编. 福利经济学前言问题. 贺小波, 王艺译. 北京: 中国税务出版社, 2000

33. [美] 保罗·A·萨缪尔森. 经济学. 高鸿业译. 北京: 商务印书馆, 1979

34. 高鸿业. 西方经济学. 北京: 中国经济出版社, 1996

35. 高培勇. 公共部门经济学. 北京: 中国人民大学出版社, 2000

36. [英] 安东尼·B·阿特金森, [美] 约瑟夫·E·斯蒂格利茨. 公共经济学. 上海人民出版社, 1996

37. 华民. 公共经济学教程. 上海: 复旦大学出版社, 1996

38. [美] 平狄克. 中级微观经济学. 北京: 中国人民大学出版社, 2000

39. 杨灿明, 李景友编. 公共部门经济学. 北京: 经济科学出版社, 2003

40. 刘宇飞. 当代西方财政学. 北京大学出版社, 2000

41. 高培勇, 崔军编著. 公共部门经济学. 北京: 中国人民大学出版社, 2001

42. 黄有光. 福利经济学. 北京: 中国友谊出版公司, 1991

43. 陈共. 财政学. 北京：中国人民大学出版社，1999

44. 孙月平等著. 应用福利经济学. 北京：经济管理出版社，2004

45. 陈红霞. 社会福利思想. 北京：社会科学文献出版社，2002

46. [冰岛] 思拉恩·埃格特森. 新制度经济学. 吴经邦等译. 北京：商务印书馆，1996

47. [荷] 汉斯·范登·德尔等著. 民主与福利经济学. 陈刚等译. 北京：中国社会科学出版社，1999

48. [英] 尼古拉思·巴尔. 福利国家经济学. 郑秉文等译. 北京：中国劳动社会保障出版社，2003

49. 胡寄窗主编. 西方经济学说史. 上海：立信会计出版社，1991